Gabriele Gloger-Tippelt

Schwangerschaft und erste Geburt

Psychologische Veränderungen der Eltern

Verlag W. Kohlhammer
Stuttgart Berlin Köln Mainz

Für meine beiden Männer,
den großen und den kleinen.

CIP-Titelaufnahme der Deutschen Bibliothek

Gloger-Tippelt, Gabriele:
Schwangerschaft und erste Geburt :
psycholog. Veränderungen d. Eltern / Gabriele Gloger-Tippelt. –
Stuttgart ; Berlin ; Köln ; Mainz : Kohlhammer, 1988
ISBN 3-17-009813-6

Alle Rechte vorbehalten
© 1988 W. Kohlhammer GmbH
Stuttgart Berlin Köln Mainz
Verlagsort: Stuttgart
Umschlag: hace
Gesamtherstellung:
W. Kohlhammer Druckerei GmbH + Co. Stuttgart
Printed in Germany

Inhalt

1. Der Übergang zur Elternschaft aus entwicklungspsychologischer Perspektive 7

   1.1 Wissenschaftliche und gesellschaftliche Voraussetzungen für eine entwicklungspsychologische Betrachtung dieses Themas 7
   1.2 Elternwerden als Übergang im Lebenslauf 11
   1.3 Elternwerden als mehrdimensionaler und langfristiger Veränderungsprozeß 14
   1.4 Phasen der psychischen Verarbeitung des Übergangs zur Elternschaft ... 17

2. Elternwerden und Elternschaft im historischen Vergleich 22

   2.1 Zur Bedeutung historischer Vergleiche für die Entwicklungspsychologie 22
   2.2 Veränderungen im menschlichen Lebenslauf 24
   2.3 Veränderungen in der Struktur und Funktion der Familie 27
   2.4 Veränderungen in den emotionalen Beziehungen zwischen Eltern und Kindern 30
   2.5 Veränderungen in der medizinischen Gesundheitsversorgung, Schwangerschaftsüberwachung und in Entbindungsmethoden 37

3. Theorien und theoretische Konzepte über Schwangerschaft, erste Geburt und frühe Elternschaft 41

   3.1 Psychoanalytische Ansätze zu Schwangerschaft, Geburt und Elternschaft 41
   3.2 Ethologische Ansätze zur Elternschaft 43
   3.3 Krisenkonzeptionen des Übergangs zur Elternschaft 46
   3.4 Strukturell-funktionale Ansätze der Familie 47
   3.5 Der Theorierahmen des symbolischen Interaktionismus für die Untersuchung der Familie 49
   3.6 Systemtheoretische Ansätze der Familie 51
   3.7 Familienentwicklungstheorie 53
   3.8 Streß- und Coping-Theorie der Familie 56

4.	Schritte des Übergangs zur Elternschaft I: Schwangerschaft	59
4.1	Zur Konzeption von Verarbeitungsphasen	59
4.2	Die empirische Basis zur Beschreibung von Verarbeitungsphasen beim Übergang zur Elternschaft	63
4.3	Aspekte der Lebenssituation bei Beginn der Schwangerschaft	70
4.4	Verunsicherungsphase	75
4.5	Anpassungsphase	78
4.6	Konkretisierungsphase	81
4.7	Phase der Antizipation und Vorbereitung	88
5.	Schritte des Übergangs zur Elternschaft II: Erste Geburt und frühe Elternschaft	92
5.1	Geburtsphase	92
5.2	Phase der Überwältigung und Erschöpfung	96
5.3	Phase der Herausforderung und Umstellung	101
5.4	Phase der Gewöhnung	108
5.5	Zusammenfassung der Schritte des Übergangs zur Elternschaft zu einem hypothetischen Verlaufsmodell	113
6.	Besonderheiten des Übergangs zur Elternschaft	116
6.1	Besonderheiten durch das Timing der ersten Geburt: nicht altersgemäße Übergänge zur Elternschaft	116
6.1.1	Elternschaft im Jugendalter	118
6.1.2	Späte Elternschaft	122
6.2	Besonderheiten durch eine Frühgeburt	126
7.	Psychologische Hilfen beim Übergang zur Elternschaft	136
8.	Literatur	146

1. Der Übergang zur Elternschaft aus entwicklungspsychologischer Perspektive

1.1 Wissenschaftliche und gesellschaftliche Voraussetzungen für eine entwicklungspsychologische Betrachtung dieses Themas

Die Beziehungen zwischen Eltern und Kindern faszinierten Psychologen seit den Anfängen ihrer Wissenschaft. Allerdings haben sich die Perspektiven, unter denen dieses Thema betrachtet wurde, deutlich verschoben. Über mehrere Jahrzehnte hinweg befaßten sich Entwicklungspsychologen und Sozialisationsforscher damit, den Einfluß der Eltern und anderer Erwachsener auf die Entwicklung von Kindern zu untersuchen. Offenbar liegt es nahe, daß Eltern als vielseitig kompetente und lebenserfahrene Erwachsene in fürsorglicher, anregender, entwicklungsfördernder oder auch -hemmender Weise auf Kinder als abhängige Personen einwirken. Dagegen ist die umgekehrte Frage, in welcher Weise Kinder das Leben von Eltern beeinflussen, ebenso wie die Frage, welche wechselseitigen Beeinflussungen zwischen Kindern und Eltern stattfinden, erst in den letzten zehn Jahren gestellt worden. Noch 1978 bemerkte Lehr (1978, 154): »Psychologen waren lange Zeit für die Entwicklung im Erwachsenenalter blind; Probleme der Elternschaft haben sie nur vom Kind aus gesehen, das sich ja – durch die Eltern beeinflußt – entwickelt. Daß sich auch die Eltern – durch ihre Kinder beeinflußt – »entwickeln«, d. h. sich in ihren Erlebnis- und Verhaltensweisen verändern, übersah man geflissentlich.« Field & Widmayer kennzeichneten das subjektive Erleben von Mutterschaft noch 1982 als wenig untersuchtes Gebiet und, bezogen auf die Forschungsergebnisse, als »arme Stiefschwester der Kindheit« (a.a.O., 685). Diese Beschreibung läßt sich ausdehnen auf die Phänomene Vaterschaft und Elternschaft. Erst neuere Buchtitel wie Lerner & Spanier (1978), Child influences on Marital and Family Interaction: A Life-span Perspective, und Sammelreferate in Handbüchern der Entwicklungspsychologie (z. B. in Wolman, 1982) oder zur Familienentwicklung (z. B. Parke, 1984) trugen dazu bei, daß Mutterschaft, Vaterschaft oder Stadien des Familienzyklus auch unter der Perspektive der Individualentwicklung analysiert werden. Erwachsene und Kinder werden heute als gleichberechtigte Interaktionspartner gesehen, die sich im Laufe der Familienentwicklung in dynamischer Weise gegenseitig beeinflussen. *Die Familie wird zunehmend als System betrachtet,* in dem die Abhängigkeit jedes einzelnen Mitgliedes in der Familieneinheit nur im Kontext der wechselseitigen Beziehungen der anderen Mitglieder verstanden werden kann (Minuchin, 1985). Aus dem Systemansatz und dem Prinzip der Erhaltung des Systemgleichgewichts folgt, daß die Planung und Ankunft des ersten Kindes – ebenso wie weiterer Kinder – eine tiefgreifende Veränderung für Frau und Mann als Einzelpersonen und für die Zweipersonenbeziehung mit sich bringt. Mit dem Konzept der *Stadien des Familienzyklus* wird die Interdependenz von Entwicklungsverläufen mehrerer Einzelpersonen angesprochen. Typische Stadien sind das vorelterliche Zusammenleben der Partner ohne Kinder, der Übergang zur Elternschaft durch die erste Geburt, Stadien der Familie mit Kleinkindern bzw. später Schulkindern, Jugendlichen bis schließlich zur nachelterlichen Gefährtenschaft (vgl. Kap. 3.).
In einer solchen dynamischen Konzeption der Familienentwicklung bildet der Über-

gang zur Elternschaft einen kritischen Angelpunkt. Das Buch will zu der angesprochenen Erweiterung der Perspektiven beitragen, indem es die wechselseitige Verschränkung von elterlicher und kindlicher Entwicklung fokussiert. Es soll verdeutlicht werden, in welcher Weise das Leben von Frauen, Männern und Paaren durch die Geburt des ersten Kindes verändert wird. Ein besonderes Ziel dabei ist es, den allgemeinen Prozeß der Veränderung hervorzuheben, der hier als Sequenz von typischen Schritten der Verarbeitung des Elternwerdens vor und nach der Geburt beschrieben wird. Diejenigen Leser, die das Lebensereignis erste Geburt entweder persönlich oder in ihrem näheren Bekanntenkreis erfahren haben, werden wahrscheinlich sehr spontan der These zustimmen, daß nicht nur die Selbst- und Fremdsicht der Eltern, sondern auch die Interessen, Wertorientierungen, der alltägliche Lebensablauf, die häusliche und außerhäusliche Arbeitsteilung der Partner erheblich durch das erwartete bzw. neu »angekommene« Baby beeinflußt werden. In der neueren wissenschaftlichen Literatur wird versucht, diese Alltagserfahrungen mit theoretischen Konzepten und Theorien zu rekonstruieren. Wie die in diesem Band verarbeitete, überwiegend amerikanische Forschungsliteratur zeigt, läßt sich seit Ende der siebziger Jahre ein rapider Anstieg von Veröffentlichungen zu dem Thema des Übergangs zur Elternschaft beobachten.

Die größere Bedeutung, die diesem Themenkreis heute sowohl im Alltagsbewußtsein als auch in der wissenschaftlichen Forschung beigemessen wird, erscheint nicht zufällig. Zwei Gruppen von ursächlichen Faktoren können für die behauptete Verschiebung von Forschungsperspektiven zugunsten der Entwicklung im Erwachsenenalter herangezogen werden. Die erste Gruppe von Faktoren bezieht sich auf *wissenschaftliche Untersuchungsinteressen*, die zweite Gruppe auf *allgemeine gesellschaftliche Veränderungen*. Im Rahmen der *entwicklungspsychologischen Forschung* können vor allem zwei Tendenzen zur Erklärung der Perspektivenverschiebung herangezogen werden: (1) die Entstehung eines Bildes vom Säugling als eigenständigem, gleichberechtigtem und schon in frühestem Alter kompetenten Wesen, und (2) die Verbreitung einer auf die gesamte Lebensspanne des Menschen orientierten Entwicklungspsychologie.

Solange das kleine Kind überwiegend als passives, abhängiges und hilfloses Wesen verstanden wurde, das nur über ein sehr eingeschränktes Verhaltensspektrum verfügt, solange ist es nicht vorstellbar, daß es Einfluß auf erwachsene Personen ausüben könnte. Kagan's vielsagender Ausspruch kennzeichnet diese frühere Auffassung, die auf der Grundlage historischer Veränderungen der Perinatalogie und Säuglingspflege verständlich wird (Kap. 2): ». . . the major task of infancy is to survive it« (1979, zitiert nach Keller & Meyer, 1982). Dagegen wurden seit ungefähr einem Jahrzehnt entwicklungspsychologische Forschungsergebnisse vorgelegt, die die vielfältigen Fähigkeiten von Säuglingen im Bereich der Wahrnehmung, Kognition und der sozialen Interaktion nachweisen. Buchtitel wie »The competent infant« (Stone, Smith & Murphy, 1973), die Serie »The Origins of Behavior« mit dem Beitrag »The influence of the Infant on its Caregiver« (Lewis & Rosenblum, 1974) oder »The infant as producer of its own development« (Lerner und Busch-Rossnagel, 1981) artikulieren diese Sichtweise und werden hier als Belege für die *Entstehung eines neuen Konzeptes vom Säugling* gesehen (vgl. Belsky, 1981; Keller & Meyer, 1982). Mit veränderten methodischen Untersuchungsmöglichkeiten ließ sich die Auffassung stützen, daß das Kind von Geburt an über eine Vielfalt von zwar rudimentären, sich aber zunehmend differenzierenden Informationsverarbeitungs- und Interaktionsstrategien verfügt. Bereits vor der Geburt existiert das Kind in der Vorstellung der Eltern als kognitive Einheit (Gloger-Tippelt, im Druck). Die veränderte Sicht des Säuglings bildet eine Voraussetzung dafür, die Beeinflussung Erwachsener durch die Elternschaft zu untersuchen.

Die zweite Voraussetzung stellt die zunehmende Verbreitung einer Forschungsrichtung dar, die als *Entwicklungspsychologie der Lebensspanne* bezeichnet wird. Dieser Ansatz ist besonders geeignet, da er sowohl die Entwicklungsverläufe als auch deren Wechselwirkungen und Einbettung in verschiedene historisch-kulturelle Epochen zu integrieren erlaubt. Erst im Rahmen dieser Forschungsrichtung rückte das Erwachsenenalter als ein Entwicklungsabschnitt im Vergleich zu den bevorzugten Entwicklungsperioden Kindheit, Jugend oder hohem Alter ins Zentrum der Aufmerksamkeit (Lehr, 1978). Weiterhin haben die mit dem Lebensspannen-Ansatz neu elaborierten Konzepte zu einer theoretischen Präzisierung von Prozessen der Kontinuität und Veränderung im Lebenslauf geführt (Baltes & Reese, 1984; Gloger-Tippelt, 1986). Aus der Differenzierung der allgemeinen Altersvariablen in chronologisches Alter und Kohorte[1] entstand z. B. einerseits die interessante Forschungsfrage, welche Bedeutung der historisch bedingte Wandel in den Leitbildern auf die Verarbeitung von Elternschaft hat (Kap. 2). Andererseits wurde das Timing, d. h. die zeitliche Plazierung des Übergangs zur Elternschaft im Lebenslauf auf dem Hintergrund von Altersnormen untersucht (vgl. Kap. 6). Mit der Vorstellung von »Entwicklungskrisen« wurden Untersuchungen über die persönlichkeitserweiternden, entwicklungsfördernden Implikationen des Elternwerdens im Rahmen eines organismischen Entwicklungsmodells angeregt. Wendet man die Begriffe der »Übergänge im Lebenslauf« oder der »kritischen Lebensereignisse« an, so kann die erste Geburt als Markierungspunkt oder als Gliederung des individuellen Lebenslaufes verglichen werden. Daß mit diesem Ereignis der Beginn des Familienzyklus gekennzeichnet wird, verweist auf die Dynamik der Veränderung von elterlichen Aufgaben im Laufe der Entwicklung ihrer Kinder. Neben konzeptuellen Beiträgen sind auch die methodischen Anregungen der Entwicklungspsychologie der Lebensspanne von Bedeutung. Die neu eingeführten Vergleiche verschiedener Kohorten oder die detaillierten Pläne zur Datensammlung auch an Einzelfällen im Verlaufe des Übergangs zur Elternschaft regten viele Untersuchungen an. Die Beispiele sollen belegen, daß sich zahlreiche Facetten des Phänomenbereichs »erste Elternschaft« aus dem Lebensspannenansatz ableiten lassen. Damit wurden zwei Voraussetzungen erläutert, die auf der Ebene der Wissenschaftsentwicklung den Weg für eine entwicklungspsychologische Untersuchung des Elternwerdens freigegeben haben.

Weiterhin förderten eine Reihe von *sozialen und gesellschaftspolitischen Faktoren* die Behandlung dieses Themenkreises. Vor allem die weitreichenden Umwälzungen in der Bevölkerungsentwicklung und in den medizinsch-technologischen Rahmenbedingungen haben dazu geführt, daß sich der Stellenwert und die Begleitumstände des Elternwerdens im Lebenslauf verändert haben. Dies trifft vor allem für die Industriestaaten Europas und Nordamerikas zu. Hier können nur einige wichtige Faktoren benannt werden:

- Aufgrund der Steigerung der allgemeinen Lebenserwartung, besonders der Zurückdrängung des Todes im frühen Säuglings- und Kindesalter, hat eine erhebliche *Umstrukturierung des menschlichen Lebenszyklus* besonders für die Frau stattgefunden. Dies weist Imhof (1981) für die letzten 200 bis 300 Jahre nach. Der Anteil der Kindheit am gesamten Lebenslauf sinkt und das Erwachsenenalter, vor allem die Zeit nach der aktiven Elternschaft, dehnt sich aus (Imhof, 1981; Newman, 1982; Olbrich, 1982). Durch verbesserte hygienische und medizinische Versorgung verringerte sich die Müttersterblichkeit, vor allem bei der ersten Geburt (Imhof, 1981).
- Gleichzeitig ist ein *Sinken der Geburtenrate* zu beobachten. Die Abnahme der Geburtenrate begann nach Imhof in Europa lange vor dem »Pillenknick«, bereits im Verlaufe des 19. und 20. Jahrhunderts. Laut aktuellen Angaben des Statistischen Bundesamtes *sank die Zahl der lebend geborenen Kinder von 100 Ehepaaren* in der BRD im Durchschnitt von 200 im Jahre 1960 auf 178 im Jahre 1965, 164 im Jahre 1970 bis auf *153 im Jahre 1977*. Neuere amtliche Zahlen auf

---

[1] Kohorte ist eine Gruppe von Personen, die innerhalb einer bestimmten Zeitperiode geboren ist.

der Basis des Mikrozensus liegen bisher nicht vor. Wählt man als Bezugsgröße *die Geburtenzahlen pro 1000 Frauen*, so wurden im Jahre 1984 2543 Geburten, im Jahre 1975 1451 und *im Jahre 1985 nur noch 1280 Geburten* registriert, das wären 1,28 Kinder pro Frau. Um den Bevölkerungsstand zu halten, müßten von jeder Frau 2,2 Kinder geboren werden (Statistisches Bundesamt, 1979, 1985). Der Geburtenrückgang ist in der Bundesrepublik stärker als in anderen westeuropäischen Ländern.

- Neben einer Tendenz zu späterer Heirat *läßt insgesamt die Heiratsneigung in der Bundesrepublik nach.* Dies zeigt die Zunahme der nichtehelichen Lebensgemeinschaften und die zunehmende Akzeptanz dieser Lebensform in der Bevölkerung. Auch bei den ledig mit einem Partner zusammenlebenden Erwachsenen bleibt jedoch das Ideal der Familiengründung mit Kindern erhalten (Bundesminister für JFG, 1985; Pohl, 1985). Die Veränderung des normativen Umfeldes der Ehe ist also nicht begleitet von einem nachlassenden Kinderwunsch. Aufgrund umfangreicher Querschnitt- und Längsschnittbefragungen des Bundesinstituts für Bevölkerungsforschung von 1978 und 1983 zeigte sich vielmehr ein Anstieg in dem *Kinderwunsch*, der sich jedoch nicht in der realisierten Kinderzahl ausdrückt. Pohl (1985) schließt übereinstimmend mit Spieß und Mitarbeitern (1984) auf eine neuere Trendwende zu eher positiveren generativen Einstellungen, die jedoch noch nicht verwirklicht wurden, da die »*Schere zwischen Wunsch und Wirklichkeit im generativen Bereich« sich weiter öffnet* (Pohl, 1985, 103).
- Das *durchschnittlichee Alter der Frauen bei der ersten Geburt,* das seit dem Anfang des 19. Jahrhunderts zunächst gesunken war, *stieg seit 1965 in Deutschland wieder leicht an:* 1961 betrug es 24,86 Jahre, 1970 24,34 Jahre, 1983 25,74 Jahre und 1986 26,37 Jahre (Fachinger, 1982; Olbrich, 1982, Statistisches Bundesamt, 1979, 1983, 1985 sowie mündliche Auskunft zu 1986).
- Der *durchschnittliche Ehedauer der Eltern bei Geburt des ersten lebendgeborenen Kindes* stieg in der BRD von 1,85 Jahren im Jahre 1960 auf 2,66 Jahre im Jahre 1983 bzw. 2,60 im Jahre 1986 (Statistisches Bundesamt, 1985 und mündliche Auskunft für 1986). Eheschließung und Geburt des ersten Kindes fallen nicht mehr automatisch zusammen wie z. B. am Anfang des 19. Jahrhunderts. Die durchschnittliche Zeit, die die kinderlose Frau verstreichen läßt, bis sie ihr erstes Kind bekommt, stieg in allen Bevölkerungsgruppen. Der Trend zum Hinausschieben der ersten Geburt ist nach amerikanischen Ergebnissen bei jüngeren Kohorten noch stärker als bei älteren, ebenso bei Frauen mit höherer Ausbildung (Bloom, 1984, Nave-Herz, 1984). Früheres Heiratsalter ist in der Regel mit höherer Kinderzahl gekoppelt (Höhn, 1978; Marini, 1981 a, b). Allerdings ist statistisch nicht nachweisbar, daß Frauen mit qualifizierterer und längerer Ausbildung allgemein weniger Kinder haben (Beck-Gernsheim, 1984; Höhn, 1978).
- Die *Möglichkeiten der Familienplanung haben sich seit den sechziger Jahren sehr verbessert.* Die Verbreitung oraler Antikonzeptionsmethoden ging als sog. Pillenknick in die Bevölkerungsstatitik ein. Das bedeutet, daß Familienplanung heute primär eine psychologische Frage geworden ist. Kinderwunsch, Motivation zur Schwangerschaft und Akzeptanz von verschiedenen Antikonzeptionsmethoden sind heute zu komplexen psychologischen und sozialen Fragen geworden (Pohl, 1985; Nerdinger et. al., 1984).
- Ausgelöst durch diese Bevölkerungsentwicklung, wurden *empirische Analysen über das generative Verhalten und psychologische Motive und Barrieren für einen Kinderwunsch* vorgelegt (Fachinger, Schlör & Lehr, 1981; Jürgens & Pohl, 1975; Mittag u. Jagenow, 1984; Pohl, 1985; Nerdinger et al, 1984; Urdze & Rerrich, 19891). Auch die neuen *familienpolitischen Maßnahmen* wie Gewährung von Erziehungsgeld und Erziehungsurlaub seit Ende 1985, Arbeitsplatzerhaltung für erwerbstätige Frauen sowie die wiedererwachende Diskussion über Indikationen zum gesetzlichen Schwangerschaftsabbruch sind als Reaktionen auf die Geburtenentwicklung zu sehen.
- Die *verstärkte Betroffenheit der Frauen von der strukturellen Arbeitslosigkeit* führt teilweise zu einer neuen Familienorientierung von Frauen, teilweise zu einer vermehrten Ambivalenz der Frauen gegenüber der Mutterrolle (Beck-Gernsheim, 1984; Niemalä, 1982 b).
- Einen besonderen Diskussionsgegenstand bilden zur Zeit die technologischen Neuentwicklungen in der Medizin und Genetik, besonders die *Reproduktionstechniken* (z. B. In-vitro-Fertilisation, heterologe und homologe Insemination, Embryotransfer, vgl. Arditti et al., 1985; van den Daele, 1985; Lukesch, 1983) und die *Methoden der pränatalen Diagnostik* (Amniozentese und Chorionbiopsie) (vgl. Rothman, 1986; Schröder-Kurth, 1985). Die psychologischen, sozialen, ethischen und rechtlichen Auswirkungen dieser weitentwickelten Gebärtechnologie sind bei weitem nicht ausdiskutiert. Vorliegende Analysen weisen auf die Gefahr hin, daß sich in diesem Bereich die naturwissenschaftliche Technologie schneller fortentwickelt als die psychische Verarbeitungskapazität der betroffenen Eltern und der involvierten Berufsgruppen.
- Die Verlagerung des Zeitpunktes für die erste Schwangerschaft und Geburt läßt sich z. T. durch die *verbesserte medizinische Vorsorgepraxis und veränderte Entbindungsmethoden* erklären. Die Änderungen in der medizinischen Praxis betreffen einerseits die pränatalen diagnostischen Methoden (Amniozentese, Chorionbiopsie, die fortgeschrittenen Methoden zur Überwachung

des fötalen Wachstums (Ultraschall) und Veränderungen bei der Praxis der Entbindung und des Wochenbetts. Familienzentrierte Geburt, ambulante Geburt, Rooming-in werden in vielen Kliniken durchgeführt, auch Hausgeburten nehmen zu. Kaiserschnittgeburten haben noch einen Anteil von 10–20 %. Diese Veränderungen der medizinischen Technologie können erhebliche Auswirkungen auf Planung, Umstände, Erlebnis- und Verarbeitungsaspekte von Schwangerschaft, Geburt und früher Elternschaft haben, wie in den Kapiteln 4 und 5 gezeigt wird.
- Als ein zusätzlicher Bereich des gesellschaftlichen Wandels ist das *veränderte Vaterbild* zu nennen. Titel populärwissenschaftlicher Bücher wie: »Sind die Väter die besseren Mütter?« oder »Die stillenden Väter« (Konietzky & v. Westfalen, 1983) machen provokant auf das Interesse der Väter an den Säuglingen aufmerksam. Diese Tendenz ist in Zusammenhang mit der gesellschaftlichen Veränderung der Rollenbilder von Männern und Frauen und mit neuen Formen der familiären Arbeitsteilung zu sehen, die ansatzweise in einzelnen Lebenswelten zu beobachten sind.
- Eine *Zunahme neuer Lebensformen mit Kindern* ist zu verzeichnen; die Anzahl der Haushalte alleinerziehender Eltern nimmt zu, ebenso nichteheliche Lebensgemeinschaften und Wohngemeinschaften mehrerer Paare mit Kindern.

Alle genannten Faktoren bewirken, daß das Thema Elternwerden in neuerer Zeit besondere Beachtung findet. Die angedeutete wissenschaftliche Entwicklung in der Psychologie und die gesellschaftlichen Trends verlangen eine integrative Darstellung der psychologischen Aspekte von Schwangerschaft, erster Geburt und Elternschaft. In den nächsten Gliederungspunkten werden mehrere Punkte entfaltet, die in einer Betrachtung des Elternwerdens aus *entwicklungspsychologischer Perspektive* impliziert sind. Damit wird gleichzeitig der Gedankengang vorbereitet, der in den folgenden Kapiteln genauer ausgeführt wird.

1.2 Elternwerden als Übergang im Lebenslauf

Die Ereignisse Schwangerschaft, erste Geburt und Beginn der Elternschaft werden hier als ein Ausschnitt aus dem gesamten Lebenslauf betrachtet. Nach soziologischen Analysen werden Lebensläufe durch *altersbezogene Übergänge* gegliedert. Diese Übergänge entstehen durch soziale Übereinkünfte und werden von den Mitgliedern einer Gesellschaft geteilt und anerkannt (Hagestad & Neugarten, 1985). Die erste Analyse altersbezogener Übergänge stammt aus anthropologischen Arbeiten über vorindustrielle Stammesgesellschaften (v. Gennep, 1980). In Analogie zu Naturvorgängen wird hier ein rhythmischer Wechsel des Werdens und Vergehens auch für den menschlichen Lebenslauf zugrunde gelegt. Van Gennep wies nach, daß Individuen im Verlaufe von Übergängen neue Rechte und Pflichten übernehmen und daß diese Übergänge begleitet sind von speziellen *rites de passage,* d. h. gsellschaftlichen Zeremonien oder religiös begründeten Riten. »Für jedes dieser Ereignisse«, wie räumliche Passagen, berufliche Passagen, Lebensalterpassagen, »bestehen Zeremonien, deren wichtigstes Ziel darin besteht, das Individuum zu befähigen, von einer definierten Position zur nächsten, gleichermaßen gut definierten fortzuschreiten« (v. Gennep, 1960, 3). Anhand der kulturell unterschiedlichen Behandlung von biologisch gleichen Ereignissen wie Menarche, Schwangerschaft und Geburt und vor allem anhand der Initiationsriten begründet van Gennep, daß die *Konstruktion von Übergängen im Lebenslauf einen Aspekt der sozialen Bedeutungszuschreibung darstellt.* Neuere Soziologen sprechen von *Statuspassagen* und weisen darauf hin, daß die Strukturierung von Übergängen von bestimmten Kriterien abhängt, z. B. ob diese erwünscht/nicht erwünscht sind, ob sie vermeidbar, reversibel, wiederholbar sind, ob sie einzeln oder kollektiv, freiweillig vorgenommen werden, wieviel Kontrolle der Übergänger oder andere Personen darüber ausüben können, wie die Übergänge legitimiert sind u. ä. (Glaser & Strauss, 1971).

Geht man von einer Alterssegmentierung der Gesellschaft aus, dann dient der Begriff des *Lebenslaufes* dazu, den Entwicklungsverlauf von Individuen entlang einer jeweils altersspezifischen Sequenz von Übergängen zu beschreiben (Hagestad & Neugarten, 1985). Hierbei handelt es sich um sog. normative, sozial erwartete, vorhersagbare und damit kulturell bedeutsame Wendepunkte und Rollenübergänge, die dem Individuum als Entwicklungsanreize dienen (vgl. Olbrich, 1981). Für die Übergänge bestehen Altersnormen im Sinne von Erwartungen an altersangemessenes Verhalten. Sie durchdringen das Alltagsleben von Erwachsenen und bilden ein Netz von Regeln, das zur Herausbildung von *»sozialen Lebensfahrplänen«* (Atchley, 1975) führt. Derartige Erwartungen über Normalbiographien konstituieren sich in der sozialen Interaktion und bilden ein System sozialer Kontrolle. Im Gegensatz zu objektiven Stadien- oder Phasentheorien der Entwicklung, die für das Erwachsenenalter stark kritisiert wurden (Olbrich, 1982; Lehr, 1978), geht es hier um *die von der Mehrzahl einer Gesellschaft wahrgenommenen Gliederungsmuster des menschlichen Lebenslaufes*. Auf der subjektiven Seite bilden die gesellschaftlichen Alltagsnormen eine kognitive Konstruktion, eine Art implizite Theorie des Lebenszyklus. Individuen nehmen sich als bestimmten Altersgruppen zugehörig wahr und beurteilen sich daher für bestimmte Übergänge als »im Altersdurchschnitt liegend« (on time) oder als »Frühstarter« bzw. »Spätzünder« (off time) (Neugarten & Datan, 1979). Für die Bereiche Familie und Freundschaft wurden nach Neugarten die engsten Alterszwänge festgestellt. Entwicklungspsychologische Analysen stützen die Auffassung, daß der Beginn der Elternschaft aus der Selbst- wie aus der Fremdperspektive einen der wichtigsten Übergänge im frühen Erwachsenenalter darstellt (Olbrich & Brüderl, 1986). Die subjektive Einschätzung, den Übergang zur Elternschaft nicht zur angemessenen Zeit zu vollziehen, kann die psychische Anpassung erschweren. Beim subjektiven Erleben von Übergängen können auch Erwartungswidrigkeiten auftreten. Beispielsweise wird ein dem Elternwerden komplementäres, nicht erwartetes Phänomen als Übergang im Lebenslauf beschrieben, wenn sich für Paare eine ungewollte Kinderlosigkeit, d. h. Unfruchtbarkeit herausstellt. Die Verarbeitung von Nichtelternschaft als Lebensform erfordert ebenso eine neue Realitätskonstruktion wie der Übergang zur Elternschaft (Matthews & Matthews, 1986). Dagegen erweist sich die sprachlich und sozial hervorgehobene Menopause nach neueren Untersuchungen häufig als ein Nicht-Ereignis (Reinke et al., 1985 b).

Soziale Normen beziehen sich außer auf den Zeitpunkt auch auf die Abfolge und den Abstand von Übergängen.

Nach den Ergebnissen von Neugarten et al. (1978) galt in den USA als bestes Heiratsalter für die Frau das Alter zwischen 19 und 24 Jahren bei 80 % Zustimmung von den Männern und 90 % von den Frauen. Allerdings findet sich kein sozialer Konsensus für ein optimales Timing der Vaterschaft, jedoch eine hohe Übereinstimmung darüber, daß zwei bis drei Jahre zwischen Eheschließung und dem ersten Kind liegen sollten (Nydegger in Hagestad & Neugarten, 1985).

Die Verbindlichkeit von Altersnormen für Übergänge scheint in modernen Gesellschaften geringer zu werden. Zum Beispiel wird für die USA beobachtet, daß die Alterszwänge von den 60er zum Ende der 70er Jahre abgenommen haben, für die BRD liegen keine Ergebnisse vor. Relativierend ist zu erwähnen, daß es in heutigen Industrieländern im Unterschied zu einfachen Gesellschaften keine linear festgelegte Sequenz von Rollen gibt, sondern ein flexibles System mit mehrfachen Rollenzugehörigkeiten. Ein Übergang ist häufig gekoppelt mit anderen, wie für den Übergang zum Erwachsenenalter gezeigt wurde (Hogan & Astone, 1986).

In Abhebung von den sozial erwarteten, normativen Übergängen im Lebenslauf wird in der psychologischen Literatur heute vermehrt der Terminus *kritisches Lebensereignis* verwendet (Filipp, 1981). Dieser Begriff hebt stärker das Produkt eines Veränderungsprozesses und den Markierungscharakter des Ereignisses hervor, während derjenige des Übergangs mehr den Prozeß betont (Reese & Smyer, 1983). Die erste Geburt wird im Lebenslauf von Frauen und Männern als ein sog. normatives Lebensereignis eingestuft, das sich durch Merkmale wie Auftretenswahrscheinlichkeit, Enge des Zusammenhangs mit dem biologischen Alter und allgemeine Verbreitung von anderen, nicht normativen Lebensereignissen, beispielsweise dem frühen Tod von Kindern, unterscheidet (Brim & Ryff, 1980; Rese & Smyer, 1983).

In diesem Kontext sind vor allem die Dimensionen der subjektiven Wahrnehmung von Lebensereignissen relevant, wie an der Dimension der zeitlichen Beurteilung (on time, off time) gezeigt wurde. Die Kriterien für die Dimensionierung kritischer Lebensereignisse decken sich zum großen Teil mit denjenigen, die für Statuspassagen aufgestellt werden (Glaser & Strauss, 1971).

Vom Individuum werden kritische Lebensereignisse oder Übergänge als *Perioden mit starken, oft krisenhaft erlebten Umbrüchen, beschleunigten Veränderungen oder als »raum-zeitliche und punktuelle Verdichtungen eines Geschehensablaufs«* beschrieben (Filipp, 1981, 24). Die veränderten Beziehungen von Person bzw. Paar und Umwelt führen zur Herausbildung eines neuen Gleichgewichts (Olbrich, 1982). Dies trifft auch für die biologischen, psychischen und sozialen Veränderungen zu, die vor, während und nach der ersten Geburt stattfinden und von den Betroffenen neue Anpassungs- und Bewältigungsstrategien fordern. Daher wurde der Übergang zur Elternschaft in der frühen Familiensoziologie und psychiatrischen Streßforschung oft sehr allgemein als *Krise* bezeichnet. Die in den Kapiteln 4 und 5 vorgelegte Analyse von phasenspezifisch sich verändernden Anforderungen, die im Verlaufe der ersten Schwangerschaft, Geburt und frühen Elternschaft auftreten, trägt zu einer *Auflösung des globalen Krisenbegriffs* bei. Vielmehr soll eine typische Sequenz von Umstellungen der vorherrschenden Kognitionen und Emotionen herausgearbeitet werden.

Das frühere Vorurteil, nach dem die mittlere Lebensspanne, d. h. die Zeit zwischen 25 und 50 Jahren, als eine Periode der Stagnation und Etablierung gesehen wurde, ist aufgrund neuerer Ergebnisse über die Dynamik innerhalb der Lebensbereiche Partnerschaft, Beruf, Elternschaft entschieden korrigiert worden (Lehr, 1978; Thomae, 1978; Witbourne & Weinstock, 1982). Vielmehr wird z. B. in der Streßforschung die verstärkte Beanspruchung thematisiert, die im frühen Erwachsenenalter durch die mehrfachen gleichzeitigen Rollenwechsel im beruflichen und familiären Bereich verlangt werden (Lowenthal et al., 1975; Olbrich & Brüderl, 1986; Pearlin, 1982). Eine große Zahl von empirischen Untersuchungen belegt, daß der Beginn der Elternschaft einen Angelpunkt der allgemeinen und differentiellen Entwicklung im Erwachsenenalter darstellt.

Mit der ersten Geburt ist eine strukturelle Transformation des Familiensystems und eine Traditionalisierung der Geschlechtsrollen verbunden. Während die vorelterliche Partnerschaft und Ehe durch relative Freiheit der Geschlechtsrollenaufteilung gekennzeichnet sind, setzt mit der Geburt des ersten Kindes eine klare Aufteilung der Verantwortlichkeiten ein (Belsky et al., 1984 a, Gutman, 1975; La Rossa, 1981). Ein weiterer kurzfristiger Effekt des Übergangs zur Elternschaft ist die Verschlechterung der ehelichen Beziehung, die zumindest für die ersten Monate des Zusammenlebens mit dem Neugeborenen nachgewiesen wurde (z. B. Belsky et al., 1983). Vor allem junge Mütter leiden unter radikalen Änderungen des Alltagslebens mit dem Baby und unter der sozialen Isolierung (vgl. Kap. 5.2). Langfristig wurden jedoch auch entgegengesetzte Wirkungen der Elternschaft auf die Geschlechtsrollen und zentrale Persönlichkeitsmerkmale postuliert. Für Väter bringt Elternschaft mehr Interesse an menschlichen Beziehungen, fürsorgliche Einstellungen, vermehrten Genuß von sinnlichen und körperbezogenen Erfahrungen und eine Abnahme von Dominanz mit sich. Bei Frauen führt Elternschaft im höheren Alter ihrer Kinder zu stärkerer

Ausprägung von Eigeninteressen, Durchsetzungsfähigkeit, Aggressivität und weniger gefühlsgeleiteten Handlungen (Biller, 1982; Gutman, 1975, Schneewind, 1983 b).

Diese sicher noch vorläufigen empirischen Belege stützen die Konzeption einer dynamischen Familienentwicklung bzw. eines Familienzyklus als Abfolge von Rollen der Familienmitglieder, die wechselseitig aufeinander bezogen sind und sich kontinuierlich ändern (vgl. Kapl. 3).

Außer relativ einheitlichen Veränderungen von Paarbeziehungen durch den Beginn der Elternschaft in der heutigen Zeit lassen sich jedoch auch erhebliche *interindividuelle Unterschiede* finden. Diese beziehen sich sowohl auf die Voraussetzungen vor der ersten Schwangerschaft als auch auf die biologischen und psychologischen Besonderheiten, die während des Überganges selbst, d. h. während der Schwangerschaft und Geburt auftreten. Schließlich können Unterschiede auch durch unterschiedliche Bewältigung der frühen Zeit mit dem Baby entstehen. In diesem Buch wird der Versuch unternommen, zuerst die gemeinsamen, für alle Frauen und Männer vergleichbaren Prozesse des Übergangs zur Elternschaft hervorzuheben. Diese vergleichbaren Prozesse werden vor allem in dem vorgegebenen zeitlichen Ablauf gesehen, der hier als Folge von speziellen Aufgaben gegliedert wird. Es wird von der Annahme ausgegangen, daß sich aus den gemeinsamen oder doch weitgehend ähnlichen Aufgaben erst die Kriterien gewinnen lassen, die eine Beurteilung interindividueller Unterschiede bei der Verarbeitung des Übergangs zur Elternschaft möglich machen.

1.3 Elternwerden als mehrdimensionaler und langfristiger Veränderungsprozeß

Die Veränderungen, die die Eltern durch die erste Geburt erfahren, sind sehr komplexer Art. Nach einer Gliederung von Riegel finden Veränderungen auf einer körperlichen, einer psychischen und einer sozialen Ebene statt (Riegel, 1975 a, b; vgl. Reese & Smyer, 1983).

Die zusätzlich von Riegel vorgeschlagene, von ihm »physikalisch« genannte Ebene wird hier vernachlässigt, obwohl Ereignisse auf einer physikalisch-umweltbezogenen Ebene auch Auswirkungen auf das Schwangerschaftserleben und die frühe Elternschaft haben, wie sich an dem Kernreaktorunfall in Tschernobyl 1986 zeigte.

Auf der *biologischen Beschreibungsebene* werden alle körperlichen Veränderungen der Frau und des sich entwickelnden Kindes erfaßt. Hierzu zählen Prozesse der hormonellen Umstellung im Menstruationszyklus während der Schwangerschafts- und Geburtsphasen sowie in der Post-partum-Zeit, ebenso die physiologisch beschriebenen Organveränderungen und der Wandel im körperlichen Aussehen der Frau. Der biologische Aspekt schließt weiter die Prozesse des fötalen und embryonalen Wachstums des Kindes, seine Veränderungen durch den Geburtsprozeß selbst und sein körperliches Wachstum nach der Geburt ein. Zu den *psychischen Phänomenen beim Übergang zur Elternschaft* zählen alle kognitiven Vorgänge der Aufnahme, Verarbeitung und Bewertung von Informationen, weiter die emotionale und handelnde Auseinandersetzung mit Ereignissen und Erfahrungsinhalten, die im Verlaufe des Übergangs auftreten. In den Wahrnehmungen, Phantasien, Zielen, Handlungen, Bewertungen und Selbstreflexionen der zukünftigen oder neuen Eltern, und ebenso im Verhalten und Erleben des Kindes finden Veränderungen statt, die auf einer individuell-psychischen Ebene liegen. Auf der *Ebene sozialer Veränderungen* werden hier sowohl zwischenmenschliche Vorgänge als auch Ereignisse im Rahmen institutioneller Regelungen zusammengefaßt. Das können Veränderungen der dyadischen Partnerbeziehung, die direkten und indirekten Einflußnahmen des Familien- und Freundeskreises, die allgemeinen gesellschaftlichen Rollenerwartungen an werdende Eltern und die Bedingungen des Gesundheits- und des Beschäftigungssystems in dieser Gesellschaft sein. Zwischen den Veränderungen, die hier aus heuristischen Gründen auf unterschiedlichen Ebenen beschrieben wurden, bestehen vielfältige Wechselwirkungen zu allen Zeitpunkten des Geschehens (vgl. Kap. 4 u. 5).

Den Phänomenebenen würden drei objektive wissenschaftliche Beschreibungsebenen entsprechen, eine biologische, eine psychologische und eine sozialpsychologische bzw. soziologische Beschreibungsebene (Riegel, 1975 b).

Hier soll es jedoch um die *subjektive Sicht der Phänomene durch die betroffenen Frauen und Männer* gehen, d. h. um die kognitive und emotionale Verarbeitung der Alltagspersonen. Es gilt dann herauszuarbeiten, wie Veränderungen, die den drei Phänomenebenen zugeordnet sind, vom einzelnen wahrgenommen, verarbeitet und bewertet werden. Dabei dienen sowohl die körperlichen als auch die sozialen Veränderungen als Informationen, die zu bestimmten Zeiten des Übergangs psychologisch relevant werden und sich auf die psychische Verarbeitung auswirken. In den Kapiteln 4 und 5 rekonstruiere ich diese subjektive psychische Verarbeitung der Veränderungen beim Übergang zur Elternschaft psychologisch[2], d. h. mit den in der psychologischen Forschung bereitgestellten Konzepten, Theorien und Ergebnissen.

Aus der Einordnung der Ereigniskette Schwangerschaft, erste Geburt und Elternwerden in den Lebenslauf ist bereits erkennbar, daß der Übergang zur Elternschaft als ein kontinuierlicher und langfristiger Prozeß verstanden werden muß. Das schlägt sich dann nicht in den empirischen Arbeiten nieder, wenn diese sich entweder nur auf einen Meßzeitpunkt (z. B. beim Vergleich der Ängste von schwangeren und nichtschwangeren Frauen) oder auf den Vergleich von zwei ausgewählten Meßzeitpunkten (z. B. vor und nach der Geburt) beschränken. Einfache Vorher-Nachher-Vergleiche legen jedoch fälschlicherweise eine einmalige, plötzliche Veränderung durch die erste Geburt nahe. Bei genauerer Analyse der im Verlaufe des Übergangs auftretenden Phänomene wird der prozeßhafte Verlauf der mit dem Übergang verbundenen Veränderungen jedoch deutlicher. Hierzu bieten Längsschnittstudien eine bessere empirische Grundlage (vgl. 4.2). Auch theoretische Modelle und Analysen über kritische Lebensereignisse verdeutlichen ihren Prozeßcharakter (Filipp, 1981: Reese & Smyer, 1983). Die zeitliche Erstreckung und Dauer stellt ein wesentliches Charakteristikum des Elternwerdens dar. In dieser Ausarbeitung wird daher versucht, die Dauer des Übergangs zu differenzieren, indem die zeitlich geordneten, psychologisch relevanten Ereignisse vor und nach der Geburt in ihrer Abfolge und zeitlichen Verknüpfung berücksichtigt werden. Zahlreiche körperliche Merkmale und biographische Vorkommnisse bei beiden Eltern können mit dem Übergang zur Elternschaft in Beziehung gesetzt werden. Daraus lassen sich wiederum Voraussetzungen für das zukünftige Erleben und die spezifische Verarbeitung des Elternwerdens gewinnen (vgl. Kap. 4,3.). Die zeitliche Erstreckung

---

2 Eine Anmerkung zur Terminologie: Auf der Gegenstandsebene wird von *körperlichen, psychischen und sozialen Prozessen* gesprochen, auf der Ebene der wissenschaftlichen Beschreibungen von einer *biologischen, psychologischen und sozialpsychologischen bzw. soziologischen Beschreibungsebene* und auf der Ebene der subjektiven Wahrnehmung der Alltagsmenschen von einer *alltags»psychologischen« Beschreibungsebene*, die hier zum Gegenstand *psychologischer* Rekonstruktion gemacht wird. Eine terminologische Unterscheidung zwischen »psychisch« und »psychologisch« findet sich in der Sprache amerikanischer Psychologen selten, daher kommt es bei Übersetzungen zu Ungenauigkeiten (s. Brandstädter, 1982 a).

der Schwangerschaft selbst ist offensichtlich. Experten unterteilen diesen Prozeß in Schwangerschaftswochen, 10 Lunarmonate (von 28 Tagen) oder Trimester. Auf psychischer Ebene gliedert sich die Gesamtzeit von durchschnittlich 280 Tagen nicht nach physikalischer Zeit, sondern nach den jeweils vorherrschenden Erlebnissen und den Einstellungen von Frau und Mann zu den körperlichen Vorgängen und der zunehmend konkreteren Erwartung des Kindes. Daraus resultiert ein relativ charakteristischer Verlauf der Verarbeitung. Auf sozialer Ebene ergeben sich zeitliche Markierungen z. B. durch die Umstrukturierung der Paarbeziehung, durch die Informationen aus regelmäßigen medizinischen Untersuchungen und durch die Freistellung der Frau von der Erwerbstätigkeit. Eine besondere zeitliche Strukturierung der vorgeburtlichen Zeit geht von den neuen Methoden der fötalen Überwachung und der pränatalen Diagnostik während der Vorsorge aus. Sie haben auf das Erleben der Schwangerschaft beider Partner Auswirkungen (s. Kap. 4). Die Analyse des historischen Wandels (in Kap. 2) liefert einige Trends, in die diese neuen technologischen Entwicklungen eingeordnet werden können, z. B. die zunehmende Emotionalisierung der Eltern-Kind-Beziehungen und eine stärkere Bindung an das Kind. Der Übergang zur Elternschaft ist nicht nach dem Geburtsereignis beendet. Biologisch ist damit zwar die Trennung vom Kind vollzogen und die Eltern müssen vom ersten Tag an als Mutter bzw. Vater handeln. Jedoch stellt Elternwerden auf psychologischer Ebene einen längeren Prozeß dar, in dessen Verlauf die neuen Mütter und Väter überhaupt erst ihre elterlichen Rollen ausprobieren. Sie erwerben allmählich Strategien bei der Pflege und Versorgung des Kindes und gewinnen Vertrauen in ihre elterlichen Kompetenzen. Zur Gliederung der nachgeburtlichen Zeit bieten sich auch biologische Kriterien an (Umstellung des mütterlichen Körpers, Stillen, vor allem aber das Wachstum des Kindes). Soziale Kriterien ergeben sich z. B. aus der sich verändernden Interaktion mit dem Kind im Laufe des ersten Lebensjahres (Rückgang von Pflegetätigkeitern im Vergleich zu Spiel- und Anregungstätigkeiten) oder aus der Veränderung der partnerschaftlichen Arbeitsteilung. Die skizzierten Veränderungen auf drei verschiedenen Beschreibungsebenen verdeutlichen, daß der Übergang zur Elternschaft keine einmalige, schlagartige Umwandlung darstellt, sondern sich über eine längere Zeitspanne erstreckt und einen spezifischen Verlauf hat.

Für einen solchen Veränderungsprozeß erscheint ein *kontextbezogener Entwicklungsbegriff* angemessen, nach dem eine *dynamische Wechselwirkung* zwischen einem in sich differenzierten Individuum und einer komplex verstandenen und sich verändernden Umwelt postuliert wird, wie er z. B. von Lerner (1985; Lerner & Kaufman, 1985) vertreten wird.

Wesentliche Kennzeichen dieses kontextbezogenen Entwicklungsbegriffs sind die Postulierung einer sog. *starken Wechselwirkung* und die große Bedeutung, die dem *Timing, d. h. der zeitlichen Abfolge von Veränderungen* zugeschrieben wird. Die starke Konzeption geht über eine »schwache« Konzeption von Wechselwirkung im methodischen Sinne des allgemeinen linearen Modells hinaus, bei der Organismus und Umwelt unabhängig voneinander existieren. Die Transaktionsannahme besagt dagegen, daß dieselben Entwicklungsvoraussetzungen oder organismischen Bedingungen unter unterschiedlichen Umweltbedingungen verschiedene Bedeutung haben und dieselben Umweltbedingungen verschiedene Wirkung auf Entwicklung zeigen, wenn die Organismus-Variablen sich unterscheiden (Lerner, 1985). Dies trifft für den Übergang zur Elternschaft in besonderm Maße zu. Die äußerlich gleichen Veränderungen werden z. B. bei einer unerwünschten ersten Schwangerschaft im Jugendalter von der näheren und weiteren sozialen Umgebung mit anderen Bewertungen versehen als diejenigen bei einer verheirateten, in erprobter Partnerschaft lebenden 28jährigen Frau mit langjährigem Kinderwunsch. Die Wahrnehmung der sozialen Reaktionen auf die eigenen Körperveränderungen wiederum bewirken eine unterschiedliche Akzeptanz der vorliegenden Schwangerschaft und des Körperbildes der werdenden Mütter, möglicherweise auch der Partner, und einen unterschiedlichen Verlauf des weiteren Übergangs.

Der zeitliche Ablauf von Veränderungen spielt ebenfalls eine besondere Rolle. Er wird in den Kapiteln 4 und 5 als Folge von charakteristischen Phasen der psychischen Verarbeitung dargestellt, die während der Schwangerschaft, Geburt und nachgeburtlichen Zeit durchlaufen werden. Besonderheiten beim Elternwerden können dann in zeitlichen Verschiebungen bestehen, wenn bestimmte Phasen gegenüber anderen verlängert oder verkürzt sind. Damit stellt sich die entscheidende Frage, wie dieser Prozeß weiter gegliedert werden kann.

1.4. Phasen der psychischen Verarbeitung des Übergangs zur Elternschaft

Ein zentrales Merkmal von Entwicklungsprozessen ist ihre Anordnung auf einer Dimension der Zeit, d. h. in welcher zeitlichen Abfolge treten Ereignisse auf, welches sind für bestimmte Ereignisse die vorauslaufenden und nachfolgenden Verhaltens- und Erlebnisweisen. Die vorliegende Ausarbeitung konzentriert sich auf die *psychische Verarbeitung des Übergangs zur Elternschaft in seiner zeitlichen Erstreckung.* »Psychische Verarbeitung« dient zunächst als Sammelbegriff für die Themen und Aufgaben, mit denen sich die werdenden Eltern zu verschiedenen Zeitpunkten des Übergangs gedanklich, emotional und handelnd beschäftigen. Daher sind Kriterien gefragt, die es erlauben, die verschiedenen Themen und Aufgaben in zeitlicher Hinsicht zu gliedern. Aus der vergleichenden Verlaufsanalyse verschiedener Übergänge und normativer wie nichtnormativer Lebensereignisse lassen sich einige psychische Merkmalsbereiche gewinnen, die die Verarbeitung des Elternwerdens integrativ beschreiben. Dabei erweist es sich als fruchtbar, die zeitliche Anordnung und Abfolge von miteinanderzusammenhängenden Merkmalsbereichen als ein sequentielles Muster von Veränderungen zu konzipieren. Zur zeitlichen Strukturierung des Elternwerdens wird vorgeschlagen, *qualitativ verschiedene Schritte oder Phasen in der kognitiv-emotionalen Verarbeitung der beteiligten Personen* zu unterscheiden. Die Ereignisse im Verlaufe des Übergangs legen es nahe, eine Folge von qualitativ verschiedenen psychischen Zuständen zu postulieren, die jeweils durch ein gemeinsam variierendes Muster von mehreren Merkmalen gebildet werden. Ein solches Modell schließt nicht aus, daß einzelne, z. T. quantifizierbare kognitive oder emotionale Merkmale während der aufeinanderfolgenden Phasen kumulativ zu- oder abnehmen. Im folgenden werden Kriterien für eine zeitliche Gliederung diskutiert, die für die Unterteilung in Phasen der psychischen Anpassung an die Elternschaft sprechen. Die zuvor eingeführten Beschreibungsebenen erweisen sich dafür als nützlich.

Zunächst lassen sich aus den Ereignissen der Konzeption, Schwangerschaft bzw. der embryonalen Entwicklung, der Geburt und der nachgeburtlichen Veränderung von Frau und Baby *zeitliche Kriterien aufgrund einer biologischen Abfolge* gewinnen.

Allerdings zeigt sich, daß die von der Gynäkologie und Geburtshilfe vorgeschlagene pragmatische Unterteilung in drei Trimester oder 10 Lunarmonate der Schwangerschaft, Geburtsphasen und post-partum-Zeit nicht geeignet ist, um die psychologischen Vorgänge des Elternwerdens angemessen zu untergliedern. Die körperlichen Veränderungen stellen zwar eine maßgebliche Informationsbasis für die Verarbeitung der betreffenden Frau bzw. ihres Partners im Verlauf des Übergangs dar.

Aus der biologischen Abfolge ergeben sich aber nicht genügend Hinweise über die spezifische Art der psychischen Anforderungen bei der Planung bzw. Akzeptierung von Schwangerschaft, Geburt und früher Elternschaft. Biologische Veränderungen liefern nur insofern Kriterien für eine Unterteilung des Prozesses, als sie Anlässe für eine neue Wahrnehmung und Bewertung des Elternwerdens darstellen, wie z. B. die morgendliche Übelkeit in der frühen Schwangerschaft oder die Wahrnehmung von Kindesbewegungen in der mittleren Schwangerschaft (Kap. 4).

Auch Beschreibungen auf soziologischer Ebene bieten Kriterien zur Gliederung des Elternwerdens an, die für die individuelle Verarbeitung einflußreich sind. Von Bedeutung sind hier vor allem *soziale Normierungen,* die auf der Basis von Verhaltensregulierungen eine zeitliche Gliederung des Übergangs zur Elternschaft vorgeben. Als Mechanismen der sozialen Bedeutungszuschreibung wurden bereits die »rites de passage« erwähnt, die zur äußeren Kennzeichnung von Übergängen im Lebenslauf dienen.

Van Gennep's Klassifikation von Riten enthält eine theoretische Sequenz im Verlauf eines Übergangs, die auch auf die Elternschaft anwendbar ist (van Gennep, 1960). Er unterscheidet Zeremonien nach drei Phasen, nämlich *Trennungsriten, Übergangsriten* und *Riten der sozialen Wiedereingliederung* (Inkorparation). An den Zeremonien, die er bei halbzivilisierten Völkern im Verlauf der ersten Schwangerschaft und Geburt beschreibt, sind die drei Phasen des sozialen Übergangs zur Elternschaft deutlich erkennbar. *Trennungsriten,* in denen der physiologische und soziale Sonderstatus der schwangeren Frau zum Ausdruck kommt, finden sich häufig für die erste Schwangerschaft und Geburt; *Übergangsriten* mit religiös begründeten Prozeduren kennzeichnen die Geburt, und rituelle Feiern mit gemeinsamen Essen und Austausch von Geschenken stellen eine symbolische *Wiedereingliederung* von Mutter und Neugeborenem in die Gesellschaft dar. Couvaderituale könnten als Trennungsrituale für die werdenden Väter eingeordnet werden (Delaisi de Parseval, 1985).

Anstelle von Riten auf der Grundlage religiös-magischer Welterklärungen sind heute z. T. Untersuchungsprozeduren und Verhaltensregeln getreten, die auf naturwissenschaftlich-medizinischen Erkenntnissen beruhen. Den Charakter von Trennungsriten im Übergang zur Elternschaft haben in unserer Gesellschaft explizite Ernährungsregeln oder Empfehlungen für spezifische pränatale diagnostische Untersuchungsmethoden und implizite soziale Vorschriften, z. B. über erwartetes Planungsverhalten der werdenden Eltern. Zeremonien nach der Geburt wie Besuche, Geschenke oder Feiern (Beschneidungen, Taufen) haben den Charakter einer Wiedereingliederung der Mutter und des Kindes in die familiäre oder Freundschaftsgruppe bzw. in die religiöse Gemeinschaft. Soziale Gliederungen unterstützen die psychische Verarbeitung des Elternwerdens, indem sie einen neuen Zustand begründen (Kap. 4 und 5). Aus dem Rollenkonzept, wie es in der Familiensoziologie verwendet wird, ergibt sich auch eine zeitliche Gliederung. Beim Übergang im Laufe der Familienentwicklung werden *Rollen aufgelöst und neue Rollen definiert.* Dadurch verändern sich die sozialen Erwartungen und Pflichten von Mann und Frau, beide Rollen zeigen einen Verlust und einen Zugewinn an Funktionen (Kap. 3). Beispielhaft konnte für ein Stadium des Familienzyklus, nämlich für die Integration des zweiten Kindes in die Familie, nachgewiesen werden, daß sowohl die Interaktionsmuster der Familienmitglieder, damit implizit auch die elterlichen Rollen, als auch die ontogenetischen Entwicklungsschritte des zweiten Kindes Kriterien zur zeitlichen Unterteilung liefern (Dunn, 1984; Kreppner et al., 1982; Kreppner, 1983). Für das Erleben der werdenden/neuen Eltern liefern biologische Ereignisse und soziale Markierungen zu speziellen Zeitpunkten Anstöße, die eine neue kognitive und emotionale Verarbeitung des Elternwerdens auslösen.

Kriterien zur Einteilung von zeitlichen Phasen in psychischen Veränderungen können verschiedenen psychologischen Forschungsergebnissen entnommen werden. Die zugrunde liegenden Theorietraditionen sind sehr verschieden. Psychoanalytische Theorien für das Erwachsenenalter setzen zeitliche Einschnitte mit der Veränderung von Anforderungen durch das erstmalige Mutter- bzw. Vaterwerden an. Phasenmodelle finden sich auch in ethologischen Theorien über den Aufbau von Bindungen in der Eltern-Kind-Beziehung (Ainsworth et al., 1978; Bowlby, 1975; Bretherton & Waters, 1985). Obwohl diese Theorie nur globale Phasen über den langfristigen Aufbau der Bindung enthält, erwies sie sich doch als heuristisch fruchtbar für die Analyse eines Abbaus von Bindungen aufgrund von Trennung oder Tod einer Bezugsperson (Bowlby, 1982, 1984 b) und ebenso für die Auflösung von Bindungen durch Scheidung (Hagestad & Smyer, 1982). Unter klinisch-psychologischer Perspektive ist eine zeitliche Gliederung dann nützlich, wenn Abweichungen von einer biologisch normalen Geburt auftreten, z. B. bei der psychischen Anpassung von Eltern an die Geburt eines behinderten Kindes. (Darling, 1983) postuliert eine gleichartige Abfolge in der Überwindung der anfänglichen Machtlosigkeit nach der Geburt eines gesunden und eines behinderten Kindes, jedoch eine zeitliche Phasenverzögerung der Umstellung bei Eltern eines behinderten Kindes. Die meisten Ansätze mit Konzepten und Kriterien für zeitliche Phasen entwickelten sich aus der Erforschung von kritischen Lebensereignissen und Lebensübergängen.

Stewart (1982 a) postuliert ein allgemeines Muster in der Abfolge von emotionalen Orientierungen bei Übergängen und Krisen im Lebenslauf. Nach einer Anfangsphase der Orientierungslosigkeit und Gefühlen der Passivität und Hilflosigkeit folgt ein zunehmendes Bemühen des Individuums nach Autonomie und Beherrschung der Situation, das in ein Endstadium mit komplexeren akzeptierenden und realistischen Orientierungen übergeht. Unter Bezug auf allgemeine Entwicklungstheorien von Freud und Erikson erstellte Stewart folgende Entwicklungssequenz emotionaler Haltungen: zunächst passive Empfänglichkeit und Überwältigung, gefolgt von Autonomie und Selbstbehauptung, schließlich herrscht eine Integration mit differenzierten Bewertungen sowie positiven und negativen Gefühlen vor. Für ausgewählte Lebensübergänge, u. a. für das Elternwerden, konnte diese Reihenfolge mit einer speziellen Variante des Thematischen Apperzeptions-Verfahrens empirisch bestätigt werden. Auch die rückblickende Analyse psychosozialer Übergänge im Lebenslauf von Frauen konnte einen Phasenverlauf bestätigen (Reinke et al., 1985 a, b). Die Anfangsphase von Übergängen war hier von intensivem Umbruchserleben, rapider Veränderung und Neubeginn begleitet, die mittlere Phase des Übergangs von einer Konzentration auf das eigene Selbst und dem Rückzug von anderen Personen, in einer letzten Phase traten ein neues Wohlgefühl, höhere Lebenszufriedenheit, mehr Selbstvertrauen und Selbstkompetenz auf.

Im Rahmen der Streßforschung wurde für die Verarbeitung von kritischen, überwiegend negativen Lebensereignissen wie Unfällen und Operationen ebenfalls eine zeitliche Abfolge von spezifischen psychischen Zuständen vorgeschlagen. Horowitz (1979) unterschied die Zustände von Aufschrei, Leugnung, Durchdringung und erfolgreicher Bewältigung. Lazarus (1981) differenziert in primäre und sekundäre Bewältigungsschritte. Kübler-Ross (1969) unterscheidet Phasen der Verarbeitung der Todeserwartung. Falec & Britton (1974) kommen nach einem Überblick über die kognitiv-affektiven Verarbeitungsphasen nach schwerwiegenden negativen Lebensereignissen wie Verlustereignissen, körperlichen und umweltbezogenen Traumen auch zu dem Ergebnis, daß die meisten Ereignisse eine bestimmte Abfolge von Zuständen nach sich ziehen. Diese werden benannt nach dem emotionalen Anteil des Zustandes, und zwar als Leugnung, Schock, Angst, Ärger und schließlich Depressionen. Allerdings wird auch der kognitive Informationsstand über das negative Ereignis für die Phaseneinteilung berücksichtigt. In diesen klinisch-psychologischen Ansätzen wird jedoch keine starre Reihenfolge der psychischen Reaktionen auf negative Lebensereignisse angenommen. Je nach erleichternden oder erschwerenden Bedingungen für die Bewältigung können Blockierungen oder Rückschritte mit pathologischen Zuständen auftreten, gelegentlich wird ein Fluktuieren zwischen verschiedenen psychischen Zuständen oder das Durchlaufen der Zustände in mehreren Zyklen mit teilweise unterschiedlicher emotionaler Intensität beobachtet. Zu einer kritischen Beurteilung der These von der einheitlichen Reaktionsabfolge bei negativen Lebensereignissen gelangen Silver & Wortman (1980) anhand der ihnen vorliegenden empirischen Untersuchungen. Eine Analogie zwischen der psychischen Verarbeitung von negativen und von positiven Ereignissen läßt sich nur in begrenztem Maße ziehen. Viele normative Ereignisse im Lebenslauf, so auch die erste Geburt, implizieren sowohl bereichernde als auch belastende Veränderungen.

Trotz unterschiedlicher Einschränkungen besteht eine gewisse *Ähnlichkeit in den Gliederungsmustern von Übergängen im Lebenslauf,* die mit Hilfe von psychischen und sozialen Kriterien gewonnen wurden. Es läßt sich sowohl bei den Veränderungen sozialer Strukturen und Funktionen als auch bei den individuellen kognitiv-emotionalen Anpassungsprozessen ein allgemeines Ablaufschema erkennen, das auf die Bewältigung der Ereignisse vor und nach der ersten Geburt angewandt werden kann. Den auf sozialer Ebene beschriebenen Trennungen bzw. Rollenauflösungen und -neudefinitionen entsprechen auf individuell-psychologischer Ebene Brüche und Verunsicherungen zu Beginn eines Übergangs mit einem nachfolgenden Bemühen um Autonomie, kognitiv-emotionale Umorientierung und dem Erwerb neuer Handlungsstrategien und integrativer Orientierungen. Alle genannten Ansätze zur zeitlichen Gliederung implizieren (1) eine vorgegebene Funktion oder Richtung der Veränderung, (2) eine typische Sequenz, die z. T. mehrfach durchlaufen wird und (3) eine enge Verbindung von sowohl kognitiven als auch emotionalen Aspekten der Verarbeitung. Die *Richtung der Veränderung* ist durch ein langfristiges Akzeptieren bzw. die Herstellung eines neuen Gleichgewichtes vorgegeben. Die *typische Sequenz* impliziert zunächst eine starke emotional-kognitive Reaktion in Form eines erlebten Umbruchs, mit subjektiver Orientierungslosigkeit, z. T. Selbstzweifeln, geringen Kontrollgefühlen, Hilflosigkeit bzw. emotionalem Protest, der sich auch als Leugnung des Ereignisses zeigt. Es folgt eine Reaktion der zunehmenden kognitiven Konfrontierung und Durchdringung mit einer Konzentration auf das eigene Selbst, starker Suche nach Autonomie, die auch von Gefühlen des Ungenügens begleitet sein kann. Ein Endstadium mündet in abschließende Bewältigungsreaktionen, die durch verstärkten Realitätsbezug, differenziertere Gefühle, Durcharbeiten der Situation, instrumentelle und Handlungsorientierungen, Akzeptieren der Veränderungen und durch erhöhtes Wohlgefühl, stärkeres Selbstvertrauen und Kompetenzgefühle gekennzeichnet ist.

Auf der Basis dieser Ergebnisse werden insgesamt *vier Merkmalsbereiche postuliert*, die gemeinsam einen psychischen Zustand kennzeichnen, der zu einem bestimmten Zeitpunkt des Übergangs, hier des Übergangs zur Elternschaft, vorherrscht. Den Ausgangspunkt für die psychische Auseinandersetzung bilden die jeweils *relevanten neuen Informationen*, die zu bestimmten Zeitpunkten der Schwangerschaft, Geburt und Elternschaft verarbeitet werden müssen. Sie sind von spezifischen *Stimmungen und Emotionen* begleitet. Neue Informationen und vorherrschende Stimmungen und Gefühle hängen mit einer Stabilität oder Veränderung des *Selbstbildes der Frau und ihres Partners* in den verschiedenen Perioden des Übergangs zusammen. Schließlich bewirken periodenspezifische kognitive Informationen und affektive Stimmungen systematische Schwankungen in der *Selbstkompetenz und den Kontrollüberzeugungen* der Eltern, die je nach Zeitpunkt des Elternwerdens eher hoch oder eher niedrig ausgeprägt sein können. Eine ausführliche Darstellung erfahren diese Merkmale in Kap. 4.1. *Diese Bereiche bilden in ihrer Kombination und gemeinsamen Variation ein typisches psychisches Zustandsmuster. Eine Verarbeitung des Übergangs zur Elternschaft kann dann in einer bestimmten Abfolge der psychischen Zustände gesehen werden.* Nach der Auswertung von Übergängen und kritischen Lebensereignissen liegt es nahe, von zwei Kreisläufen psychischer Reaktionen auszugehen, die die werdenden Eltern im Verlaufe der ersten Schwangerschaft und in der nachgeburtlichen Zeit mit dem Neugeborenen durchlaufen. Während der Schwangerschaftszeit betreffen die Veränderungen kognitive, emotionale und handelnde Bewältigung der Frau und des Mannes, nach der Geburt muß die veränderte Interaktion mit dem Kind einbezogen werden. Es soll betont werden, daß innerhalb der skizzierten Verarbeitungsmuster vielfältige Variationen möglich sind, einige werden in Kap. 6 skizziert. Da die Eltern im Verlaufe ihrer psychischen Verarbeitung des Übergangs zeitliche Markierungen benutzen, die sowohl auf biologischer, psychischer als auch sozialer Ebene angesiedelt sind, ist es erforderlich, heterogene Kriterien zur Kennzeichnung des Übergangs von einem

Zustand der Verarbeitung zum nächsten zu verwenden. In den Kapiteln 4 und 5 wird für den Zeitausschnitt von der Feststellung der Schwangerschaft bis zum Ende des ersten Lebensjahres des Kindes eine Entwicklungsabfolge von psychischen Zuständen ausgearbeitet, und zwar:

- eine Verunsicherungsphase zu Beginn der Schwangerschaft,
- eine Anpassungsphase,
- eine Phase der Konkretisierung des Kindes und der zukünftigen Elternrolle,
- eine Antizipations- und Vorbereitungsphase vor der Geburt,
- eine Geburtsphase
- eine Phase der Überwältigung und Erschöpfung,
- eine Phase der Herausforderung und Umstellung und
- eine Normalisierungs- und Gewöhnungsphase.

Auf dem Hintergrund der integrativen Verarbeitungsphasen lassen sich spezielle psychische Prozesse in ihrer zeitlichen Entwicklung ausarbeiten. Ein solcher Bereich der Bedeutungskonstruktion beim Übergang zur Elternschaft wurde an anderer Stelle spezifiziert, und zwar die kognitive Herausbildung einer Vorstellung vom eigenen Kind als einem eigenständigen Wesen, das schon während der Schwangerschaft konkret erwartet wird. Die Rekonstruktion eines Konzeptes »Eigenes Kind« könnte auf eine Erweiterung der Bindungstheorie hinauslaufen, wenn gezeigt werden könnte, daß der Aufbau dieses Konzeptes für die Aufnahme einer zwischenmenschlichen Beziehung zum eigenen Kind bereits vor der Geburt notwendig ist (Gloger-Tippelt, im Druck). Ebenso können Abweichungen von einer durchschnittlichen Verarbeitung des Übergangs zur Elternschaft, bezogen auf das zeitliche Verlaufsmodell, formuliert werden. Den Lesern, die vor allem an den speziellen Verarbeitungsschritten während der Schwangerschaft, Geburt und frühen Elternschaft und weniger an historischen Veränderungen (Kap. 2) und an theoretischen Konzepten (Kap. 3) in diesem Bereich interessiert sind, wird empfohlen, in Kapitel 4 weiterzulesen.

2. Elternwerden und Elternschaft im historischen Vergleich

2.1 Zur Bedeutung historischer Vergleiche für die Entwicklungspsychologie

Im vorhergehenden Kapitel wurde Elternwerden als spezifischer, in sich gegliederter Abschnitt innerhalb des Lebenslaufes von Individuen oder Paaren charakterisiert. Nach dem Ansatz einer Entwicklungspsychologie der Lebensspanne sind Lebensläufe jeweils in bestimmte historisch-zeitliche, räumliche und soziale Bedingungen eingebettet. Das Interesse richtet sich verstärkt drauf, *sich verändernde Individuen in einer sich verändernden Umwelt* zu untersuchen. Für die Ereignisse Schwangerschaft, Geburt und Beginn der Elternschaft bedeutet dies nicht nur, die Schritte der ontogenetischen Veränderung durch Elternschaft herauszuarbeiten, sondern auch zu versuchen, den spezifischen Einfluß des jeweiligen kulturellen und sozialen Umfeldes auf die individuelle Entwicklung und die Wechselwirkung zwischen Kultur und Individuum zu berücksichtigen. Während es zu den traditionellen Aufgaben der Entwicklungspsychologie gehört, die Abfolge von Entwicklungsaufgaben und Lebensübergängen zu untersuchen, ist die historische und soziale Veränderung des Entwicklungsumfeldes und die Plastizität des Individuums in seiner Anpassung an eine sich verändernde Umwelt im Lebensspannenansatz neu thematisiert worden (z. B. Lerner, 1985). Es hat sich herausgestellt, daß viele Phänomene, die bis vor kurzem nur in ihrer allgemeinen Struktur untersucht wurden wie z. B. Eltern-Kind-Beziehungen, Normen und Alltagswissen über Lebensstufen wie Kindheit, Jugend und Alter, von soziohistorischen Einflußgrößen deutlich überlagert sind (Baltes, 1979; Featherman, 1983). Der Übergang zur Elternschaft in der heutigen Zeit muß in engem Zusammenhang mit einigen veränderten Bedingungen gesehen werden. Dazu gehören u. a. die Planbarkeit von Kindern, d. h. die Verfügbarkeit von Antikonzeptionsmethoden seit den 60er und von Reproduktionstechniken seit den 70er Jahren, die zeitliche Verzögerung der ersten Geburt im Lebenslauf, besonders von hochqualifizierten Frauen (Bloom, 1984; Beck-Gernsheim, 1984; Ragozin et al., 1982), das veränderte normative Umfeld von Ehe und Partnerschaft (Pohl, 1985; Schriftenreihe des BMfJG, 1985), die verstärkte Berufstätigkeit von Frauen nach dem Zweiten Weltkrieg, die Veränderung der Rollenerwartungen für Väter (Fthenakis, 1985) und nicht zuletzt die veränderten medizinischen Methoden der Schwangerschaftsüberwachungen, der Entbindung und des Wochenbetts. Im Kontext dieser zahlreichen sozialen Veränderungen ist eine erneute Reflexion der ersten Geburt erforderlich.

In vielen aktuellen Arbeiten über Entwicklung im Erwachsenenalter und über Familienentwicklung zeichnet sich ein schärferes Bewußtsein für Prozesse der historischen Veränderung ab. Es fällt auf, daß viele Autoren mit Kapiteln über den sozialen Wandel beginnen, z. B. Eichorn et al. (1981), Olbrich (1982; Olbrich & Brüderl, 1986). Die neueren Schilderungen historischer Rahmenbedingungen haben jedoch einen anderen Charakter als die üblichen akademischen Verweise auf frühere Autoren und historische Epochen (»... schon bei Plato und Aristoteles ...«). Es handelt sich heute häufig

---

Für Rückmeldungen und Anregungen zu diesem Kapitel danke ich Herrn Prof. Dr. Georg Schwägler, Mainz

um konkrete Schilderungen sozialer Sachverhalte oder Bräuche in verschiedenen geschichtlichen Epochen, aus denen theoretische Thesen oder methodische Folgerungen abgeleitet und für die Analyse von Lebensalterstufen in der heutigen Gesellschaft systematisch genutzt werden. Dies kann als Hinweis auf eine »historische Wende« in den Sozialwissenschaften gesehen werden (v. Hentig, 1975). Säkulare Veränderungen in psychologischen Merkmalsbereichen können empirisch nur ansatzweise mit einfachen Längsschnittstudien erfaßt werden, geeigneter sind sequentielle Datenerhebungspläne und z. T. biographische Vergleiche mehrerer Generationen. Für Zeiten vor dem Zweiten Weltkrieg und für frühere Jahrhunderte sind Psychologen allerdings auf sozialgeschichtliche Analysen mit historischen Quellen angewiesen. In dem Übergangsfeld von Psychologie und Geschichte beobachten wir z. Zt. einen sprunghaften Anstieg von Publikationen, der mit einiger Verzögerung auch im deutschsprachigen Raum feststellbar ist. Seit der Übersetzung von Ariès »Geschichte der Kindheit« im Jahre 1975 haben sich mehrere neue Forschungsansätze herausgebildet. Trotz unterschiedlicher Interessen lassen sich Konvergenzen und wechselseitige Beeinflussungen zwischen Entwicklungspsychologie der Lebensspanne, Familiensoziologie, historischer Demographie, Anthropologie und Volkskunde sowie Psychohistory feststellen (Schneewind, 1983 a). Aber nicht nur in der wissenschaftlichen Diskussion, auch im Alltagsbewußtsein tritt die Bedeutung historischer Vergleiche zum Vorschein. In Interviews über Schwangerschaft und Geburt erhält man häufig Äußerungen wie »Das ist ja heute ganz anders als früher; heute gibt es Pampers und Waschmaschinen ...« oder »Heute ist es nicht mehr unbedingt nötig, daß man heiratet, wenn man ein Kind bekommt«. Das bedeutet, auch bei dem sog. »Mann auf der Straße« bzw. bei der »Frau auf der Straße« wird Elternwerden implizit oder explizit im Vergleich zu anderen Generationen oder zu früheren Zeiten gesehen, d. h. Elternschaft wird in soziokultureller Veränderung begriffen.

Welche Erkenntnis läßt sich nun aus den historischen Vergleichen, die prinzipiell auch durch Kulturvergleiche ergänzt werden können, gewinnen? Die im folgenden angeführten Belege legen die Schlußfolgerung nahe, *daß es keine naturhaft gegebenen, allgemein gültigen Abläufe und Bedingungen des Übergangs zur Elternschaft gibt.* Zwar stellen Schwangerschaft und Geburt universelle biologische Phänomene dar, die überlebenswichtig für alle Gesellschaften sind. Aber Elternschaft i. S. von mütterlichen und väterlichen Tätigkeiten, Einstellungen und Begriffsstrukturen stellt ein *soziales Phänomen* dar, das normativen Mustern unterliegt und erhebliche Variationen aufweist. Die historischen Vergleiche können daher unseren Blick dafür schärfen, *welche psychischen Aspekte des Elternwerdens unter welchen kulturellen Normen und Praktiken der medizinischen Gesundheitsversorgung* festzustellen sind. Die heutigen Wahrnehmungen und Interpretationen von Schwangerschaft, erster Geburt und der frühen Eltern-Kind-Beziehung werden damit historisch und kulturell relativiert. Ein weiteres Ziel historischer Vergleiche ist, zu erkennen, *wie Individuen auf sozialhistorische Veränderungen reagieren,* hier z. B. auf veränderte medizinische Geburtstechnologien, und *wie Individuen soziale Änderungen beeinflussen,* z. B. wie die Beteiligung des Vaters bei Geburten und bei der Kinderpflege sich auf kindliche Entwicklung auswirkt. Schließlich können historische Vergleiche auch helfen, die heute bestehenden Bedingungen zu erkennen und *Ziele und Methoden für wünschenswerte Interventionen beim Übergang zur Elternschaft zu entwerfen.* In folgenden Bereichen sind historische Vergleiche angebracht:

- Veränderungen im menschlichen Lebenslauf,
- Veränderungen in der Struktur und Funktion von Familien,
- Veränderungen in den emotionalen Beziehungen der Familienmitglieder,

– und Veränderungen im medizinischen Versorgungssystem, in der Schwangerschaftsüberwachung und in den Entbindungsmethoden.

Mit der Gliederung in diese vier Bereiche ist nicht der Anspruch verbunden, eine systematische Analyse der säkularen Veränderungen von Elternschaft vorzulegen. In diesem Zusammenhang geht es nur um ein Verständnis der Vielfalt von Bedingungen für den Übergang zur Eltrnschaft. Einige einschränkende Bemerkungen zur Kritik historischer Arbeiten sind erforderlich:

Die nachgewiesenen Veränderungen betreffen sehr unterschiedliche historische Epochen. In den Quellen sind höhere Schichten überrepräsentiert. Weiter werden jeweils nur ausgewählte Materialien, Bilder, Schriften verwendet, z. B. sog. Seelenbücher, d. h. Kirchenbücher einzelner Gemeinden, Inquisitionsprotokolle, Erziehungsratgeber, Berichte von Behörden, einzelnen Philosophen oder Ärzten. Diese Quellen stammen immer nur aus ausgewählten Regionen, vorwiegend aus europäischen Ländern (Frankreich, Deutschland, England, Österreich). Erst für dieses Jahrhundert stehen systematische Statistiken zur Verfügung. Aus den vorliegenden Analysen ist erkennbar, daß Prozesse des sozialen Wandels offenbar sehr komplex sind. Dies liegt an der engen Verflechtung von rechtlichen Bestimmungen, z. B. Erbrecht, standes- und berufrechtlichen Regelungen (z. B. für Hebammen und Ärzte), wirtschaftlichen Entwicklungen (z. B. der Arbeitsteilung und der Rolle der Frau) und sozialen Normen und kulturellen Werten, z. T. mit religiösen Begründungen. Die Komplexität des Bildes wird noch erhöht durch starke regionale Unterschiede in Europa und durch Unterschiede zwischen verschiedenen gesellschaftlichen Gruppierungen wie Bauern, Handwerker, Adel und Kaufleuten. Aufgrund dieser engen Wechselwirkungen verschiedener gesellschaftlicher Systeme ist es kaum möglich, Aussagen über ursächliche Erklärungen für Veränderungen zu machen (Mitterauer & Sieder, 1982; v. Pfeil, 1979). Allerdings setzen verschiedene Autoren durchaus Schwerpunkte für die Deutung des sozialen Wandels. So sieht Rosenbaum die Produktionsformen als wesentliche Determinanten für Formen der Familie an. Nach De Mause stellen dagegen die »psychogenen Veränderungen der Persönlichkeitsstrukturen in der Generationsfolge« die Antriebskraft des historischen Wandels in der Interaktion von Eltern und Kindern dar.

In diesem Abschnitt soll nur deskriptiv geschildert werden, wie historisch gewachsene soziokulturelle Bedingungen zu unterschiedlichen Erlebens- und Verarbeitungsweisen von Schwangerschaft, Geburt und Elternschaft führen. Dies kann ein erweitertes Verständnis der heutigen Situation ermöglichen.

2.2 Veränderungen im menschlichen Lebenslauf

Das Erlebnisumfeld der ersten Geburt und der weiteren Elternschaft hat sich für die Frau und ihren Partner vor allem insofern geändert, als dieser Übergang heute – im Vergleich zur Jahrhundertwende und zu früheren Jahrhunderten – anders in den individuellen Lebenslauf eingeordnet ist. Die unterschiedliche Zeitstruktur des Lebenslaufes soll hier unter zwei Gesichtspunkten diskutiert werden. Der erste betrifft die generelle *Verlängerung des Lebenslaufes* bzw. die Erhöhung der durchschnittlich zu erwartenden Lebensdauer und der zweite die *Veränderung im Fruchtbarkeitszyklus und weiteren Lebenszyklus der Frau*. Man kann behaupten, daß sich die einschneidendsten Veränderungen für das Leben der Frauen im Vergleich zu dem der Männer ergeben haben. Noch bei den Großmüttern der heutigen Mütter füllten Schwangerschaften, Geburten und mütterliche Aufgaben einen erheblich längeren Zeitraum ihres individuellen Lebens aus, ein Faktum, das in seinen psychologischen Konsequenzen bisher wenig diskutiert wurde.

Um 1900 betrug die durchschnittliche Lebenserwartung zum Zeitpunkt der Geburt für eine Frau im damaligen Deutschen Reich ca. 45 Jahre, für einen Mann ca. 48 Jahre,

1975–1977 dagegen für eine Frau 75,2 Jahre und für einen Mann 68,6 Jahre (Imhof, 1981). Vergleichbare Angaben finden sich für die USA: 1900 betrug die Lebenserwartung durchschnittlich 50 Jahre. Heute werden Frauen in den USA ca. 78, Männer nur etwa 70 Jahre alt (Riley, 1985; Newman, 1982). Bis zum Beginn dieses Jahrhunderts starben die meisten Menschen im Säuglingsalter (vor allem im 1. Lebensjahr) und im frühen Erwachsenenalter (zwischen 15 und 45 Jahren). Heute dagegen treten die meisten Tode nach 65 Jahren ein, in den USA zu 30 % erst nach 80 Jahren (Riley, 1985). Imhof spricht daher von der erfolgreichen »Zurückdrängung des Todes« in der Altersgruppe der Kinder bis zum 15. Lebensjahr. Auf der Grundlage von Kirchenbüchern ausgewählter Pfarreien in Nordhessen vom 16. bis ins 20. Jahrhundert weist er die Abnahme der Sterblichkeit in einzelnen Altersgruppen, vor allem im Säuglingsalter während der letzten 300 bis 400 Jahre nach. Als wichtigste Faktoren werden der Rückgang der Stillammen und die vermehrte Fürsorge für Kleinkinder genannt. Ein weiterer Faktor für das Erreichen der heutigen Langlebigkeit von Frauen ist der Rückgang der sog. Kindbettsterblichkeit in den fruchtbaren Jahren zwischen 15 und 35, auf die noch in Zusammenhang mit der Veränderung der Gesundheitsversorgung eingegangen wird. Die höhere Sterblichkeit, d. h. die sog. Übersterblichkeit der Frauen, ging nach Analysen der historischen Demographie erst Ende des 19., Anfang des 20. Jahrhunderts zurück. Bekanntlich hat sich das Verhältnis von Männern und Frauen in der Lebenserwertung inzwischen umgekehrt, so daß verheiratete Frauen heute ihre Ehemänner in der Regel überleben.

Für die biologischen und sozialen Aspekte der Elternschaft sind historische Veränderungen in einem weiteren Bereich relevant, und zwar die tiefgreifenden Veränderungen im weiblichen Fruchtbarkeits- und Lebenszyklus. Zum Zweck historischer Vergleiche gliedert man den Lebenslauf in erste Monatsregel, Heirat, erste Schwangerschaft, Anzahl der Geburten, durchschnittliche Abstände der Geburten, letzte Niederkunft, Menopause, Erwachsenwerden des letztgeborenen Kindes und dessen Wegzug aus dem Elternhaus, Tod des Mannes und Witwenschaft (Imhof, 1981, 163; Höhn, 1982). Auf der Grundlage unterschiedlichen Datenmaterials gibt Imhof folgende zusammenfassende Darstellung: Die gravierendsten Veränderungen im weiblichen Fruchtbarkeitszyklus bestehen in einer Ausdehnung der fruchtbaren Jahre durch Vorverlegung der Menarche von ca. 16 Jahren im Jahre 1680 auf ca. 12 im Jahre 1973 und durch Hinausschieben der Menopause von durchschnittlich 45 Jahren auf 50 Jahre in derselben Zeitperiode. *Trotz Verlängerung der fruchtbaren Zeitspanne werden die Jahre der aktiven Elternschaft eingeschränkt.*

Das ergibt sich daraus, daß bis zum Ende des 19. Jahrhunderts 5–7 Kinder zwischen 26 und 40 Jahren im Jahre 1972/74 nur noch 2–3 Kinder zwischen 27,4 und 30,3 Jahren von der verheirateten Frau im Durchschnitt geboren werden. Die Zeit der »nicht genutzten Fruchtbarkeit« im Lebenslauf, vor allem die Phase der nachelterlichen Gefährtenschaft und die der Witwenschaft, haben sich ausgedehnt. Die Perioden der Kindheit (Geburt bis zur Menarche) und die der genutzten Fruchtbarkeit haben abgenommen. Obwohl das durchschnittliche Heiratsalter nach Imhofs Statistiken von 26 bis 28 Jahren 1680 vorverlegt wurde auf 22,9 Jahre im Jahre 1973, blieb doch die Zeit zwischen Menarche und Heirat konstant, nämlich 10,9 Jahre. Die genutzten fruchtbaren Jahre im Lebenslauf der Frau, gezählt von der Heirat bis zur Geburt des letzten Kindes schrumpften auf 1/3 der früheren Zeitspanne. »Vom Ende des 17. Jahrhunderts bis Ende 18. Jahrhundert betrug diese Zeit bei durchschnittlich 6,7 Kindern 13,3 Jahre, heute bei 2 Kindern noch 4,5 Jahre (Imhof, 1981, 170; Vox & Quitt, 1980, Gélis et al., 1980). Die nicht genutzte Zeit von der letzten Geburt bis zur Menopause verlängerte sich in diesem Zeitraum dagegen von 4,8 auf 23,6 Jahre. Der neueste Trend zum Aufschub der ersten Geburt in der BRD verkürzt diese Zeit nur geringfügig.

Damit hat sich für Frauen die anteilsmäßige Zusammensetzung der einzelnen Lebensphasen in den letzten 300 Jahren sehr verändert. Der Zeitraum der Elternschaft mit Kleinkin-

dern nimmt gegenüber der Kindheit und der nachelterlichen Gefährtenschaft einen sehr viel geringeren Zeitraum ein. Die Frau ist nur zu einem kleinen Teil ihres Lebens noch durch die biologische Fähigkeit zum Gebären von Kindern festgelegt. Sie gewinnt erheblich viel Lebenszeit, nämlich, wie gezeigt wurde, 20 Jahre, die nicht durch mütterlichen Umgang mit Kleinkindern vorbestimmt sind. Die aufgezählten Veränderungen im weiblichen Lebens- und Fruchtbarkeitszyklus werden global als *Modernisierungseffekte* bezeichnet und können in aktuellen Studien auch nachgewiesen werden. Wie sich sozialer Wandel je nach Zugehörigkeit zu einer kulturellen Gruppe auf die oben genannten Merkmale des Lebenslaufes von Frauen (wie Alter bei der Heirat, Selbstbestimmung des Ehepartners, Zahl der Schwangerschaften und Geburten, Gesamtzahl der genutzten fruchtbaren Jahre u. a.) auswirkt, zeigt eine aktuelle Studie an jüdischen Immigrantinnen in Israel, die aus asisatischen und afrikanischen Ländern stammten (Datan et al., 1984). Analysen des Familienzyklus von Frauen zwischen 1880 und 1950 bestätigen Imhofs Aussagen insofern, als auch in dieser Zeitperiode für Frauen die Zeit der aktiven Elternschaft schrumpfte und die der nachelterlichen Gefährtenschaft zunahm (Glick in Höhn, 1982).
Vor dem Hintergrund eines derart einschneidenden Wandels der Lebensphasen stellt sich die Frage, wie sich damit die subjektive Bedeutung und die allgemeine soziale Bewertung der Elternschaft verändert hat. Die Frage ist in diesem Zusammenhang noch kaum gestellt worden und eindeutige Antworten fallen bei der Komplexität der Situation schwer. Man kann bisher nur Vermutungen anstellen. Wenn sich die Zeit für Schwangerschaften, Geburten und die frühe Elternschaft verkürzt und die Zahl der Kinder verringert, verringert sich damit auch die subjektive Bedeutung der Elternrolle im Lebenslauf von Partnern heute? Eine derartige Schlußfolgerung ist mindestens aus zwei Gründen unwahrscheinlich: Erstens ist mit der Einschränkung der Fertilität der Aufbau emotional intensiverer, intimerer Beziehungen der Familienmitglieder möglich (vgl. Kap. 2.3). Zweitens zeigen die vielfältigen Studien zum Kinderwunsch eine hohe Erwünschtheit von Kindern sowohl in ehelichen als auch nicht-ehelichen Partnerschaften (Kap. 4.3). Viele Ergebnisse sprechen dafür, daß die Aufgaben der Elternschaft heute sehr ernst genommen werden, jedoch mit anderen Rollen und Lebenszielen in vielfältiger Weise koordiniert werden. Aus dem veränderten zeitlichen Aufwand für Schwangerschaften und Betreuung von Kleinkindern im Verhältnis zu anderen Aktivitäten von Frauen können neue Konflikte und ambivalente Gefühle entstehen. Die zunehmende Langlebigkeit des Menschen hat Auswirkungen auf den typischen Lebenszyklus von Männern und Frauen (Gloger-Tippelt, 1986; Hagestad, 1986; Hareven, 1984; Neugarten & Datan, 1979). Mit längerem Leben werden komplexere biologische, psychologische und soziale Erfahrungen des Menschen möglich, es werden auch komplexere Rollen eingenommen (Riley, 1985). Riley macht darauf aufmerksam, daß auch die Eltern-Kind-Beziehung durch die Langlebigkeit vielfältiger geworden ist. Bis vor 100 Jahren haben Eltern selten die sog. »empty nest-Situation«, die Ehe ihrer Kinder oder die Großelternschaft erlebt. Nach Hagestad (1986) haben die veränderte Mortalität und Fertilität ein neues Klima für die Aufrechterhaltung von Familienbeziehungen geschaffen. Es werden mehr emotionale Energien in die nun weniger zahlreichen Familienmitglieder investiert, die Kinder kommen stärker in ihrer Individualität zur Geltung, die emotionalen Beziehungen zwischen Kindern, Eltern und Großeltern unterliegen vielfältigen Veränderungen im Lebenslauf. Für historisch jüngere Zeiten wird eine größere Uniformität von Kindheitserfahrungen postuliert. Das Timing von Übergängen im späteren Lebenslauf ist teilweise flexibler geworden; der Zeitpunkt für das erste Kind kann aufgrund der verbesserten Geburtenkontrolle und medizinischen Versorgung individuell unterschiedlich gewählt werden.

2.3 Veränderungen in der Struktur und Funktion der Familie

Seit der Entstehung des heute vorherrschenden Familienideals ist für Sexualität, Planung, Geburt und Aufzucht von Kindern der Lebenskontext von Ehe und Familie zentral. Im Christentum galt Elternschaft als Ziel der Ehe (Fox & Quitt, 1980; Gélis et al., 1980; Métral, 1980). In vielen anderen Religionen besteht ebenfalls eine moralische Verpflichtung, Kinder zu zeugen (Lukesch, 1983). Fruchtbarkeit wurde nicht nur religiös verehrt, sie wurde häufig auch vor dem Vollzug der Ehe praktisch getestet (Lukesch, 1983). Auch in der heutigen Gesellschaft ist die Vorstellung von Familie eng mit Kindern verbunden. Kinderlosigkeit wird von Ehepaaren vielfach als psychische Belastung erlebt. Sprechen wir heute von Familie, so denken wir im wesentlichen an das Zusammenleben von Eltern und ihren überwiegend minderjährigen eigenen Kindern in einem Haushalt (vgl. Kap. 3). Der Umgang der Familienmitglieder wird durch persönliche, gefühlsbetonte Beziehungen gekennzeichnet. Funktionen der einzelnen Familienmitglieder werden häufig nach der vorherrschenden strukturell-funktionalen Familientheorie Parsons (Kap. 3) durch zwei komplementäre elterliche Rollen beschrieben. Diese Form des Zusammenlebens wird in der heutigen Familiensoziologie »als eine Verallgemeinerung des Typus der bürgerlichen Familie im 19. Jahrhundert« angesehen (Rosenbaum, 1982 b, 59). In einer differenzierten Studie wies Rosenbaum nach, welche vielfältigen Familienformen in den letzten 200 bis 300 Jahren in Deutschland existierten. Zentrale Unterscheidungsmerkmale waren dabei die Stellung der Familienmitglieder im Produktionsprozeß, Haushaltszusammensetzung, Ehebeziehungen und die Stellung der Kinder (für die USA vgl. Degler, 1980; Hareven 1984). Die *bürgerliche Familie* stellt einen Angelpunkt in der historischen Familienentwicklung dar, da sie zum Vorbild auch für andere gesellschaftliche Schichten wurde. Von Familie zu sprechen, setzt bereits die Kontinuität eines Phänomens voraus, das nach Rosenbaum nicht in derselben Weise existierte. Zur Klärung des Familienbegriffs wird in diesem Zusammenhang auf Brunner (1978) verwiesen.

Dieser Autor arbeitete heraus, daß der *Ausdruck »Familie«* sich erst seit dem 18. Jahrhundert in der deutschen Umgangssprache verbreitete und die Begriffe des *»ganzen Hauses«* oder der *»Wirtschaft«* ersetzte, welche das noch unter agrarischen Verhältnissen übliche Zusammenfallen von Haushalt und bäuerlichem bzw. Handwerksbetrieb bezeichneten. Neben dem Hausherrn, der Gattin, den eigenen und übernommenen Kindern enthielt die Hausgemeinschaft in vorindustrieller Zeit noch Knechte, Mägde, weitere »Inwohner« und Altenteile (Mitterauer, 1978). Mit der Aufspaltung des »ganzen Hauses« in »Betrieb« und »Haushalt« tritt der *»Rationalität«* des Betriebes die *»Sentimentalität«* der Familie gegenüber (Brunner, a. a. O., 89).

Als wichtige Voraussetzungen der Entstehung der bürgerlichen Familienform sieht Rosenbaum folgende Faktoren an (1982 b, 58): Die Trennung von Haushalt und Betrieb; die Sicherung der materiellen Basis der Familie und die Freistellung der Frauen und Kinder von Produktionsaufgaben. In sehr verkürzter Form sind folgende Schritte bei der Entwicklung des Bürgertums und des bürgerlichen Familienideals wichtig (Rosenbaum, 1982 a). Es veränderte sich die Wertorientierung in Richtung auf stärkere Betonung innerer Werte. Dadurch wurde Liebe zum ehestiftenden Motiv. Gegenüber der traditionellen Familienform des »ganzen Hauses« zeigt das bürgerliche Familienideal im 19. Jahrhundert eine enge emotionale Beziehung der Ehepartner. Dieses Eheideal wurde freilich in der Realität überlagert von ökonomischen Interessen bei der Partnerwahl und von einer ungleichen Machtverteilung zugunsten des Mannes. Durch Trennung von Wohnort und Arbeitsplatz des Mannes werden Frau und Kinder zunächst sozial isoliert. *Die Familie konnte sich so zur gefühlsintensiven Privatsphäre entwickeln, die als Gegenstruktur zu Gesellschaft verstanden wird.* Häuslichkeit, d. h. das

Haus und die Familie, werden dadurch zu einem speziellen Daseinsbereich der Frau. Aufgrund der Betonung innerer Werte kommt den Kindern und der Kindererziehung eine besondere Bedeutung zu (s. 2.4). Die Frau kann sich nun kontinuierlich der Erziehung der Kinder widmen. Diese Arbeitsteilung innerhalb des Paares wird begründet mit einer in der ersten Hälfte des 19. Jahrhunderts aufkommenden Vorstellung von zwei polaren »Geschlechtscharakteren« (Hausen, 1978). Der Geschlechtscharakter vereinigt biologische Merkmale und soziale Tätigkeitsfelder, so daß das Wesen des Mannes durch Aktivität und Rationalität, das Wesen der Frau durch Emotionalität und Passivität gekennzeichnet werden. Mütterlichkeit wird zu einer besonderen Qualität der Frau. Voraussetzung für diese neue Rolle sind materielle Sicherheit und relativer Wohlstand, die der Beruf des Mannes sichern muß. Entsprechend verlängern sich die Ausbildungszeiten z. B. der bürgerlichen Beamten und der selbständigen Akademiker; das Heiratsalter der Männer steigt an. Auch die Kosten der Kindererziehung, vor allem für die Söhne, steigen. Zur Aufrechterhaltung eines bestimmten Lebensstandards ist u. a. eine *Reduktion der Kinderzahl* erforderlich. Die durchschnittliche Kinderzahl sinkt vom Ende des 18. Jahrhunderts bei der höheren Bildungsschicht von 3,0 auf 2,1 im Jahre 1914, ebenso bei den Selbständigen in Handel und Industrie in dieser Zeitspanne von 4,1 auf 2,8 (Rosenbaum, 1982 a). Auch in der Arbeiterschicht entsteht eine Tendenz zur Senkung der Kinderzahl (Richebächer, 1982). Legt man programmatische Äußerungen z. B. innerhalb der SPD zu Beginn dieses Jahrhunderts zugrunde, dann wurden allerdings radikale Forderungen wie »Gebärstreik«, z. T. auch Familienplanung, stark abgelehnt. Auch bei den führenden Persönlichkeiten der Sozialdemokraten herrschte eine traditionelle Vorstellung von Sexualität und Geschlechtsrollen vor (Niggemann, 1981).

In den Darstellungen vieler historischer Familienforscher mischen sich Beschreibungen der Lebensumstände und der konkreten Aktivitäten von Familienmitgliedern mit Charakterisierungen der Bewertungen oder der Deutungsmuster des familiären Zusammenlebens in verschiedenen Epochen. Aus meiner Sicht sind dies jedoch zwei verschiedene Informationsebenen. Während das konkrete Verhalten von Personen früherer Epochen nur indirekt erschlossen werden kann, lassen sich die Deutungsmuster und Familienideale aus schriftlichen Materialien, sozialen Regelungen, Gesetzen u. ä. leichter rekonstruieren. Die Mehrzahl der Quellen befassen sich mit dem, was als *Familienleitbilder, Wertorientierungen und Rollenvorstellungen* zu bezeichnen ist. Daher soll die Charakterisierung der Familienstrukturen und die Funktion der Familienmitglieder unter historischer Perspektive auf die Veränderung der Vorstellungen von Familie, vor allem auf das bürgerliche Familienleitbild, beschränkt werden. Es muß weiter eingeschränkt werden, daß das oben skizzierte bürgerliche Familienleitbild nicht in allen Gesellschaftsschichten einheitlich verbreitet war.

Einige Vertreter der sozialdemokratischen und sozialistischen Frauenbewegung artikulierten zwar davon abweichende Familienvorstellungen für Arbeiter und forderten die Berufstätigkeit der Frau, Senkung der Kinderzahl, Familienplanung und die Gleichberechtigung der Frau im Hinblick auf Bildung, Beruf und politische Betätigung. In groben Zügen wich jedoch das Familienideal der Arbeiter in Deutschland nicht entscheidend von dem der Bürgerlichen ab, wie historischen Quellen zu entnehmen ist (Niggemann, 1981; Richebächer, 1982, Rosenbaum 1982 a). Ein weiterer strittiger Punkt bei der Diskussion von Größe und Zusammensetzung der Familie ist häufig die Frage, ob es von der vorindustriellen Zeit bis heute zu einer Abnahme von Großfamilien bzw. Drei-Generationen-Familien gekommen sei. Neben anderen Familienforschern haben Rosenbaum für Europa und Hareven für den Norden der USA den Mythos der vorkapitalistischen Großfamilie aufgedeckt und die These kritisiert, daß durch Industrialisierung das traditionelle Familienleben zerstört worden sei. Vielmehr ist durch Industrialisierung und die Schaffung neuer Arbeitsstellen für Arbeiter und andere niedrige Gesellschaftgruppen überhaupt erst eine Familiengründung ermöglicht worden (Rosenbaum, 1982 a, Hareven, 1984). In agrarischer Zeit war die Zahl der verheirateten Bevölkerungsanteile erheblich geringer (Imhof, 1981; Docherty & Jacobson, 1982; Fox & Quitt, 1960; Rosenbaum, 1982 b). Rosenbaum weist daher die These vom allgemeinen Funktionsverlust der Familie zurück. Die Mehrzahl der bürgerlichen Familien Deutschlands ebenso wie die Arbeiter- und Proletarierfamilien seit der zweiten Hälfte des 19. Jahrhunderts bestanden aus Eingenerationenfamilien, in die z. T. nicht-verheiratete Verwandte oder bereits verheiratete Kinder zeitweise aufgenommen wurden.

Auch für die industrialisierten Teile der USA wird die Dominanz der Kernhaushalte mit Eltern und Kindern berichtet (Hareven, 1982). Der *Zeitpunkt für den Lebensübergang zu Ehe und Elternschaft* wird durch ökonomische Bedingungen stark beeinflußt. Diese Tatsache veranlaßte viele Forscher zu der Formulierung einer dynamischen Familienentwicklungstheorie, die die simultane und sukzessive Übernahme von bestimmten Rollen der Familienmitglieder über die Lebensspanne beinhaltet (Fox & Quitt, 1980).

Am Beispiel eines großen Textilkonzerns in Massachusetts von 1830 bis 1930 zeigt Hareven (1982) das enge Ineinandergreifen von *sozialer Zeit* (d. h. Aufstieg und Fall einer großen Textilfabrik), *Familienzeit* (Lebensübergänge im Familienzyklus) und *individueller Lebenszeit*. Bei Immigranten und Arbeiterfamilien im Norden der USA überwogen danach instrumentelle Beziehungen über die sentimentalen Beziehungen, die die bürgerlichen Mittelschichten kennzeichneten. Dieselbe Interpretation trifft auf die Arbeiterfamilien, ebenso vorwiegend Tetilarbeiterinnen um die Jahrhundertwende in Deutschland zu (Niggemeier, 1981; Richebächer, 1982). Nach diesem Quellenmaterial aus den USA und Deutschland haben die ökonomischen und sozialen Bedürfnisse des Familienverbandes den Zeitpunkt für den Übergang zur Familiengründung und damit für die erste Geburt weitgehend bestimmt.

Die Akzeptierung des bürgerlichen Familienideals beinhaltete, daß die Familie als Privatbereich gesehen wurde und daß Beziehungen innerhalb der Familie intimer und individueller wurden. Auch in jüngster Zeit lassen sich noch Veränderungen in der Bedeutungszuschreibung zu Ehe und Familie nachweisen. Nave-Herz (1985) beschreibt auf der Grundlage von narrativen Interviews von Paaren folgenden Wandel in den Auffassungen über Ehe und Elternschaft zwischen 1950 und 1980 in der BRD. Während die Familie 1950 eher als Solidargemeinschaft verstanden wurde, die selbstverständlich Kinder zur Folge hatte, so traten bei den Eheschließungen 1980 stärker kindzentrierte Wünsche in den Vordergrund. Gleichzeitig sinkt allerdings die Zahl der Ehen. Schwangerschaft, Geburt und Kindererziehung gehören 1980 für beide Partner zu einer bewußten, gewollten gemeinsamen Lebenserfahrung. Das Mutter-Kind-Subsystem der Familie wird erweitert, der Vater hat von Anfang an einen wichtigen Anteil am Familienleben. Auch in nicht-ehelichen Lebensgemeinschaften besteht noch bei 40 % der Männer und Frauen unter 40 Jahren ein ausgeprägter Kinderwunsch, wie eine neuere Repräsentativerhebung in der BRD ergab (Schriftenreihe des BMfG, 1985). Der Wunsch, gemeinsam ein Kind zu haben, korreliert auch in diesen eher unkonventionellen Partnerbeziehungen sehr eng mit der Heiratsabsicht.

Damit wird eine andere Facette des komplexen Bildes über die Zusammensetzung und Funktion von Familien beleuchtet, und zwar die *historischen Veränderungen des Kinderwunsches*. Die entscheidende Veränderung in Motiven für einen Kinderwunsch wird in einer Verlagerung von *früher externen Gründen zu heute internen Gründen* gesehen (Beck-Gernsheim, 1985; Wetterer & Walterspiel, 1983). Bevölkerungswissenschaftler sehen die Veränderung des generativen Verhaltens in Zusammenhang mit einem allgemeinen Wertewandel. In früheren Jahrhunderten wird der Wunsch nach Kindern durch externe Werte genährt, wie der Beitrag der Kinder zur Alterssicherung, als Arbeitskraft, zur Aufrechterhaltung des ökonomischen Wohlstandes. Diese instrumentelle Betrachtung von Kindern ist heute abgelöst durch intrinsische Werte, wie oben berichtet. Kinder stellen für heutige Paare eher emotionale und partnerschaftliche Werte dar, z. B. eine Erweiterung der Selbsterfahrung, Lebenssinn, Wünsche nach emotionaler Nähe, persönliches Glück und eine Bereicherung für die Partnerschaft (Beck-Gernsheim, 1984; Nave-Herz, 1984; Nerdinger et al., 1984; Spieß et al., 1984). Im Vergleich zu früheren Jahrhunderten hat sich ein wesentlicher Umstand verändert. Kinder sind nicht mehr »natürliches Schicksal« oder zwangsläufige Folge sexueller Beziehungen, sondern können Ergebnis eines eigenen Entschlusses sein (Lukesch, 1983; Lüscher, 1975). Bei der heutigen Kenntnis von Verhütungsmethoden könnte man annehmen, daß die Familienplanung verbreitet ist. Allerdings zeigen sowohl aktuelle psychologische Studien zum Kinderwunsch (s. 4.3) als auch historische Arbeiten zur Kontrolle des Nachwuchses und der Bevölkerungsplanung seit dem Mittelalter ein komplexes Bild. Kenntnisse über Abtreibungen, Verhütung und Sexualität, volkstümliche Gewohnheiten und Normen sowie staatliche Vorschriften und Gesetze in diesem Bereich haben eine wechselvolle Geschichte (v. Pfeil, 1979; Wetterer & Walterspiel, 1983).

Im Altertum und Mittelalter waren z. T. recht drastische Methoden zur Begrenzung der Kinderzahl üblich (Lukesch, 1983; v. Pfeil, 1979). In den Auslegungen der mittelalterlichen Schöpfungsordnung durch die Kirchenväter hing die Bestrafung von Abtreibungen von der Frage ab, ab wann das Kind im Mutterleib als »beseelt« angesehen wurde. Interessanterweise war für die Abtreibung von Jungen eine kürzere Frist zugelassen als für Mädchen (40 bzw. 80 Tage p.c.). v. Pfeil (1979) weist bereits im germanischen Recht (500–900) Strafen für Abtreibungen nach. Gesetzliche Bestimmungen darüber, vor allem für sog. Hexen-Hebammen, kamen erst im 16. Jahrhundert auf (Wetterer & Walterspiel, 1983). Zu Beginn des Frühkapitalismus setzte eine massive Bevölkerungspolitik ein, die von der Einrichtung von Findelheimen, Meldekontrollen von unehelichen Schwangerschaften, Unterdrückung von Erfahrungswissen über Abtreibungen u. ä. begleitet war.

Eine breite Aufklärung über Verhütungsmethoden hat sich erst im 20. Jahrhundert durchgesetzt, besonders seit der Verfügbarkeit der oralen Antikonzeptionsmethoden in den 60er Jahren. Damit wird das Phänomen des »Wunschkindes« möglich, d. h. die Selbstbestimmung über den Zeitpunkt der Geburt und die Anzahl und zeitliche Plazierung der Kinder.

In diesem Abschnitt wurde skizziert, wie sich mit der Entstehung und Verbreitung des bürgerlichen Familienideals die familiären Rollen gewandelt haben. Die gefühlsbetonte private Familienatmosphäre wurde in den bürgerlichen Familien durch das Subsystem Kinder-Mutter geprägt. Erst nach dem Zweiten Weltkrieg hat sich die familiäre Rolle des Vaters verändert, und zwar vom Patriarchen zu einem mit der Mutter gleichgestellten, fürsorglichen Elternteil. Die Umstrukturierung des Familienlebens verweist auf einen Wandel in den emotionalen Beziehungen der Familienmitglieder, der sich auch in einem zunehmend intrinsischen Kinderwunsch ausdrückt.

2.4 Veränderungen in den emotionalen Beziehungen zwischen Eltern und Kindern

Mit der veränderten Struktur und Funktion der Familie, besonders seit der Entstehung der bürgerlichen Familie, haben sich auch die emotionalen Beziehungen der Familienmitglieder untereinander verändert. Rosenbaum faßt diesen Wandel zusammen als *Tendenzen der Individuierung und Intimisierung des familiären Zusammenlebens*. Diese Änderung trifft sowohl für die Beziehungen zwischen Ehepartnern als auch für das emotionale Verhältnis zwischen Eltern und Kindern zu, das in Zusammenhang mit dem Übergang zur Elternschaft wichtiger ist. Bei der Auswertung der sozialgeschicht-

lichen Arbeiten wird dieser Teilaspekt des Familienlebens besonders beachtet. Will man das Gefühlsleben in Familien früherer Epochen erschließen, so stellt die *allgemeine Beachtung, Wertschätzung und Repräsentation der verschiedenen familiären Rollen* einen wichtigen Ausgangspunkt dar. Die außerehelichen Eltern-Kind-Beziehungen müssen hier vernachlässigt werden (vgl. Mitterauer, 1983), ebenso die gesamtgesellschaftliche Bedeutung von Familienbeziehungen. Im Verhältnis zu der zentralen Rolle des Hausvorstandes und des Vaters haben sich in der Neuzeit vor allem die Stellung der Kinder und diejenige der Ehefrau verändert. Es wird also zu prüfen sein, welche Auswirkungen die veränderte soziale Gewichtung der Kind- und der Frauenrolle auf die Gefühlsbeziehungen in der Familie haben.
Zu den am meisten verbreiteten Ergebnissen der historischen Sozialforschung und historischen Psychologie gehört der Befund, daß sich die Vorstellungen vom Kind seit dem Ende des Mittelalters und dem Beginn der Neuzeit gravierend verändert haben (Ariès, 1975; Badinter, 1980; v. d. Berg, 1960; Borstelman, 1983; Gloger-Tippelt & Tippelt, 1986; Lüscher, 1975; Rosenbaum, 1982 a). Auch wenn kritische Sozialhistoriker warnen, die Unterschiede in der Konzeption des Kindes früher und heute gegenüber den Gemeinsamkeiten zu überschätzen, so stimmen sie doch der These insofern zu, als sie veränderte Einstellungen von Eltern zum Kind ab dem 17. Jahrhundert bestätigen (Fox & Quitt, 1980). Ariès formulierte die provokante These von der »Entdeckung der Kindheit« zum Ausgang der mittelalterlichen Gesellschaft. Kindheit und Jugend wurden bis zum Beginn der Neuzeit nicht als gesonderte Altersstufen in der Entwicklung des Menschen gesehen, es gab keine Vorstellung darüber, daß kindliches Denken und Erleben sich von dem der Erwachsenen unterscheidet. Nach seiner Darstellung wurden Kinder im ancien régime Frankreichs vom Beginn des Laufenlernens an vollständig in die Erwachsenenwelt einbezogen. Das bedeutet z. B., daß kleine Kinder den gleichen emotional belastenden Situationen ausgesetzt waren wie Erwachsene, daß sie z. B. bei öffentlichen Hinrichtungen anwesend waren oder schon mit 10 Jahren der Inquisition unterworfen wurden. Es bedeutete auch, daß von ihnen die gleichen kognitiven Leistungen erbracht bzw. erwartet wurden, was die Beherrschung von Fremdsprachen, Lesen und Schreiben oder die Zugänglichkeit für rationale Argumente und schulischen Unterricht angeht (Blankertz, 1982; Locke in v. d. Berg, 1960).
Aus dem mangelnden Verständnis für die entwicklungsbedingte Besonderheit des Kindes und für seine von Erwachsenen verschiedenen physischen und psychischen Bedürfnisse (Lüscher, 1975) resultiert nach de Mause (1980) und Badinter (1980) eine erschreckende *Gleichgültigkeit und Mißachtung der Kleinkinder,* wie wir es vom heutigen Standpunkt aus bezeichnen würden.

De Mause untersucht die emotionale Einstellung zu Kindern unter dem Aspekt des Kindesmordes, des sexuellen Mißbrauchs und der körperlichen und seelischen Mißhandlung von Kindern. Zur Begründung seiner Sichtweise zieht er eine psychoanalytische Interpretation heran, wonach das Kind als Vehikel für Projektionen der Erwachsenen benutzt wird. Auf der Basis dieser Annahmen postuliert de Mause im Verlaufe der Geschichte eine zunehmend engere, verständnisvollere und einfühlsamere Beziehung der Eltern zu ihren Kindern. In einer groben Periodisierung unterscheidet er mehrere Epochen von »Kindesmord« in der Antike über »emotionale Ambivalenz« und Kontrolle und Anpassung des Kindes bis zu einer Beziehungsform, die er »Unterstützung« nennt und im 20. Jahrhundert einordnet.

Die Geringschätzung des Kindes sowohl in der christlichen Doktrin, in der Medizin und im Alltagsleben bis ins 18. Jahrhundert hinein, hat Badinter ausführlich dargestellt. Kinder galten als das Böse, als Gott unähnlich, sie hatten wie Tiere keine Seele und waren in ihrer Vielzahl schlicht lästig (vgl. Imhof, 1981; Gélis et al., 1980). Die im Mittelalter vorherrschende Gleichgültigkeit drückt sich in der Gefühllosigkeit beim Tod von Kindern, in der Bevorzugung von Jungen und Ältesten und in der Verweigerung des Stillens aus. Bei der breiten Masse der Bevölkerung Europas waren die Nöte des Alltags so dringend, daß eine ausreichende Pflege und Ernährung der zahlreichen Neugeborenen nicht möglich war. Das körperliche ebenso wie das geistige Wohl der Kinder war schwerer zu organisieren als heute. Nach einer zusammenfassenden Analyse der Familienentwicklung in England und Amerika von 1500 bis 1800 (Fox & Quitt, 1980) standen bei Eltern zu Beginn der Neuzeit ökonomische Erwägungen in Zusammenhang mit Kindern im Vordergrund. Menschliche Beziehungen wurden instrumentell betrachtet, was Liebe zu Kindern nicht ausschließt. Aber aufgrund der ständigen Konfrontierung mit Tod und Krankheit von Kindern und einer dauernden Mangelsituation war nach Auffassung der Autoren eine emotionale Distanzierung erforderlich.

Auf diesem Hintergrund muß die *weite Verbreitung des Ammenwesens*, hauptsächlich in Frankreich, aber auch in den wohlhabenden Schichten Deutschlands, Englands und Nordamerikas verstanden werden (Badinter, 1980; Fox & Quitt, 1980; v. Pfeil, 1979). Nur in reichen Familien kamen die Ammen ins Haus, häufiger wurden die Kinder bis zum 4. Lebensjahr von der leiblichen Mutter getrennt. Während dieser Zeit versorgte sie eine Nähramme, die in der Regel unter schlechten finanziellen und hygienischen Verhältnissen lebte. Badinter berichtet über Aussagen französischer Ärzte, die für das letzte Drittel des 18. Jahrhunderts Sterbeziffern von 50–90 % der von Ammen gestillten Kinder belegen. Auch in Deutschland betrug die durchschnittliche Sterbeziffer von Säuglingen im 18. Jahrhundert bis zu 50 % (Imhof, 1981; v. Pfeil, 1979). In der Box 1 werden Belege für das Verhalten von Stillammen und Einstellungen zum Stillen angeführt.

Die schlechte Versorgung von Säuglingen hält nach Badinter bei den unteren Sozialschichten in Frankreich noch bis 1900 an. Für das Jahr 1907 berichtet sie eine Statistik mit einer Sterblichkeit im ersten Lebensjahr von 16 %. Zu dieser Zeit wurden noch 30–40 % der Neugeborenen aus den Großstädten aufs Land gegeben (a. a. O., 180). Bei der Mehrzahl der Frauen, mit Ausnahme derjenigen aus höheren Schichten, waren ökonomische Gründe für die Weggabe der Kinder ausschlaggebend (Gélis et al., 1980; Wetterer & Walterspiel, 1983). Am Beispiel der puritanischen Moral zeigt Schnucker (1980), daß dem Stillen, sei es durch die Mutter oder durch die Amme, einige Bedeutung beigemessen wurde. Nach dem Volksglauben übernahm das Kind mit der Milch auch das Aussehen, den Charakter und die Gedanken der nährenden Frau. Daher sind viele Vorschriften überliefert, die die Auswahl einer Lohnamme und den Lebenswandel einer stillenden Frau festlegen, z. B. sexuelle Abstinenz zum Leidwesen der Ehemänner. Die große Gleichgültigkeit gegenüber Säuglingen und Kleinkindern läßt sich auch an der traurigen Geschichte der Aussetzungen und Findelhäuser ablesen. Findelhäuser im 18. bis zur Mitte des 19. Jahrhunderts hatten in vielen Ländern Europas, vor allem in Frankreich und Italien, die Funktion von Begräbnisstellen für die Kleinkinder (v. Pfeil, 1979).

Die alte Gesellschaft wird als eine Gesellschaft ohne Liebe beschrieben, weder zwischen Ehegatten noch zwischen Eltern und Kindern. Diese These ist umstritten, gegenteilige Belege über enge Gefühlsbindungen zwischen Eltern und Kindern, über regelmäßiges Stillen bzw. über bedauernde Briefe der Mütter bei Weggabe der Kinder werden auch angeführt (Gélis et al., 1980; Lüscher, 1975).

Bei der häufig als Gegenbeleg benutzten Analyse von Inquisitionsprotokollen eines französischen Bischofs Anfang des 14. Jahrhunderts muß berücksichtigt werden, daß es sich hier um eine kleine Gruppe von sozial isolierten, andersgläubigen Bewohnern eines abgelegenen Dorfes handelte, nämlich um die streng verfolgten Katharer (Le Roy Ladurie, 1980). Relativ unbestritten ist jedoch, daß sich in den gebildeten Schichten eine neue Qualität der Mutter-Kind-Beziehung herausbildete (Schütze, 1986).

Box 1
Die emotionale Gleichgültigkeit gegenüber Kindern am Beispiel des Stillens.
Sehr anschaulich schildert Imhof das Geschäft einer französischen Nähramme aus dem Jahre 1784/85, die im Verlaufe von 1 1/2 Jahren 32 übernommene Säuglinge und zwei eigene Kinder zu Tode genährt hat (Imhof, 1981, S. 109).

Tab. 1: Das Stillgeschäft einer französischen Nähramme am Ende des 18. Jahrhunderts aus: A. Imhof. Die gewonnenen Jahre. München, Beck, 1981, S. 64/65

Eigene Kinder			Kinder im Stillgeschäft			
Rang	Geburtsdatum	Sterbedatum	Rang	Sterbedatum		Alter beim Tod
1.	13. 09. 1779	?				
2.	13. 05. 1781	?				
			1.	15. 06. 1782		5 Monate
3.	27. 10. 1782	16. 08. 1783				
4.	20. 06. 1784	14. 07. 1784				
			2.	26. 07. 1784		10 Tage
			3.	26. 08. 1784		15 Tage
			4.	17. 09. 1784		11 Tage
			5.	25. 10. 1784		14 Tage
			6.	23. 11. 1784		15 Tage
			7.	16. 12. 1784		10 Tage
			8.	24. 12. 1784		6 Wochen
			9.	27. 02. 1785		8 Tage
			10.	02. 03. 1785		10 Tage
			11.	09. 03. 1785		8 Tage
			12.	14. 03. 1785		4 Tage
			13.	23. 03. 1785	gleicher Tag	10 Tage
			14.	23. 03. 1785		12 Tage
			15.	07. 04. 1785		5 Tage
			16.	08. 04. 1785		5 Wochen
			17.	10. 04. 1785		8 Tage
			18.	04. 05. 1785		12 Tage
			19.	10. 05. 1785		18 Tage
			20.	23. 05. 1785	gleicher Tag	12 Tage
			21.	23. 05. 1785		12 Tage
			22.	16. 06. 1785		15 Tage
			23.	27. 06. 1785		6 Tage
			24.	28. 06. 1785		6 Tage
			25.	17. 07. 1785	gleicher Tag	15 Tage
			26.	17. 07. 1785		2 Monate
			27.	24. 07. 1785		3 Monate
5.	02. 08. 1785	02. 08. 1785				
			28.	23. 08. 1785	gleicher Tag	3 Wochen
			29.	23. 08. 1785		3 Wochen
			30.	01. 09. 1785		5 Wochen
			31.	20. 09. 1785		5 Wochen
			32.	23. 09. 1785		7 Tage
6.	03. 04. 1788	14. 09. 1788				

Schichtenspezifische Einstellungen zum Stillen zeigen sich in folgendem Auszug aus einem deutschen Sittenroman von 1784, in dem eine adelige Frau die Heirat ihres Sohnes mit einer bürgerlichen Frau folgendermaßen kommentiert: »Es läßt sich überhaupt für eine gnädige Frau nicht, wenn sie gesund aussieht. Das ist bäuerisch. Du rechnest sogar auf gesunde Milch! Keine Kaufmannsfrau säugt ihr Kind mehr, und die Adeligen sollten es thun? Die Kühe und die Bäuerinnen, die stets um die Kühe sind, mögen ihre Jungen stillen, aber für Personen von Extraction ist so eine viehische Gewohnheit Schande.« Aus Christoph Gotthelf Salzmanns Roman »Carl von Carlsberg oder über das menschliche Elend«, 1784, zitiert nach v. Pfeil, 1979, 259.

Als Datum für die Veränderung der Sichtweise vom Kind wird von mehreren Autoren das Jahr 1762 angesetzt, in dem Rousseaus »Emile« erschien (Badinter, 1980; v. d. Berg, 1960; Borstelman, 1983). Mehrere Gründe werden für den Wandel herangezogen, u. a. wirtschaftliche Gründe (Bedarf an Soldaten und Arbeitkräften) und die Philosophie der Aufklärung mit dem Postulat der Gleichheit der Stände, das auch die Gleichheit von Mann und Frau und von Eltern und Kindern implizierte. Das Streben nach »irdischem Glück« führte zu einer Vorstellung von Ehe als einer auf Liebe gegründeten Beziehung nach freier Wahl beider Partner. Als natürliche Folge dieser Liebesbeziehung werden dann auch die Nachkommen in das gefühlsmäßige Band einbezogen. Die Gedanken der französischen Moralisten und Philosophen wurden bekanntlich in der deutschen Kultur aufgegriffen. Sie trugen zur Formulierung des zuvor erörterten bürgerlichen Familienideals dar, das eine Hochachtung innerer Werte, damit auch der Liebesheirat und der Wertschätzung von Kindern und familiären Bindungen implizierte (Rosenbaum, 1982 a). Nach Ariès folgt aus der Erkenntnis und Wertschätzung der kindlichen Besonderheit eine veränderte Behandlung von Kindern, die sich in spezifischer Kleidung, spezifischen Spielzeugen, Interesse an Erziehung und einem Bemühen um Hygiene und körperliche Gesundheit der Kinder niederschlägt. Glück und Zufriedenheit des Kindes treten als neue Ziele für elterliche Betreuung auf. *Komplementär zu der neuen Bedeutung des Kindes stieg die Bedeutung der Frau als Mutter, d. h. als Pflegerin und Erzieherin der Kinder an.* In diesem Zusammenhang wird die *Propagierung eines neuen Mutterbildes und einer neuen Qualität der Mutterliebe* belegt, die sich zuerst bei den Frauen des mittleren Bürgertums, sehr viel später auch im Adel und in den unteren Schichten der französischen Bevölkerung verbreiteten (Badinter, 1980; Rosenbaum, 1982 a). Ausgehend von Rousseaus Aufforderung »zurück zur Natur« wurde das Stillen der Kinder als notwendiger Liebesbeweis der Mutter angesehen, von dem das Überleben der Säuglinge abhing (Gélis et al., 1980). Einen anderen Schwerpunkt setzt Schütze (1986) in ihrer Analyse. Sie postuliert *eine Verwissenschaftlichung der Mutter-Kind-Beziehung*, die sie als eine spezielle Form der Rationalisierung der weiblichen Tätigkeit in Anlehnung an M. Weber beschreibt. Im 19. Jahrhundert sei diese Verwissenschaftlichung von der Medizin, im 20. Jahrhundert von der Psychologie vorangetrieben worden.

Auf der Grundlage von Erziehungsratgebern läßt sich belegen, daß auch in Deutschland eine grundlegende Veränderung des normativen Musters »Mutterliebe« stattgefunden hat, Bemüht um das Überleben und die Erziehung des Kindes, verbreiteten im Anschluß an Rousseau Ärzte und Pädagogen neue Grundsätze einer angemessenen Hygiene und die Idee einer bewußten Erziehung der Kinder. Nach der Vorstellung von den komplementären Geschlechtscharakteren (Hausen, 1978) kommt der Mutter zunächst die Aufzucht der Kinder zu, in einer ihrem natürlichen weiblichen Wesen entsprechenden, einfühlsamen, liebevollen Art. Unter dem Einfluß der Experten verwandelt sich die Mutterliebe in Deutschland und Frankreich zum Ende des 19. Jahrhunderts jedoch in *Mutterpflicht*, die unter Androhung von Strafen die Kenntnis von Eigenheiten der Säuglinge, die Einhaltung von bestimmten gesundheitlichen Maßnahmen und die Vermeidung von zuviel Zärtlichkeit und zu häufigem Stillen verlangt. Statt von »Mutterliebe« ist vermehrt von »strenger Ordnung«, »Aufopferung« und »Pflicht« die Rede (Badinter, 1980; Schütze, 1986). Mutterliebe wird nach Schütze zu einer Disziplinierung des Kindes. Die Mutter muß entgegen ihrem eigenen Zärtlichkeitsbedürfnis eher als ausführendes Organ der Ärzte handeln, Kenntnisse über Infektionskrankheiten, Ernährung, Stoffwechsel u. ä. erwerben und verantwortlich danach handeln. Dieses Bild von mütterlichen Aufgaben hat sich in Deutschland relativ unbeeinflußt durch den Nationalsozialismus bis in die 60er Jahre gehalten, wie Schütze an der großen Verbreitung des populären Standardwerkes (Haarer: Die (deutsche) Mutter und ihr erstes Kind) von 1934 bis 1983 nachweist. Eine weitere entscheidende Wende in Inhalt und Normen von Mutterliebe tritt durch die *Psychologisierung der Vorstellung von einer angemessenen Mutter-Kind-Beziehung in den 20er Jahren dieses Jahrhunderts* ein. Während die aus den USA stammende lerntheoretische Begründung eines Mutterverhaltens, das von einer emotionsfreien, wissenschaftlichen Einstellung begleitet sein soll (vgl. Watson in Schütze, 1986; Harris, 1984), in Europa keinen Einfluß gewann und Hetzers anwendungsbezogene Schriften die Vorstellung von Regelmäßigkeit, Sauberkeit, Disziplin aufrechterhielten, führte nun die Psychoanalyse Mutterliebe wieder als entscheidende Bereicherung ein. Als maßgebliche Autoren werden Freud, Winnicott und die ethologische Theorie Bowlbys genannt (Badinter, 1980; Schütze, 1986). Die nun geforderte mütterliche Hingabe verlangte eine Affektkontrolle von der Frau, die auch ihr Unbewußtes miteinbezog. Badinter argumentiert, daß durch die psychoanalytische Auffassung von frühkindlicher Entwicklung zwar die Bedeutung der Mutter gesteigert wurde, jedoch die persönlich-moralische Verantwortlichkeit und die Schuldzuschreibung gegenüber der Mutter, die im 19. Jahrhundert aufkam, nicht aufgehoben wurde. Auf neuere Varianten von »Mutterliebe« und »Kindeswohl« kann hier nicht eingegangen werden.

Das Beispiel des prominenten Gefühls der Mutterliebe zeigt, welche extremen Variationen der emotionalen Beziehungen zwischen Mutter und Kind sich in den letzten 300 Jahren in Europa finden lassen.

Über den anderen Teil des Familiensystems, nämlich das emotionale Verhältnis des Vaters zu den Kindern, sind explizite sozialgeschichtliche Studien selten. Das Thema Vater-Kind-Beziehungen wird z. T. im Zusammenhang mit dem Patriarchat behandelt. Im Zuge der aktuellen Vaterforschung werden Gefühle zwischen Vater und Kind neu thematisiert. Nach der Veränderung der sozialen Geschlechtsrollen in diesem Jahrhundert deutet sich in den letzten zwei Jahrzehnten ein Wandel des Vaterbildes an (Fthenakis, 1985; Parke & Tinsley, 1984). Seit die frühe Pflege des Säuglings nicht mehr durch biologische Voraussetzungen begründet wird, sondern auch durch psychologische Einstellungen und soziale Normen, steht dem Vater die Tür zum Kinderzimmer offen. Gleichzeitig nehmen die neuen »androgynen« Mütter, die auf Berufstätigkeit nicht verzichten wollen oder können, eine relative Distanz zur Mutterschaft ein (Badinter, 1985). Dadurch ergibt sich für Babies und Kleinkinder eine historisch neue emotionale Erfahrung, die im Extremfall durch die Verfügbarkeit von zwei versorgenden, symbiotischen Beziehungen gekennzeichnet ist. Die Auswirkungen dieser Beziehungskonstellation, die bisher nur in einigen sozialen Milieus angestrebt und verwirklicht wird, auf die weitere Entwicklung der Kinder und der beteiligten Erwachsenen, sind bisher kaum reflektiert.

Hinweise auf neuere Veränderungen in den emotionalen Beziehungen zwischen Eltern und Kindern können auch aus den historischen Veränderungen in der konkreten elterlichen Tätigkeit gewonnen werden. Für den pflegenden und erzieherischen Umgang mit Kindern wird von einigen Soziologinnen heute der Begriff der Arbeit verwendet, den ich hier übernehme (Rerrich, 1983; Beck-Gernsheim, 1985). Unter *Arbeit mit Kindern* kann man alle Tätigkeiten in der alltäglichen Lebenspraxis verstehen, die »Eltern für ihre Kinder tun, bis aus einem Neugeborenen ein selbständiger Jugendlicher wird« (Rerrich, 1983, 421).

Wesentliche Bereiche der Alltagsarbeit mit Kindern stellen die materielle und körperliche Versorgung, die Beaufsichtigung, die Verhandlung der Wünsche des Kindes, die Vermittlungsarbeit zum Schutz der Kinder oder zum Schutz der Umwelt, die direkte Erziehungsarbeit und die Organisation von Spiel- und Lernerfahrungen dar. Elternarbeit ist im Gegensatz zur Berufsarbeit wesentlich dadurch gekennzeichnet, daß sie unbegrenzt ist und überall stattfindet (Beck-Gernsheim und Ostner, 1977). Für manche Leser mag diese Definition ungewöhnlich klingen, weil die Grenze zwischen notwendiger, gesellschaftlich erwarteter und freiwilliger, d. h. aus Liebe zu Kindern geleisteter Tätigkeit schwer zu ziehen ist. Daß gerade die mütterlichen (und andere) Tätigkeiten der Frau aus Liebe erwartet werden, ist ein Ergebnis der gesellschaftlich bedingten, geschlechtsspezifischen Arbeitsteilung.

Die alltägliche Arbeit mit Kindern bildet den Hintergrund für das subjektive Erleben der Elternschaft und wird schon bei der Planung von Kindern in Erwägung gezogen (Pohl, 1985; Urdze & Rerrich, 1981). Einige Autorinnen vermuten, daß die veränderten und vermehrten Anforderungen speziell an mütterliche Aufgaben *eine* Ursache für den Geburtenrückgang darstellt (Rerrich, 1981; Beck-Gernsheim, 1985).

Betrachtet man die genannten Bereiche der Elternarbeit, so hat sich die Art der heute geforderten Tätigkeiten sehr gewandelt. Rerrich resümiert die neueren Veränderungen zwischen 1950 und 1980 als *Tendenz zur Abnahme von Versorgungsarbeit und Zunahme von Beziehungsarbeit*. Die körperliche Versorgung von Säuglingen ist erleichtert worden durch die Ausstattung privater Haushalte mit elektrischen Geräten, durch die Verfügbarkeit von adaptierter Kindernahrung, von Kinderpflegemitteln und Kinderkleidung in industrieller Herstellung. Diese Bedingungen vereinfachen zwar das Aufziehen von kleinen Kindern, die Erleichterungen werden jedoch aufgewogen durch einen für Eltern anspruchsvolleren Umgang mit Kindern. Der Wandel in Richtung auf einen liberalen Erziehungsstil, der Kindern mehr Freiheiten gestattet, erfordert von Eltern neue Qualifikationen.

Diese Veränderung soll am Beispiel des Stillens und der Ernährungssituation erläutert werden. Als Elternarbeit hauptsächlich Versorgungstätigkeiten beinhaltete, diente das Stillen des Säuglings der Erhaltung seines Lebens. Heute bei Betonung der Beziehungsarbeit wird Stillen mehr unter dem Aspekt der Persönlichkeitsentwicklung gesehen (Lüscher, 1975). Als Stillen noch zur Mutterpflicht gehörte, war der Säugling mit der Einhaltung eines festen Stillplanes und angemessener Hygienevorschriften ausreichend versorgt. Das Füttern zusätzlicher Kost war sehr zeit- und arbeitsintensiv. Mit Aufkommen einer liberalen Haltung erschöpft sich die Elternarbeit nicht mehr darin; vielmehr muß die Mutter (selten der Vater) das Baby nach Bedarf ernähren und sich in ständiger Bereitschaft für die Bedürfnisse des Kindes halten. Die Ernährungssituation als Ganzes dient damit dem Aufbau einer emotionalen und kommunikativen Beziehung zwischen Eltern und Kind. Daß hierfür adaptierte Kindernahrung zur Verfügung steht, erleichtert die geforderte intensive Zuwendung nur geringfügig.

Diese Form des Umgangs mit Kindern macht es notwendig, daß die Eltern viele neue Erziehungskompetenzen erwerben. Nur mit Hilfe umfangreicher psychologischer und pädagogischer Kenntnisse kann eine angemessene Erziehung gesichert werden. Dieser Wandel wird in der Fachliteratur als *Verwissenschaftlichung der Erziehung* beschrieben. Die bestmögliche emotionale und soziale Förderung des Kindes verlangt von den Erwachsenen auch »Verhandlungsarbeit«, wenn sie zwischen Interessen und Zielen des Kindes und denjenigen Erwachsener vermitteln müssen. Den größten Teil dieser Arbeit erbringt die Mutter, sie hat die Rolle einer »Entwicklungshelferin« des Kindes (Beck-Gernsheim, 1985).

Für die angemessene kognitive Förderung des Kindes müssen die Eltern weiter »Informationsarbeit« leisten, indem sie sich über die motorische, motivationale und Denkentwicklung von Kindern informieren. Materialien wie »Elternbriefe« oder »Elternführerschein« geben hierfür Beispiele. Weiter muß berücksichtigt werden, daß eine möglichst freie, die Neugier des Kindes fördernde Erziehung heute durch die Umwelt weitgehend erschwert wird. Dies beginnt bei der Bedrohung von Kindern im Straßenverkehr, die bauliche und Wohnumwelt ist nicht für kleine Kinder eingerichtet, ebensowenig sind es die öffentlichen Einrichtungen.

Beck-Gernsheim (1985) spricht deshalb von einem Widerspruch zwischen Anspruch und Verwirklichungschancen dieser pronounciert wissenschaftlich fundierten Erziehung, der sich auf die Motivation der Eltern für ein zweites Kind auswirken kann. Sie sieht einen Zusammenhang zwischen dem steigenden Erziehungsaufwand und der sinkenden Kinderzahl, der sich im Laufe des 20. Jahrhunderts von der bürgerlichen Schicht auf die Arbeiterschicht ausdehnte. Die Sorgen von Eltern über eine angemessene Erfüllung der Elterntätigkeiten scheinen sich von Zeiten verbreiteter materieller Not zu relativem Wohlstand verschoben zu haben. Sorge bereitet nicht mehr die Sicherstellung der Ernährung und der körperlichen Versorgung des Kindes, sondern mehr die ausreichende psychische Förderung. Anhand verschiedener historischer Trends sollte die These belegt werden, daß sich die Bedeutung von Kindern und Elternschaft heute fundamental gegenüber früheren Jahrhunderten geändert hat. Wichtige Schritte dieser Evolution sind die zunehmende Wertschätzung des Kindes, die Entstehung eines intrinsischen Kinderwunsches, die Aufwertung der Mutterrolle und die Intimisierung und Individualisierung der Eltern-Kind-Beziehung.

2.5 Veränderungen in der medizinischen Gesundheitsversorgung, Schwangerschaftsüberwachung und in Entbindungsmethoden

Der soziale Kontext und das Erlebnisfeld der ersten Geburt sind heute durch eine weitgehend medizinische Sicht von Schwangerschaft und Entbindung bestimmt. Die gesundheitliche Versorgung des sich entwickelnden Kindes und der Mutter von der vorgeburtlichen Zeit bis in die frühe Säuglingszeit sind heute vorrangige Gesichtspunkte geworden, die sich inzwischen in den meisten Ländern in einem ausgebauten System der medizinischen Versorgung für Mutter und Kind niederschlagen. Sozialgeschichtliche Abhandlungen geben Hinweise darauf, daß diese Auffassung sich erst in den letzten zwei Jahrhunderten durchsetzte. Veränderte soziale Normen wie die höhere Bewertung des Kindes und vor allem bahnbrechende medizinische Erkenntnisse der Bakteriologie und Gynäkologie gehen damit einher. Es liegen Belege über Ansätze einer Schwangerschaftsvorsorge aus dem 17. und 18. Jahrhundert in England vor, sie umfassen jedoch hauptsächlich Ernährungsvorschriften für die sog. »sickness of nine months« (Eshleman, 1980). Die Diätempfehlungen erscheinen in vielen Bereichen als irrational, sie überbewerten körperliche Veränderungen, die heute im Verlaufe der Schwangerschaft als normal angesehen werden. Die Gefahren einer Schwangerschaft und Geburt für die Gesundheit der Frau waren früher erheblich höher als heute und lassen die großen Ängste im Zusammenhang mit diesen Ereignissen, die von Frauen früherer Epochen berichtet werden, in einem anderen, realistischeren Licht erscheinen (Fox & Quitt, 1980). Geburten, Schmerzen und Tod wurden als zusammengehörig wahrgenommen (Gélis et al., 1980). Daher sind in diesem Zusammenhang einige Veränderungen der medizinischen Versorgung von Interesse, und zwar der Rückgang der Kinder- und Müttersterblichkeit, die erfolgreiche Bekämpfung von Infektionen nach der Entbindung, die Veränderungen der Ökologie der Geburt und der Entbindungsmethoden sowie neue Verfahren der prä- und perinatalen Überwachung von Kind und Mutter. Die meisten dieser Veränderungen betreffen die Frau und den Säugling, nur in einigen Aspekten sind die Väter von biologisch-medizinischen Neuerungen direkt betroffen. Daher ist in diesem Abschnitt hauptsächlich vom weiblichen Körper in historischer Sicht die Rede.
In vielen Studien zur Medizin- und Sozialgeschichte wird vor allem die hohe Müttersterblichkeit ab Ende des 17. Jahrhunderts angeführt, die erst in diesem Jahrhundert zurückging. Allerdings macht Imhof (1981) darauf aufmerksam, daß während dieser Zeit insgesamt eine größere Sterblichkeit von Frauen im gebärfähigen Alter (zwischen 20 und 45 Jahren) gegenüber Männern bestand, selbst wenn man die Sterbeursache »Tod im Kindbett« (bis 41 Tage nach der Geburt) abzog. Für die höhere Sterblichkeit der Frauen müssen also weitere Faktoren herangezogen werden. Dazu zählen die Ansteckungsgefahr für Frauen bei der Pflege von Kleinkindern, die größer werdende Arbeitsbelastung der Frauen in der 2. Hälfte des 18. und 19. Jahrhunderts und die schlechtere Ernährung der Frauen. Die allmähliche Behebung des Ernährungsnachteils der Frauen läßt sich mit der Vorverlegung der Menarche im Zusammenhang bringen (Shorter, 1984). Durch Verbesserung des allgemeinen Gesundheitszustandes der Frauen nahm ihre Körpergröße zu und die frühkindlichen rachitischen Erkrankungen ab, die

zu Beckenverengungen und Geburtsrisiken führten. Neben den genannten Faktoren war die »Sterblichkeit im Kindbett« eine der häufigsten Todesursachen für Frauen.

Hierfür werden die Entbindungsmethoden und die damit verbundenen Risiken verantwortlich gemacht. Über den Tod von Frauen bei Entbindungen finden sich folgende Zahlen: Nach Shorter (1984) endeten vor 1800 im Durchschnitt 1,3 % aller Geburten mit dem Tod der Mutter. Geht man nach seinen Quellen davon aus, daß eine verheiratete Frau im Durchschnitt 6 Kinder bekam, so hatte sie eine Wahrscheinlichkeit von 6 × 1,3 %, d. h. 8 %, bei einer Geburt zu sterben. Noch etwas höhere Angaben macht ein Pariser Geburtshelfer zwischen 1669 und 1692 (in Gélis et al., 1982, 96), nach dem jede 8. Mutter und jedes 3. Kind an den Folgen der Geburt starben. Imhof berichtet für seine ausgewählte Stichprobe von Ehen zwischen 1780 und 1899 mit ebenfalls durchschnittlich 6 Kindern bei Frauen 5,3 % Todesfälle durch Folgen der Geburt. »Für jede zwanzigste Braut führte die Mutterschaft damals zum Tode« (Imhof, 1981, 154).

Noch bis ins 20. Jahrhundert hielt das Phänomen der hohen Müttersterblichkeit an, wie Imhof für die USA und für Deutschland belegt. Dabei müssen differenzierende Umstände wie Stadt/Land-Unterschiede und Parität berücksichtigt werden.
Die Hauptursache der Müttersterblichkeit bildeten Infektionen, die entweder durch Selbstinfektion, septische Umwelt und durch vaginale Untersuchungen von Ärzten und Hebammen entstanden. Shorter belegt die große Häufigkeit der zahlreichen Arten von »Kindbettfieber« mit verschiedenen Quellen und kommt zu Schätzungen, nach denen vor 1860 8 Todesfälle auf 1000 Entbindungen kamen.

Wenn 4 % der infizierten Wöchnerinnen starben und bis zu 45 Jahren Lebenszeit durchschnittlich 6 Geburten zu erwarten waren, so betrug das Risiko einer einzelnen Frau, sich *einmal* in ihrem Leben eine schwere Puerperalinfektion zuzuziehen, 6 × 4 %, d. h. ungefähr 25 % (a. a. O., 129). Der Autor demonstriert neben der Häufigkeit auch die Vielfalt der Infektionen, die Zustände in Entbindungsstationen und die Schritte der Entdeckung veschiedener Bakterien sehr anschaulich.

Obwohl bekanntlich Semmelweis schon 1847 desinfizierende Waschungen vor Untersuchungen und die Benutzung von Gummihandschuhen einführte, setzte sich die Erkenntnis von Desinfektionen sehr langsam durch.
Eine große Wende ist ab 1870 feststellbar. Während vor 1860–69 noch 31,1 % Sepsistodesfälle auf 1000 Entbindungen im Krankenhaus und 5,7 % zu Hause entfielen, sinkt dieser Anteil in den Jahren 1880–89 auf 9,0 % (Krankenhaus) und 3,5 % (Hausgeburt), in den Jahren 1930–39 auf 0,7 % (Krankenhaus) und 0,7 % (Hausgeburt) (vgl. Shorter, 1984, 155). Die sog. septische Revolution führte zu einem drastischen Rückgang der Müttersterblichkeit.
Als weiterer Punkt ist die *Veränderung der Ökologie der Geburt zu nennen*, die in enger Verbindung mit der historischen Aufwertung des Geburtserlebnisses im allgemeinen zu sehen ist. Im Zusammenhang mit der Entstehung der bürgerlichen Familienvorstellung hatte ich bereits das Aufkommen einer gefühlsbetonten Atmosphäre im Familienleben betont. Gleichzeitig sank die Zahl der Kinder pro Ehe. Auf diesem Hintergrund kommt dem selteneren Ereignis der Geburt ein größerer sozialer Stellenwert zu. Freude über eine Geburt wird als historische Neuheit gewertet (Shorter, 1984). Aufklärerische medizinische Schriften über Geburtshilfe und Kinderpflege werden ab 1550 verbreitet (Tucker, 1980; Fox & Quitt, 1980). Diese Tendenz kann im Zusammenhang mit einer *Verschiebung der Kompetenzbereiche von den Hebammen zu den Ärzten* gebracht werden.

Während in der germanischen Tradition Heilkunde und Geburten lange Zeit als weibliche Aufgabenfelder galten, werden im 19. Jahrhundert Ärzte und Geburtshelfer immer beliebter (Beckmann, 1984; Gélis et al., 1980; Shorter, 1984; v. Pfeil, 1979). Tucker (1980) beschreibt, daß bei Geburten am englischen Königshof überhaupt erst seit Mitte des 16. Jahrhunderts Männer anwesend sein durften. Nach Quellen von Gélis et al. (1980) herrschte in Frankreich bis ins 17. Jahrhundert die medizinische Theorie vor, daß der Ablauf der Niederkünfte weitgehend vom Kind abhänge. Die daraus folgende »natürliche Geburt« wurde hauptsächlich von »Wehmüttern«, erfahrenen Matronen des Ortes, und von Hebammen unterstützt.

Im Laufe des 18. Jahrhunderts nahm der Einsatz von Instrumenten erheblich zu. Ab 1900 befindet sich die Geburt vollständig in der Macht der männlichen Experten. Shorter führt die Bevorzugung von männlichen Geburtshelfern ebenso wie medizinisch-technische Veränderungen, z. B. den Gebrauch von Instrumenten und Schmerzmitteln auf den Wunsch vor allem von Mittelschichtfrauen zurück. Dagegen sieht z. B. Beckmann (1984 a) den Beginn ärztlicher Kontrolle über »weibliche Angelegenheiten« wie Sexualität und Fruchtbarkeit bereits seit dem Ausklang der Hexenprozesse zu Beginn des 17. Jahrhunderts. Er postuliert eine Kompetenzverschiebung, nach der Ärzte nur die Kontrolle der Theologen ablösten, indem sie als Gutachter vor Gericht z. B. in Fragen von Jungfernschaft auftraten. In dieser Zeit begann auch die rechtliche Kontrolle von Abtreibungen. Das Verhältnis von Ärzten und Hebammen bei heutigen Entbindungen in der BRD ist gekennzeichnet durch arbeitsteilige Zusammenarbeit, allerdings unter Oberaufsicht der Ärzte. Die Verhältnisse sind in den einzelnen Ländern verschieden. Während in England die Zahl der Hebammen von 1900 bis 1970 stark zunahm, sank sie in der gleichen Zeit in den USA (Shorter, 1984).
Die moderne Medizin fand ihren Einzug bei den Geburten über die schmerzlindernden Mittel. Ab 1847 wurden Äther und Chloroform verwendet, die zu Bewußtlosigkeit der Mutter führen und ihre Mitarbeit z. B. in der Austreibungsphase der Geburt verhindern kann. Ab 1900 wurden weniger gefährliche Analgetika und Anästhetika entdeckt, ab 1939 Narkotika, die die Schmerzleitungen bei der Geburt unterbrechen, ohne die Wehentätigkeit oder die Gesundheit des Kindes zu beeinträchtigen. Als weitere medizinisch-technische Erneuerung muß die Verwendung von Geburtszangen und wehenfördernden Mitteln genannt werden. Allerdings führte die unzulängliche Ausbildung der praktischen Ärzte und ihre schlechte Bezahlung sehr häufig zu einem Mißbrauch und zu einem verfrühten Gebrauch der Zange. Auch die heute bevorzugte Stellung/Lage der Gebärenden ist neu. Bis ca. 1800 war eine hockende oder kniende Stellung oder die Benutzung eines Gebärstuhles, ersatzweise auch ein Gurt oder Seil als Stütze, gebräuchlich. Für England und die USA wird eine Seitenlage beschrieben, bei der die Frau dem Arzt den Rücken zuwendete. Ab dem 19. Jahrhundert bevorzugten bürgerliche Frauen in England und danach auch in anderen Ländern eine Rückenlage auf dem Bett (Gélis et al., 1980; Shorter, 1984).
Mit der veränderten Entbindungspraxis geht eine *Trendverschiebung von der Hausgeburt zur Krankenhausgeburt* einher. Während Ende des letzten Jahrhunderts in den USA z. B. nur unverheiratete Frauen im Krankenhaus entbanden, wird zu Anfang dieses Jahrhunderts eine Krankenhausgeburt von Mittelschichtfrauen als attraktiver angesehen. Heute findet die Regelentbindung im Krankenhaus statt. Dieser eindeutige Trend ist allerdings in den letzten Jahren wieder etwas rückläufig, weil andere Formen, z. B. ambulante Geburten angeführt wurden. Die Zahl der Krankenhausgeburten betrug in Deutschland vor 1877 weniger als 1 %, 1936 bereits 27 % und 1973 98 %. Ähnliche Zahlen finden sich für die USA (Shorter, 1984).
Der endgültige Vorrang der Krankenhausgeburt setzte sich mit dem zunehmenden Erfolg von Kaiserschnittgeburten ca. ab 1920 durch.

Zwar waren Kaiserschnitte als Verzweiflungsoperationen schon viel früher bekannt, sie wurden wegen der hohen Zahl von Todesfällen jedoch selten eingesetzt. Der Durchbruch des Kaiserschnittes kam mit neuen chirurgischen Methoden; ab 1889 werden erfolgreiche Kaiserschnitte berichtet. Mit der Zunahme der Kaiserschnitte ist der Rückgang älterer Geburtsmethoden zu verzeichnen. Für die USA wird ein Höhepunkt der Kaiserschnitte 1970 bis 1979 mit 12 % aller Krankenhausgeburten berichtet, wobei das Sterberisiko unter 1 % sank.

Als eine historisch neue Begleiterscheinung der Kaiserschnittentbindungen wird eine Intensivierung der frühen Vater-Kind-Beziehung berichtet, da hier der Vater das Kind als erstes Elternteil sieht. Auch bei Frühgeburten ist eine größere Beteiligung der Väter nachgewiesen (Fthenakis, 1985; Parke & Tinsley, 1984, Kap. 6.2.). Interessant ist die These, daß historisch die *ersten geburtshilflichen Neuerungen seit dem 18. Jahrhundert der Schonung der Mutter dienten*. Erst ab ca. 1930 wird eine *Sorge um den Fötus bzw. das Neugeborene* bemerkbar, z. B. die Einführung einer »fetalen Indikation«. Die Sorge um das Kind führte zu Veränderungen in der Geburtshilfe, die heute sehr umstritten sind, wie Rasur der Vulva, Einleiten der Geburt, Episiotomie und der prophylaktische Einsatz der Zange. Mit einer neuen Schnittechnik des Kaiserschnittes am unteren Teil des Zervix war die Frau abhängig von der chirurgischen Erfahrung des Gynäkologen. Praktische Ärzte konnten die Form der Entbindung nicht mehr anwenden und ein Operationssaal war unumgänglich.

Ein Bericht über die Gefahren von Schwangerschaften und Geburten aus historischer Sicht wäre unvollständig ohne die Erwähnung der in diesem Jahrhundert entwickelten Verfahren der pränatalen Überwachung und Schwangerschaftsvorsorge. Sie stellen heute ein ausgebautes System von Verhaltensregeln dar, das man den früher vorherrschenden religiös begründeten »rites de passage« gleichsetzen kann (vgl. Kap. 1).

In der Bundesrepublik Deutschland umfaßt die staatlich geregelte und von Krankenkassen finanzierte Vorsorge heute 10 regelmäßige Untersuchungen der Frau, die in dem sog. Mutterpaß dokumentiert werden. Sie schließen eine Kontrolle der allgemeinen Gesundheit der Mutter, spezifische Kontrollen des Föten und besondere Maßnahmen bei Risikoschwangerschaften ein. Das Paar erhält Informationen über Ernährung, Gesundheitsverhalten, über Schwangerschafts- und Geburtsverlauf und über die intrauterine Entwicklung des Kindes. Kurse für Geburtsvorbereitung, Schwangerschaftsgymnastik und Säuglingspflege werden kostenlos angeboten (Kap. 7). Im Rahmen der Vorsorge werden inzwischen regelmäßig eine Reihe von medizinischen Kontrolltechniken angewendet, die erst nach dem Krieg entwickelt wurden. Dazu gehören u. a. die pränatale Ultraschalldiagnostik, die Amniozentese oder Fruchtwasseruntersuchung, neuerdings die Untersuchung von Chorionzotten (vgl. Kap. 4.5 und 4.6). Auch die Einführung der Kardiotokographie (CTG, d. h. Herzfrequenz-Wehen-Schreiber) für das Ende der Schwangerschaft und während der Geburt muß in diesen Zusammenhang erwähnt werden.

Alle Methoden bewirken eine verstärkte Kontrolle und Sicherheit der Schwangerschaft und setzen das Risiko von genetischen Erkrankungen des Kindes und seine perinatale Mortalität und Morbidität herab. Dies gilt in gleichem Maße für die medizinischen Vorsorgeuntersuchungen am Kind, die vom ersten Lebenstag bis zum 4. Lebensjahr vorgenommen werden. Damit ist gegenüber der ersten Hälfte dieses Jahrhunderts eine verstärkte Gesundheitsvorsorge gewährleistet, die psychologisch zu größeren Sicherheitsgefühlen der Eltern führen kann. Allerdings hat das massive Aufgebot an neuer Technologie auch angsterzeugende Wirkungen, da die Eigenbeteiligung sowohl der Frau als auch ihres Partners geringer wird.

Als psychologisch bedeutsame Veränderung der Entbindungspraxis und des Wochenbettes im letzten Jahrzehnt muß die Anwesenheit des Vaters bei der Geburt gewertet werden. Während der Vater früher aus dem Kreissaal und der Wochenstation verbannt wurde, ist seine Anwesenheit heute von medizinischer Seite überwiegend erwünscht, die Anwesenheit des Vaters wirkt sich sowohl auf den Geburtenverlauf, auf das Geburtserleben der Frau als auch auf den Aufbau einer Beziehung zwischen Vater und Kind günstig aus (vgl. Kap. 5).

3. Theorien und theoretische Konzepte über Schwangerschaft, erste Geburt und frühe Elternschaft

3.1 Psychoanalytische Ansätze zu Schwangerschaft, Geburt und Elternschaft

Die ersten Beiträge über psychodynamische Aspekte des Elternwerdens stammen von psychonalytisch orientierten Forschern. Ihr gemeinsamer Ausgangspunkt ist die *unbewußte Bedeutung des Kindes für die Eltern*. Freuds Theorie postuliert unbewußte Triebkräfte des Menschen, die aufgrund einer Entwicklungsgesetzmäßigkeit zu psychodynamischen Veränderungen im Laufe des menschlichen Lebens führen. Unbewußte Wünsche, Ängste und Konflikte bezüglich der Elternschaft manifestieren sich in Träumen und Phantasien, deren Symbolik im therapeutischen Prozeß herausgearbeitet wird. Verschiedene Themen im Zusammenhang mit Elternschaft, z. B. Kinderwunsch, elterliche Liebe, können so als Wiederholungen des individuellen Verlaufs prägenitaler Libidoentwicklungsphasen interpretiert werden, wobei häufig Analogieschlüsse zugrunde liegen (Vagina = Mundraum; Kind = Penis). Besondere Beachtung fand in der psychoanalytischen Tradition die Mutterschaft in ihrer Bedeutung für die Entwicklung der weiblichen Persönlichkeit. Freuds häufig kritisierte Position geht von der Analyse des männlichen und weiblichen »Geschlechtscharakters« aus. Er beschreibt die psychischen Folgen der anatomischen Unterschiede als eine Polarität von männlichen, d. h. aktiven, aggressiven, und weiblichen, d. h. passiven, masochistischen Einstellungen (Freud, 1940 a, b, 1968 a. b).Diese beschreibende Unterscheidung erweitert Helene Deutsch (1945) in ihrer »Theorie der Weiblichkeit« und leitet normative Implikationen daraus ab. Als charakteristische Merkmale der natürlichen Mütterlichkeit einer reifen Frau arbeitet sie weibliche Passivität, Masochismus und Narzismus (i. S. einer Neigung zu Selbstopfer, der Bereitschaft, Schmerz zu akzeptieren, dem hilflosen Kind Schutz zu bieten) heraus. In ihrer umfangreichen Darstellung bilden die Zeitabschnitte von der Konzeption über die Schwangerschaft, Geburt bis zum Wochenbett und der Stillzeit eine Einheit. Die Geburt wird als psychischer Abschluß des Sexualaktes gesehen, das Kind gibt den Anstoß zu Sublimierungsprozessen bei der Mutter. Bei Deutsch stehen die neurotischen Störungen der nicht im oben genannten Sinne weiblichen Frauen im Vordergrund. Theoretische Kategorien werden ähnlich wie bei Freud aus der therapeutischen Arbeit mit schwer gestörten Patientinnen gewonnen. Es fließt jedoch die Annahme ein, daß diese gleichermaßen für die Beschreibung des normalen Übergangs zur Mutterschaft zutreffen, auch wenn die Konflikte dort nur in abgeschwächter Form vorliegen. In Abgrenzung von S. Freud und Deutsch liegen auch modernere Interpretationen der weiblichen Persönlichkeitsentwicklung vor, in denen nicht mehr die »Anatomie als Schicksal« bewertet wird. Sie konzentrieren sich jedoch auf die weibliche Sexualität, nicht auf die Mutterschaft (Chasseguet-Smirgel, 1974).
Auch in einem weiteren Ansatz werden körperliche Vorgänge zur Grundlage von psychischen Prozessen während des Übergangs zur Elternschaft gemacht. Die Psychoanalytikerin Therese Benedek (1951, 1960) sieht die Veränderungen des emotionalen Erlebens und der unbewußten Phantasien während der Schwangerschaftszeit, der Geburt

und der Laktationsphase nach der Geburt in enger Parallele zu den zyklischen Veränderungen der Hormonproduktion im weiblichen Menstruationszyklus.

Danach herrscht während der Dominanz des Östrogens eine aktive, objektgerichtete psychodynamische Tendenz vor, in den Tagen der Ovulation geht ein ausgeglicheneres Hormonbild mit integrativen Fähigkeiten des Ich einher. Die Schwangerschaftszeit und die Stillzeit stellen dann eine verlängerte Progesteronphase dar, in der rezeptive, retentive passive Tendenzen bei Frauen überwiegen. Dies wird in psychoanalytisch orientierten Verlaufsstudien über Phantasien von Frauen untersucht (Benedek, 1951, 1960).

In einer durch den psychobiologischen Zyklus vorbestimmten Zeit der Schwangerschaft und Stillzeit zeigen sich die von Deutsch postulierten Attribute der Weiblichkeit. Mütterlichkeit ist eine Qualität, die aus der »psychobiologischen Organisation« der Frau (Benedek, 1970) entsteht, wobei die biologisch-hormonellen Voraussetzungen ein besonderes Gewicht erhalten. Für den Vater wird als biologische Komponente ein Überlebenstrieb angenommen, der Vater hat während der frühen Elternschaft die Rolle des Beschützers und Versorgers. Auf dem Hintergrund dieser normalen psychischen Veränderungen werden pathologische Abweichungen des Schwangerschafts- und Geburtserlebens analysiert. Die erste Schwangerschaft wird als Phase besonderer Verletzlichkeit gesehen, da unbewußte kindliche Phantasien, Angst, Aggressivität und depressive Neigungen aktiviert sind.

Eine andere Gruppe psychoanalytischer Forscher betont stärker die psychischen und sozialen Leistungen der Frau bei der Integration der Mutterschaft in ihre weibliche Identität. In besonderer Weise haben Bibring und Mitarbeiter das *Elternwerden als Entwicklungsaufgabe und als normative Krise* im Sinne Eriksons ausgearbeitet (Ballou, 1978; Bibring et al., 1961). Ähnlich wie die biologisch determinierten Reifungskrisen Menarche und Menopause stellt die erste Schwangerschaft eine Übergangssituation für die Frau dar. Als spezifische psychische Leistung der Frauen wird herausgearbeitet, daß sie eine *Verlagerung ihrer libidinösen Besetzungen* vornehmen muß. Die Objektbesetzung wechselt vom Partner über das eigene Selbst zum Kind als narzistischem Objekt. Mit der Wahrnehmung der Kindesbewegungen wird das Kind schon in der pränatalen Zeit Objekt der Libido. Während der Schwangerschaftszeit stellt die Frau eine Balance zwischen auf sich selbst gerichteten objektlibidinösen und den auf andere Personen bezogenen Besetzungen her (Bibring, 1959; Bibring & Valenstein, 1976, Blum, 1980). Diese Interpretation gab Anlaß zu mehreren empirischen Untersuchungen und ist gut vereinbar mit einer heutigen kognitionspsychologischen Sichtweise, nach der die Mutter bereits in der Schwangerschaft ein Konzept vom Kind aufbaut.

Auf dem Hintergrund praktischer therapeutischer Erfahrung entstand der Gedanke, daß sich bei der Entstehung von fürsorglichen mütterlichen bzw. väterlichen Gefühlen und elterlichen Einstellungen während des Übergangs zur Elternschaft zwei Erfahrungsbereiche eng mischen, und zwar einerseits die aktuellen Erfahrungen der körperlichen und psychischen Vorgänge und andererseits die dadurch wachgerufenen Erinnerungen der Eltern an ihre eigene Kindheit und die dabei durchlebten Konflikte. Einige Autoren unterscheiden Phasen der Entwicklung durch Elternschaft, zu welcher sich Vorläufer elterlicher Gefühle in der Kindheit finden (vgl. in Parens, 1975). Nach anderer Auffassung ist Elternschaft eher ein *kontinuierlicher Entwicklungsprozeß*, in dessen Verlauf Eltern sich ständig an die Veränderungen durch die kindliche Entwicklung anpassen müssen. Jede kritische Periode kindlicher Entwicklung bietet für die werdenden Eltern Anregungen, die auf diesem Entwicklungsniveau aktuellen Konflikte oder Ängste zu integrieren (Benedek, 1970; Osofsky & Osofsky, 1984; Zeits & Prince, 1982). So kann die Schwangerschaft der Frau für den Mann eigene kindliche Erfahrungen aktualisieren, die Frau durchlebt z. B. in der Schwangerschaft Konflikte bezüglich ihrer früheren Trennung und Individuation von der eigenen Mutter. Mit der Vorstellung einer wechselseitigen kontinuierlichen Herausforderung von Eltern und Kindern über die Lebensspanne kommt Benedek (1970) der Theorie der Familienentwicklung sehr nahe. Weitere Beiträge können in psychoanalytischen Theorien gesucht werden, die im Anschluß an die Auflösung der frühen Symbiose i. S. von Freud und Spitz die autonome Persönlichkeitsentwicklung und Abgrenzung des Kindes parallel zur mütterlichen Loslösung vom Kind betrachten. Mahler beschreibt auf der Basis von Beobachtungen vier weitere Subphasen in dem Prozeß der Loslösung und Individuation des Kindes (Mahler et al., 1980). Die unterschiedlichen Prozesse während der Loslösung von der Mutter bei Jungen und Mädchen werden von mehreren psychoanalytischen Autorinnen behandelt (Chasseguet-Smirgel, 1974; Chodorow, 1978). Für die hier eingenommene Perspektive wäre es erforderlich, die elterlichen kognitiven und emotionalen Schritte bei der psychischen Distanzierung vom Kind zu elaborieren.

Bei den meisten Psychoanalytikern stehen die Gefühle und Konflikte der Mutter während der Schwangerschaftszeit und die Mutter-Kind-Beziehung nach der Geburt im Zentrum. Erst spätere Ansätze thematisieren die lebenslange, emotionale Verknüpfung von elterlichen Aufgaben und eigener Kindheitsbewältigung für beide Eltern. Der wichtigste Beitrag der psychoanalytischen Theorien zum Elternwerden liegt damit auf der Ebene der psychischen Veränderungen, die häufig eng mit biologischen Vorgängen gekoppelt werden. Kriterien für eine Unterscheidung verschiedener zeitlicher Abschnitte im Elternwerden gewinnen psychoanalytische Autoren hauptsächlich aus biologischen Veränderungen (Schwangerschaftszeit, Stillzeit), Ausnahmen bilden die Phasen im Wechsel der Objektbesetzung nach Bibring und die Beschreibung kindlicher Individuierungsstadien nach Mahler.

3.2 Ethologische Ansätze zur Elternschaft

Wesentliche Anregungen zur Beschreibung und empirischen Untersuchung der Eltern-Kind-Beziehung gingen in neuerer Zeit von Forschungsrichtungen aus, die als »ethologisch«, z. T. als »psychobiologisch« bezeichnet werden.
Ethologische Forschungen können nach Hinde (1983) durch einige gemeinsame Auffassungen und Methoden gekennzeichnet werden. Ihr Gegenstand, das *artspezifische Verhalten*, wird nach verschiedenen Aspekten untersucht, und zwar nach den Bedingungen, durch welche das Verhalten verursacht wird, wie es sich entwickelt hat, welches seine biologische Funktion ist und welche Bedeutung das Verhalten im Rahmen der Evolution haben kann. Diese Fragen versucht man häufig durch Vergleiche von tierischem und menschlichem Verhalten zu untersuchen. Die Methoden leiten sich weitgehend aus der Ursprungswissenschaft, der Zoologie ab, d. h. für die Beobachtung und Interpretation des Verhaltens ist die natürliche Umgebung maßgeblich, an die die Art angepaßt ist. Durch die Beschränkung auf das konkrete elterliche Verhalten neigen Vertreter der Ethologie dazu, die subjektive Sicht der Personen auszublenden. Das komplexe Handeln der Eltern wird jedoch nur verständlich, wenn man auch die subjektive Bedeutung des Verhaltens erfaßt und untersucht, was die Personen, in diesem Fall die Eltern denken, daß sie tun, was sie dabei empfinden, was sie glauben, daß sie tun sollten und wie sie ihr Verhalten bewerten (Hinde, 1983). Konkrete Forschungsergebnisse vor allem über die Bindung i. S. eines überdauernden (emotionalen) Bandes zwischen Eltern und Kindern bieten jedoch zahlreiche Anhaltspunkte für einen engen

Zusammenhang zwischen den biologisch fundierten Verhaltensweisen von Kleinstkindern und ihren Bezugspersonen und den erschließbaren inneren, psychischen Prozessen der Eltern. Ein Konstrukt, das möglicherweise eine Brücke zwischen beiden Bereichen darstellt, ist das der *elterlichen Feinfühligkeit* (s. Kap. 5). Die ethologische Bindungstheorie kann daher als ein Ausgangspunkt für die Rekonstruktion der psychologischen Vorgänge beim Elternwerden angesehen werden.

Stellvertretend werden hier die wichtigsten Thesen Bowlbys zu elterlichem Pflegeverhalten referiert. Er versteht unter »parenting«, das annähernd mit elterlicher Tätigkeit übersetzbar ist, eine Menge von beobachtbaren und beschreibbaren Verhaltensmustern, die für Eltern vor allem kleiner Kinder typisch sind und die unter bestimmten situativen Bedingungen aktiviert bzw. wieder beendet werden. Im Verlaufe der Entwicklung des Kindes verändern sich diese Muster elterlicher Tätigkeiten. Bei einzelnen Personen können elterliche Tätigkeiten verschieden organisiert sein (Bowlby, 1984 a). Zentrale Annahmen der ethologischen Forscher sind, daß es sich um *biologisch fundierte Verhaltensweisen* handelt, die sowohl auf seiten des Kindes in Form von Reflexen und Signalen als auch auf seiten der Eltern *vorprogrammiert* sind. Diese Verhaltensweisen sind *universell verbreitet*, da sie letztlich dem Überleben der Art dienen. Die These des biologischen Ursprungs sieht Bowlby gestützt durch die weite Verbreitung und Ähnlichkeit des Verhaltens und die starken Gefühle, die mit elterlichem Fürsorgeverhalten verbunden sind. Ethologen beziehen sich nicht auf isolierte Verhaltensweisen, sondern auf *Verhaltenssysteme*, i. S. einer Organisation von zahlreichen, z. T. verschiedenen Verhaltensweisen, die zusammenwirken und einer bestimmten Funktion untergeordnet sind, z. B. der Reproduktikon (Hinde, 1983). Ein gut untersuchtes Verhaltenssystem ist das Bindungssystem oder Eßverhalten. Jedes der Verhaltenssysteme dient auf spezifische Weise dem Überleben entweder des einzelnen Individuums oder dem der Gattung. Typische elterliche Tätigkeiten werden ab der Geburt beschrieben, für die vorgeburtliche Zeit müßte die ethologische Position ergänzt werden.

Die Annahme einer Vorprogrammierung elterlicher Verhaltensweisen beinhaltet, daß bei bestimmten Auslösebedingungen elterliches Verhalten auftritt, wobei auslösende Bedingungen einerseits durch die vorausgegangene Schwangerschaft und Entbindung gegeben sind, andererseits durch spezifische situative Bedingungen, vor allem die Signale des Kindes bei Kummer und Unbehagen. Klaus und Kennell (1976) und ihre Nachfolger belegten für den ersten Kontakt mit dem Neugeborenen nach der Entbindung typische Verhaltensweisen der Eltern, z. B. ein Berühren erst mit den Fingerspitzen, dann mit der ganzen Handfläche. Ebenso ist die en-face-Position beim Blickkontakt ein spontan auftretendes elterliches Verhalten (McFarlane, 1978; Papousek, 1984). »Bei normalem Verlauf der Ereignisse erfahren die Eltern eines Babies *einen starken Drang* (Hervorhebung von der Verfasserin), sich in einer bestimmten typischen Weise zu verhalten, z. B. den Säugling zu wiegen und zu beruhigen, wenn er schreit, ihn warm zu halten, zu schützen, zu füttern« (Bowlby, 1984 a, 271). Dies impliziert nach Bowlby nicht notwendig den Rekurs auf einen Instinkt, nach dem detailliert alles Verhalten festgelegt ist. Den Faktoren des Lernens und der Erfahrung wird auch erheblicher Einfluß beigemessen, wobei Lernen z. T. erst in der konkreten Interaktion mit dem eigenen Baby möglich ist, z. T. aber auch schon durch vorherige Beobachtung anderer Eltern und durch die Erfahrung von fürsorglichem und pflegendem Verhalten der eigenen Eltern in der Kindheit stattfindet. Ausgehend von einer ethologischen Grundlage belegten Papousek & Papousek (1984) durch Mikroanalysen von Verhaltensbeobachtungen die »*intuitiven didaktischen Fähigkeiten*« der Eltern, feinfühlig auf die jeweiligen Kommunikations- und kognitiven Fähigkeiten des Säuglings einzugehen. Beispielhafte Verhaltensmuster sind die Berücksichtigung des optimalen Wachzustands, die Verstärkung der kindlichen Aufmerksamkeit und Motivation sowie die einfache Struktur der mimischen und vokalen Stimulation (Papousek, 1984). Diese beiden Autoren betonen weniger die biologische Grundlage oder Funktion des Verhaltens, sondern die Tatsache, daß die Eltern spezifisches Verhalten zeigen, um die integrative Wahrnehmung und Verarbeitung der Umwelt sowie die Kommunikation des Säuglings zu fördern. Für die psychische Verarbeitung des Übergangs zur Elternschaft ist wesentlich, daß das angenommene »starke Bedürfnis der Eltern zu bestimmten Verhaltensweisen« bzw. entsprechende innere Prozesse von ethologischer Seite nicht ausgearbeitet wurden, sondern nur die beobachtbaren Verhaltensweisen.

Bisher wurde das Verhaltenssystem der Bindung theoretisch und empirisch am meisten bearbeitet. Das *Bindungssystem wird als internes psychisches, zielkorrigiertes Kontrollsystem verstanden, das dazu dient, beim Kind einen Sollwert an Gefühlen der Sicherheit und Geborgenheit in der Nähe der vertrauten Bezugsperson aufrechtzuerhalten* (Bretherton, 1985). Eine Regelkreisdarstellung impliziert auf seiten des Kindes interne, nicht notwendig bewußte »working models« über die Bindungsperson und über sich selbst, derartige Repräsentationen müßten auch auf der Seite der Bezugsperson angenommen werden. Die wesentliche Funktion der Eltern ist die Herstellung einer *sicheren Basis,* von der aus das Kleinkind die Welt erkunden kann. Im Verlaufe der Entwicklung verändert sich der Sollwert an Nähe. Zur Abschätzung der Qualität der Bindung des Kindes zu der wichtigsten Bezugsperson gegen Ende des ersten Lebensjahres gewann eine standardisierte Beobachtungssituation, die sog. »fremde Situation« nach Ainsworth, besondere Bedeutung. Auf die vielfältigen Anregungen und Modifikationen der Fragestellungen zum Bindungsverhalten durch diese Methode kann hier nicht eingegangen werden (s. Campos et al., 1983; Lamb et al., 1985). Nach diesem Vorgehen dienen spezifische Beobachtungskriterien des kindlichen Verhaltens in Trennungs- und Wiedervereinigungsszenen als Grundlage für die erschlossene Bindungsqualität, wobei die sog. »sichere Bindung« des Kindes zur Mutter den günstigen Verlauf der Interaktionen, ambivalente und vermeidende Bindungsformen beim Kind weniger günstige Entwicklungsprodukte beschreiben. Sie haben Vorläufer in bestimmten mütterlichen Verhaltensweisen und Einstellungen, vor allem in der mütterlichen Feinfühligkeit und physiologischen sowie selbstregulativen Merkmalen des Kindes ab der Geburt (Ainsworth et al., 1978; Crockenberg & McCluskey, 1986; Grossmann et al., 1985, vgl. Kap. 5).

Für das Ziel, die subjektive Verarbeitung des Übergangs zur Elternschaft auszuarbeiten, liefert der ethologische Ansatz eine Ergänzung, indem er die als vorprogrammiert und biologisch fundiert angesehenen elterlichen Verhaltensweisen nach der Geburt dokumentiert. Verschiedene Autoren thematisieren zwar zusätzlich emotionale Prozesse bei den Eltern, diese werden jedoch nicht ausgearbeitet, da der Schwerpunkt der ethologischen Untersuchungen auf dem beobachtbaren Verhalten liegt. Zur Unterteilung von zeitlichen Abschnitten des Elternwerdens tragen diese Forschungsergebnisse insofern bei, als sie vier Phasen in der Veränderung der Bindung des Kindes an die Mutter postulieren, wobei im wesentlichen die Reaktionen des Kindes auf Trennung von Bezugspersonen, auch vom Vater als Kriterium gelten. In einer unspezifischen Phase zeigt der Säugling auf alle Personen soziale Orientierung und Signale, ohne diese zu unterscheiden. Ab dem dritten Monat macht das Kind eine Phase des Aufbaus von Bindungen durch, es diskriminiert zunehmend die Personen, auf die es sich sozial orientiert und zu denen es durch Nachschauen, Greifen, Lächeln und Vokalisieren Signale sendet. Ab sechs Monaten ungefähr hat es einen Zustand der spezifischen Bindung zu ausgewählten Bezugspersonen erreicht, zu denen es aktiv Nähe herstellen kann (erste Lokomotion) und die es bei Abwesenheit vermißt, da es bereits eine Vorstellung von der permanenten Existenz dieser Personen aufgebaut hat. Ab drei bis vier Jahren schließlich wird von einer Bindungsphase der zielkorrigierten Partnerschaft gesprochen, in der eine begrenzte zeitliche und räumliche Abwesenheit der Bezugsperson verstanden und kognitiv sowie emotional überbrückt werden kann. Entsprechend der veränderten Perspektive in dem von mir verfolgten Ansatz werden die Phasen über den Aufbau einer spezifischen Bindung als Anhaltspunkte für die subjektive Verarbeitung des Elternwerdens verwendet. Dabei werden die Eltern allerdings als reflexive, informationsverarbeitende und empfindsame Personen verstanden, die die veränderten Verhaltensweisen und Signale ihres Kindes bewußt wahrnehmen und sich nicht nur aufgrund vorprogrammierter biologischer Muster verhalten.

3.3 Krisenkonzeptionen des Übergangs zur Elternschaft

Zwei verschiedene Forschungstraditionen haben in die Diskussion über erste Elternschaft ein Krisenkonzept eingeführt, das zu häufigen Kontroversen und Revisionen Anlaß gab. Das waren auf der einen Seite frühe Familiensoziologen und Streßforscher, auf der anderen Seite entwicklungspsychologische Theoretiker. Aus den unterschiedlichen Krisenkonzepten resultieren einige Kontroversen, die z. T. nicht explizit formuliert wurden und nur an der Art der verwendeten Operationalisierungen erkennbar sind. Brandstädter hat die zwei Krisenkonzepte als *akzidentelle Krise* auf der einen Seite und *Entwicklungskrise* auf der anderen Seite prägnant gegenübergestellt. Gemeinsam ist beiden Richtungen zunächst, daß die als krisenhaft bezeichnete Situation eine Entscheidung oder Wende impliziert, »nach der ein Prozeß oder eine Entwicklung einen günstigen oder ungünstigen Verlauf nimmt« (Brandtstädter, 1982, 81). Die familiensoziologischen und streßtheoretischen Analysen des Übergangs zur Elternschaft arbeiten überwiegend mit dem Typus der akzidentellen Krise, die als momentane Belastungssituation gesehen wird, für die der Person keine psychischen Bewältigungsmöglichkeiten zur Verfügung stehen und die einen Anpassungsprozeß erfordern. Hier liegt ein *Störreizmodell* zugrunde, nach dem ein neues Gleichgewicht hergestellt werden muß (Breen, 1975). Ausgangspunkt für die Einordnung des Übergangs zur Elternschaft in dieses Krisenkonzept war die bescheidene Untersuchung von LeMasters (1957).

In dieser konnten 83 % von 46 Paaren auf der Grundlage von Interviews auf einer 5-Punkte-Skala (1 = keine Krise, 5 = schwere Krise) so eingestuft werden, daß sie eine erhebliche (4) oder »schwere« (5) Krise in ihrer Anpassung an das erste Kind erlebten, gleichzeitig aber ihre Ehe als glücklich einschätzten. Dyer (1963) bestätigte dieses Ergebnis und belegte empirisch, daß das Erleben von Krise durch die Qualität und Dauer der Ehebeziehung, die Planung und Vorbereitung der Elternschaft und den Zeitpunkt der Erhebung (entsprechend dem Alter des Babies) auf das Krisenerleben Einfluß haben. Entscheidendes Kriterium für dieses Krisenerlebnis ist das Ausmaß an erforderlicher Wiederanpassung aus der Sicht der Eltern, wie es auch in der psychiatrischen Streßforschung verwendet wird. Mehrere umfangreichere Erhebungen mittels Fragebögen haben diese Ergebnisse und die zugrundeliegende Krisenkonzeption revidiert. Es zeigte sich, daß nur ein sehr geringer Teil der Eltern Schwierigkeiten beim Übergang angab, wobei differenzierte Indikatoren für die Schwierigkeit benutzt wurden, die außerdem zwischen Männern und Frauen verschieden verteilt waren (Hobbs, 1965; Hobbs & Cole, 1976).

Vor allem Erhebungen mit mehreren Zeitpunkten vor und nach der Geburt gaben Anlaß zu einer Modifikation des Krisenkonzeptes. Von der Schwangerschaft bis zur Zeit nach der Geburt verändern sich mehrere Merkmale, z. B. die eheliche Anpassung, subjektives Wohlbefinden, persönlicher Streß und Ehestreß (Miller & Sollie, 1980; Ryder, 1973; Waldron & Routh, 1981). *Das Krisenkonzept wurde allmählich ersetzt durch ein Konzept des Übergangs mit Belastungen und Bereicherungen,* wie es im ersten Kapitel referiert wurde (Russell, 1974; Steffensmeier, 1982). Dies spricht dafür, eher von einer gemeinsamen Variation mehrerer psychischer Merkmale im Verlaufe des Elternwerdens zu sprechen als von einer kausalen Verursachung der Veränderung psychischer Merkmale durch die erste Geburt (s. Kap. 4 und 5).

Damit näherten sich auch die Familiensoziologen der zweiten Variante des Krisenkonzeptes, in der *normative Entwicklungskrisen* thematisiert werden. Dieses Modell geht auf Erikson und letztlich auf Freud zurück, die »psychosoziale Krisen« mit potentiell förderlichen Entwicklungsanreizen von traumatischen oder neurotischen Krisen unterschieden. Die zentrale Annahme bei Erikson (1968) ist, daß Individuen zu bestimmten Zeiten ihrer Entwicklung mit Anforderungen körperlicher und sozialer Art konfrontiert sind, deren Bewältigung oder Nichtbewältigung darüber entscheidet, ob die Entwicklung einen günstigen oder ungünstigen Verlauf nimmt. Die »Entwicklungskrisen der gesunden Persönlichkeit« werden als Konflikt zwischen zwei Polen dargestellt. Im Zusammenhang mit Elternwerden beinhaltet eine günstige Abfolge, daß zunächst eine personale Identität von der Frau bzw. dem Mann entwickelt wird, bevor eine intime persönliche Beziehung zu einem Partner aufgebaut werden kann, die als Voraussetzung für die Bewältigung der Aufgabe der Generativität, d. h. hier (aber nicht notwendigerweise) Elternschaft gilt, welche wiederum Vorläufer für die Integrität des Alters ist. Im Rahmen eines dialektischen Entwicklungsmodells hebt auch Riegel (1975 b) die *potentiell entwicklungsfördernde Funktion von Krisen* hervor, wobei er Krisen durch Widersprüche zwischen verschiedenen Ebenen von Entwicklungsprozessen wie körperlichen, psychischen oder sozialen Ebenen verursacht sieht (vgl. Kap. 1.3). Die Vorstellungen von Entwicklungsfortschritten durch Krisen oder die Erstellung von Entwicklungszielen implizieren Probleme der normativen Wertung, es müssen subjektive oder objektive Kriterien für günstige oder ungünstige Entwicklungen definiert werden. Brandtstädter (1982) hat Vorschläge zur Lösung dieses Problems gemacht. Eriksons Konzeption normativer Entwicklungskrisen als Herausforderungen an das Individuum enthält zwar keine genauen Angaben für eine empirische Überprüfung, es liegen jedoch weiterführende Arbeiten vor, die die postulierte Entwicklungssequenz in großen Zügen bestätigen (Lessing, 1982; auch in Rudinger et al., 1985; Witbourne & Weinstock, 1982).

Beide Varianten des Krisenkonzeptes beziehen sich global auf psychische Veränderungen, wobei verschiedene Schwerpunkte und Bereiche angesprochen werden, die auch empirisch unterschiedlich erfaßt werden, z. B. die erlebte Wiederanpassung, erlebte Schwierigkeiten oder eheliche Anpassung. Die Mehrzahl der Untersuchungen bezieht sich auf emotionale Prozesse. Zeitliche Kriterien für die Untergliederung des Übergangs zur Elternschaft ergeben sich aus beiden Krisenkonzepten nur insoweit, als die erste Geburt global als Wendepunkt angesehen wird.

3.4 Strukturell-funktionale Ansätze der Familie

Der strukturell-funktionale Bezugsrahmen stellt einen der frühen soziologischen Ansätze für die Untersuchung der Familie dar. Seine Schlüsselbegriffe sind soziales System, funktionale Aufgaben, soziale Struktur und soziale Prozesse (Johnson, 1970). In der vor allem auf Parsons und Bales zurückgehenden Beschreibung der Familie steht die Suche nach universellen Strukturen der Kernfamilie im Vordergrund. Die

Analyse der Familienstruktur geht von einer Unterscheidung verschiedener Positionen innerhalb dieser sozialen Gruppe bzw. dieses Systems aus, die Funktionen der Familie werden auf der einen Seite im Hinblick auf die übergeordnete Sozialstruktur, auf der anderen Seite im Hinblick auf die nachgeordneten personalen Systeme bestimmt.

Als Funktionen der Familie für das Fortbestehen der Gesellschaft werden die sexuelle Reproduktion, die reproduktive und Haushaltsfunktion bei der Versorgung der Familienmitglieder, die Sozialisations- und Erziehungsfunktion durch Aufzucht der Kinder, die Funktion der Zuweisung von gesellschaftlichen Positionen und die Funktion der Konfliktlösung und des emotionalen Ausgleichs aufgezählt (Neidhardt, 1975; Schneewind, 1983 a; Winch, 1970). Untersucht man Familien- und Verwandtschaftssysteme, so muß man nach Johnson (1970) von einigen »unveränderlichen Fixpunkten« ausgehen. Dazu gehören die Existenz zweier (polarer) Geschlechter und die Reproduktion durch sexuelle Vereinigung, die Geburtenreihe, d. h. normalerweise wird ein Kind nach dem anderen geboren, die relativ lange biologische Abhängigkeit des Kindes, die Plastizität des Kindes i. S. der Notwendigkeit seiner Sozialisierung, die hierfür erforderliche Stabilität von Wertorientierungen, die Notwendigkeit eines stabilen Gefühlslebens für psychisches Wohlbefinden und die Lokalisierung all dieser Aktivitäten in einem gemeinsamen Raum, üblicherweise in der Wohnung (Johnson, 1970).

Diese biologischen, aber auch psychischen und sozialen Bedingungen sind einer Funktionsbestimmung der Familie vorgeordnet. In einfachen Gesellschaften war daher die Sozialstruktur oft identisch mit dem Verwandtschaftssystem, in modernen Gesellschaften haben sich die Rollen und Funktionen differenziert.

Parsons und Mitarbeiter kennzeichnen die Kernfamilie als *strukturell isoliert im Verwandtschaftssystem und als funktional differenziert von anderen Systemen*. Trotz großer Verschiedenheit von Familienformen werden strukturelle Ähnlichkeiten gesucht. Diese gewinnt Zelditch (1955) dadurch, daß er die Familie als eine besondere Gruppe ansieht, in der eine spezielle, nämlich geschlechtsspezifische Variante der Differenzierung auftritt. Die strukturelle Differenzierung manifestiert sich in *zwei komplementären Rollen*, die grundlegende Bedingungen für die Existenz sozialer Systeme sicherstellen. Auf der einen Seite muß die *Rolle eines aufgabenorientierten Führers* eingenommen werden, der leistungsorientiertes Verhalten, universalistische Normen und rationale Einstellungen zeigt und Gefühle unterdrücken kann. Auf der anderen Seite ist für das Fortbestehen des Systems die Position eines *sozio-emotionalen Führers* nötig, der zur Spannungsreduktion beiträgt, unterstützendes Verhalten zeigt, Zuneigung formuliert und Gefühle ausdrücken kann. Beide Funktionen zusammen leisten die Integration des Systems. Im Kontext dieser Theorie hängen Rollen eng mit Normen i. S. von Regulativen zwischenmenschlichen Verhaltens zusammen. Rollen sind verallgemeinerte Erwartungen an eine Position, damit innerhalb eines allgemeinen Normensystems verankert und können durch situative Bedingungen nur begrenzt modifiziert werden (im Gegensatz zu dem symbolisch-interaktionistischen Rollenbegriff). Das Rollensystem der Kernfamilie ist vor allem nach Alter und Geschlecht organisiert. Der Vater, der in unserer Kultur die Rolle des instrumentellen Führers einnimmt, hat schwerpunktmäßig die Bewältigung der Umwelt zu leisten und muß körperlich mobil sein. Aufgrund der biologischen Voraussetzungen übernimmt auch die Mutter instrumentelle Aufgaben, nämlich die Kinderaufzucht. Der Vater erfüllt zusätzlich die Disziplinierungs- und Kontrollfunktion. Im Kontext der Familie werden die Kinder vom frühen Alter an auf diese geschlechtstypischen Rollen hin sozialisiert. Zwei Eltern sind u. a. erforderlich, damit der Vater das Kind später aus der engen Bindung der Mutter lösen kann, um es auf die Aufgaben als Erwachsener vorzubereiten. Neben den instrumentellen und expressiven Führern gibt es die unterlegenen Rollen des instrumentellen (Sohn) und des expressiven Nachfolgers (Tochter). Zelditch bemüht sich um eine empirische, kulturvergleichende Stützung dieser Rollen- und Funktionendifferenzierung. Er kommt jedoch zu dem Schluß, daß in der heutigen amerikanischen Gesellschaft (schon im

Jahre 1955) ein flexibleres Muster der Aufgabenerfüllung und der Kommunikation verbreitet sei, das jedoch größere Störanfälligkeit zeige.

An den Grundgedanken der strukturell-funktionalen Theorie zur Differenzierung innerhalb der Familie wurde vielfach Kritik geübt. Diese bezieht sich einerseits darauf, daß die geschlechtstypische Aufteilung der Funktionen spezifische Stereotype der weiblichen und männlichen Persönlichkeit unterstellt. Diese stereotypen Rollenbilder können jedoch nicht als universell angesehen werden, vielmehr sind sie das Ergebnis bestimmter ökonomischer und sozialer Bedingungen des 19. Jahrhunderts, soweit Mitteleuropa und Nordamerika angesprochen sind (Hausen, 1978; Peal, 1977; Zahlmann-Willenbacher, 1979, vgl. Kap. 2). Die strikte innerfamiliäre Arbeitsteilung mit dem Vater als Ernährer und der Mutter als Erzieherin trifft insofern nicht zu, als 30–35 % der verheirateten Frauen in der BRD berufstätig sind und damit teilweise auch an den instrumentellen Funktionen des Vaters teilhaben. Ebensowenig haltbar ist die Differenzierung der elterlichen Aufgaben, wonach dem strafenden Vater eine liebevolle Mutter beiseite steht (Zahlmann-Willenbacher, 1979). Neue Rollenbilder zeigen größere Überschneidungen zwischen den geschlechtsspezifischen Rollen, beide Elternteile übernehmen sowohl expressive als auch instrumentelle Rollen. Jedoch bleiben nach empirischen Ergebnissen die typischen Muster der familiären Arbeitsteilung bei Paaren mit kleinen Kindern nach wie vor erhalten (Allemann-Tschopp, 1979; Huston, 1983; McHale & Huston, 1984).

Der Beitrag des strukturell-funktionalen Ansatzes für die Analyse des Übergangs zur Elternschaft kann einerseits darin gesehen werden, daß er die häufig bestätigte starke Rollendifferenzierung nach der ersten Geburt in ein allgemeines theoretisches Raster einordnet. Durch die Einführung der strukturellen familiären Positionen bzw. Rollen und der ihnen zugeordneten Funktionen werden hauptsächlich die Veränderungen zwischen den Partnern auf einer sozialen Ebene beschrieben. Der Rollenbegriff hat jedoch auch auf einer körperlichen Ebene, wie die z. T. biologischen Fixpunkte zeigen, und auf einer psychischen Ebene Entsprechungen. Für die psychische Verarbeitung des Übergangs zur Elternschaft ist daher relevant, wie die Frau und ihr Partner die notwendigen biologischen und sozialen Rollen bei der Schwangerschaft und Geburt bewerten, wie sie die sozialen Erwartungen an ein rollenspezifisches Verhalten bei Beginn der Elternschaft verarbeiten und in welchem Ausmaß sie die elterlichen Aufgaben verteilen, welche Strategien sie zu dessen Bewältigung entwickeln und wie schließlich ihr psychisches Wohlbefinden und ihre Gefühle dabei sind. Aus diesem Ansatz ergibt sich eine zeitliche Strukturierung des Übergangs insofern, als für die Zeit nach der ersten Geburt eine prägnantere funktionale Differenzierung vorhergesagt wird im Vergleich zu der Zeit vorher. Häufig wird dies als Traditionalisierung der Geschlechtsrollen bezeichnet. Damit wird allerdings wenig darüber ausgesagt, wie die plötzliche und starke strukturell-funktionale Differenzierung psychisch und sozial während der Schwangerschaft vorbereitet wird und wie sie nach der Geburt bewertet und von den neuen Eltern verarbeitet wird. Hierzu ist eine psychologische Analyse erforderlich.

3.5 Der Theorierahmen des symbolischen Interaktionismus für die Untersuchung der Familie

In Abgrenzung von der strukturell-funktionalen Theorie soll mehr aus Gründen der Vollständigkeit und nicht etwa aus Gründen seiner bisherigen empirischen Fruchtbarkeit der symbolisch-interaktionistische Bezugsrahmen erwähnt werden. Der wichtigste Begründer dieses Ansatzes, G. H. Mead, strebte auf der Basis der Philosophie des Pragmatismus eine grundlegende Theorie der menschlichen Kommunikation an (Joas, 1978). Seine Grundgedanken wurden in der Soziologie und der Sozialpsychologie bis in die heutige Zeit von verschiedenen Richtungen immer wieder aufgegriffen und modifiziert. Im Zusammenhang mit dem Elternwerden sind vor allem die Themen *Entwicklung der Identität, Aufbau von gemeinsamen Bedeutungssystemen durch soziales Handeln und die elterlichen Interpretationsleistungen bei der Definition von Situationen und Rolllen* aus der Sicht des symbolischen Interaktionismus aufgegriffen worden. Unabhängig von dem wenig ergiebigen Versuch Strykers (1970), den Beitrag des symbolischen Interaktionismus für Familienforschung systematisch darzustellen, beziehen sich doch einige theoretische Ansätze und einige empirische Untersuchungen auf diese Grundgedanken. Für eine explizite Darstellung des Ansatzes sei auf die einschlägige Literatur verwiesen (Joas, 1978).

In sehr verkürzter Form läßt sich dieser Ansatz dadurch kennzeichnen, daß er von der *sozialen Handlung* ausgeht und diese einerseits im Rahmen des gesellschaftlichen Ganzen und andererseits in ihren Elementen im Handeln des einzelnen Individuums analysiert. Menschen interagieren und kommunizieren mit Hilfe eines *Systems von signifikanten Symbolen, d. h. mit Hilfe eines gemeinsamen Bedeutungssystems,* bestehend aus Sprache und Gesten. Es wird eine Fähigkeit des Menschen als anthropologische Konstante unterstellt, nach der er so handelt, als ob er voraussetzt, sein Interaktionspartner verstehe die Bedeutung des Handelns in gleicher Weise wie er selbst. Diese Fähigkeit wird in der frühesten Kindheit in Interaktion mit einzelnen, sog. »signifikanten anderen« erworben und auf immer mehr Personen und schließlich auf »verallgemeinerte andere« ausgedehnt. Durch die so konzipierte Erfahrung mit Kommunikationen werden verschiedene Instanzen der Person erforderlich. Die Identität des Individuums setzt sich nach Mead aus drei Komponenten zusammen, dem »I«, dem »Me« und dem »Self«. Während das »I« die Spontaneität oder Kreativität des organismischen Teils der Person verkörpert, gilt das »Me« als Repräsentation der Vorstellung, die andere von mir haben, in mir selbst. Das »Me« enthält alle verinnerlichten Erwartungen anderer Personen, es ist also Voraussetzung für *soziales Rolllenhandeln.* Durch eine Synthetisierung der verschiedenen Erwartungen signifikanter anderer bildet sich das »Self«, es ist die Voraussetzung für flexibles Rollenhandeln.

Menschen verhalten sich zu einer Umwelt, die symbolisch vermittelt ist. So sind auch Bedeutungen von »Elternsein« und von »eigenen Kindern« symbolisch vermittelt. Manche Symbole haben den Charakter von sehr allgemeinen Kategorien, das sind Positionen wie Mutter oder Vater. Sie dienen dazu, das Verhalten anderer Personen zu den Positionsträgern zu organisieren, es bestehen Erwartungen an die Positionen, d. h. Rollen. Rollen sind häufig wechselseitig definiert, z. B. die Rollen von Eltern/Kind oder die Rollen von Ehemann/Ehefrau. Ein wesentliches Kennzeichen des symbolisch-interaktionistischen Rollenbegriffs besteht darin, daß Rollen i. S. von Kategorien nicht so weit spezifiziert sind, daß ein Verhalten des Rollenträgers für jede Situation daraus unmittelbar folgt. Vielmehr müssen die Beteiligten eine Auslegung der Situation erarbeiten, jeder in der Situation Handelnde erbringt dafür eine Interpretationsleistung. Eine Einigung über die bestehende Situation kann wiederum nur gelingen, wenn die erwähnte Fähigkeit, prinzipiell die Position des anderen zu übernehmen, bei jedem vorausgesetzt wird. Damit werden Rollen flexibler und situationsgebundener verstanden als in der strukturell-funktionalen Theorie.

Das begriffliche System des symbolischen Interaktionismus ist insgesamt sehr komplex und zum Teil wenig präzise. Daraus resultieren auch Probleme, die Aussagen angemessen methodisch umzusetzen oder empirisch zu prüfen. Im Zusammenhang mit den hier relevanten Phänomenen wurde am häufigsten versucht, die *Identitätsveränderung der Frau zur Mutter und des Mannes zum Vater* aus der Sicht des symbolischen Interaktionismus zu bechreiben. Dabei wird beschrieben, wie die einzelne Person die verschiedenen, im »Me« repräsentierten Erwartungen und die Impulse des »I« zu einer neuen Ichidentität in einem einheitlichen Selbstbild integriert. Die Faszination des Ansatzes besteht wohl gerade in der Verbindung allgemeiner, symbolisch vermittelter gesellschaftlicher Erwartungen und individueller Reflexionstätigkeit bei der Identitäts- oder Selbstkonzeptänderung. Dieser Vorgang wurde z. B. für den Erwerb einer psychologischen Identität als (physiologisch) schwangere Frau von Miller (1978) oder für die Selbstbildänderung der Frau zur Mutter nach der Geburt von Breen (1975) ausgearbeitet. Der theoretische Ansatz ist auch auf das wechselseitige Aushandeln der Elternrollen und der Arbeitsteilung unter je spezifischen situativen Bedingungen (z. B. der Berufstätigkeit der Frau) angewendet worden (La Rossa & La Rossa, 1981). Diese Autoren benutzten vorzugsweise eine offene, exploratorische und interpretierende Methodik. Für Prozesse der Bedeutungskonstruktion von werdenden Eltern bieten sich heute auch ähnliche Konzepte aus der kognitiven Psychologie an. Zusammengefaßt kann der Beitrag des symbolischen Interaktionismus für die Rekonstruktion der Elternschaft und der familiären Interaktion folgendermaßen bewertet werden: Er enthält zwar zahlreiche allgemeine theoretische Implikationen, die jedoch noch nicht für diese Phänomene expliziert wurden. Wollte man dies leisten, so müßten die allgemeinen Konzepte für Identitätsveränderungen durch Einbeziehung spezifischer Anwendungsbedingungen, und zwar der körperlichen, psychischen und sozialen Erfahrung der beiden Partner präzisiert werden. Eine zeitliche Strukturierung des Übergangs zur Elternschaft ergibt sich aus diesem Ansatz nicht.

3.6 Systemtheoretische Ansätze der Familie

Das Aufkommen des Systemgedankens und seine Anwendung auf familiäre Prozesse wurde von verschiedenen Seiten sehr begrüßt, besonders von praktisch arbeitenden Familientherapeuten, aber auch von entwicklungspsychologischen Forschern (vgl. Belsky, 1981). In der Verwendung der systemtheoretischen Grundannahmen bestehen jedoch erhebliche Unterschiede. Man kann zwischen den Polen einer konsequenten systemischen Analyse und Intervention auf der einen Seite (z. B. Selvini-Palazzoli et al., 1981) und einer nur metaphorischen Verwendung des Systemmodells mit einer oberflächlichen »systematischen Rhetorik« (vgl. Schneewind, 1986) auf der anderen Seite verschiedene Varianten finden. Offenbar ist die erste Euphorie und überzogene Programmatik über den sog. systemischen Ansatz bei den nicht an Intervention, sondern an Beschreibung der Familienbeziehungen interessierten Forschern einer erheblichen Zurückhaltung und abgewogenen Einschätzung gewichen (Broderik & Smith, 1979, Schneewind, 1986; Tyrell, 1983).
In diesem Zusammenhang kann auf die Grundannahmen aus der allgemeinen Systemtheorie nur verwiesen werden (z. B. Bertalanffy, 1973). Statt dessen sollen diejenigen systemtheoretischen Positionen thesenhaft zusammengefaßt werden, die eine Verbindung von Familienentwicklung und Individualentwicklung betreffen und Implikationen für die Konzeption der psychischen Verarbeitung von familiären Ereignissen durch die einzelnen Personen enthalten. Ansätze der praktischen Familientherapeuten regten eine *Reformulierung der Konzepte und Methoden* zur Untersuchung von Famili-

enentwicklung und Individualentwicklung an (Minuchin, 1985). Die *Familie wird hier als System und als organisiertes Ganzes* verstanden, innerhalb dessen die Elemente des Systems notwendigerweise wechselseitig abhängig sind. Die Einheiten oder Elemente des Systems werden jedoch bei verschiedenen theoretischen Richtungen unterschiedlich gewählt. In einer Richtung der Familiensoziologie, die sich auf Burgess' Definition der Familie als Einheit von interagierenden Personen beruft, und in der praktisch orientierten Familientherapie stellen *Personen die Einheiten des Familiensystems* dar. Bei einer zweiten Gruppe von Theoretikern, die für die psychologische Betrachtung weniger relevant ist, bilden *Positionen, Rollen oder Verhaltenselemente diese Systemeinheiten* (Broderik & Smith, 1979; Tyrell, 1983). Nach dieser letzten, auf Parsons und Luhmann zurückgehenden theoretischen Richtung können dann Personen bzw. personale Systeme als Umwelt sozialer Systeme gesehen werden (Tyrell, 1983). Für eine psychologische Betrachtung auch der reflexiven Prozesse im Individuum ist nur die erste Variante einer systemtheoretischen Perspektive mit konkreten Personen als Einheiten sinnvoll. Letztlich stellen auch die einzelnen konkreten Familienmitglieder die kognitionsfähigen Beobachter dar, deren subjektive Sicht der Familienbeziehungen bzw. deren »familienspezifisches internes Erfahrungsmodell« mittels psychologischer Methoden erfaßbar ist (Schneewind, 1986). Die Einzelpersonen als Elemente des Systems Familie bilden untereinander wiederum Subsysteme, die Triade Vater-Mutter-Kind untergliedert sich in die Subsysteme Mutter-Kind, Vater-Kind und Elternpaar. Jedes Subsystem hat eine eigene Integrität, die Grenze bewirkt, daß innerhalb des Subsystems mehr oder andere Interaktionen stattfinden als in dem übergeordneten System. Nach der Geburt des ersten Kindes kann sich z. B. das neugebildete Subsystem Mutter-Kind stark abgrenzen, wodurch sich für das Subsystem der Ehepartner neue Interaktionen ergeben. Unter bestimmten emotionalen Bedingungen würde diese Konstellation von Familientherapeuten als Koalition Mutter und Baby gegen den Vater interpretiert (Simon & Stierlin, 1984). Die Unterschiedlichkeit des Vater-Kind-Subsystems von dem Mutter-Kind-Subsystem hinsichtlich der Interaktionsformen oder der Bindungsqualität wurde mehrfach nachgewiesen (z. B. Belsky et al., 1984 a; Campos et al., 1983).

Für den Systemtheoretiker sind die Interaktions- und Beziehungsmuster der Familienmitglieder von Interesse, die sich im Verlaufe der Zeit herausgebildet haben und die das aktuelle Verhalten der einzelnen regulieren. Diese Interaktionsmuser werden im Rahmen eines *zirkulären Verursachungsmodells* und nicht i. S. einer linearen Verursachung analysiert, d. h. die Interaktionszyklen werden in diesem Ansatz als kreisförmige Rückkoppelungsschleifen abgebildet. Systeme haben homöostatische Merkmale, die zur Aufrechterhaltung ihrer Beziehungsmuster führen. Gleichzeitig neigen offene Systeme zu einer andauernden Veränderung. Jedes Familienmitglied wird dann von den Veränderungen der anderen betroffen. Im Systemansatz wird jedes Familienmitglied gleichzeitig als abhängiger und als aktiver Teil des Systems gesehen. Die in Kap. 5 berichteten empirischen Ergebnisse über die Wechselwirkungen von ausgewählten kindlichen Merkmalen (physiologische Ausstattung, Temperament) und bestimmten elterlichen Merkmalen (wie Feinfühligkeit vs. Unempfindlichkeit) und die dabei entstehenden spezifischen Beziehungsmuster lassen sich gut im Systemansatz erklären. Jedes Individuum bringt aufgrund seiner Vorgeschichte und Zugehörigkeit zu anderen Familiensystemen zahlreiche Strategien und Interpretationsschemata mit, die u. a. in Stierlins Ansatz konzeptualisiert wurden (Simon & Stierlin, 1984). Das neu ankommende Kind ist in dieser Weise offen für unterschiedliche Funktionen in dem sich bildenden Familiensystem.

Die *Schwierigkeiten des systemtheoretischen Ansatzes* sind nicht zu übersehen. Auf konzeptueller Ebene ist zunächst die Definition von bedeutsamen Einheiten des Systems ein Problem (Broderik & Smith, 1979; Minuchin, 1985). Das Herausgreifen bestimmter Einheiten (Ehepaarsystem, das Eltern-Großeltern-System) wird durch das Erkenntnisinteresse des Forschers oder durch pragmatische Überlegungen des Therapeuten geleitet. Die Konzentration auf die Familie stellt selbst auch eine willkürliche Begrenzung dar. Im systemischen Denken muß die Kernfamilie wiederum als Element in größeren Systemen wie Nachbarschaftsgruppen, Mehrgenerationenfamilien oder sozialen Netzen gesehen werden. Schwierigkeiten bringt auch die Analyse von Systemgrenzen. Welchen Grad an Autonomie haben einzelne Subsysteme im Rahmen des Systems, durch welche Erfahrungen und Ereignisse verändern sich die Grenzen, in welchen Situationen manifestieren sie sich? Die Probleme einer angemessenen empirischen Überprüfung von Systemen sind besonders groß. Eine zentrale Forderung besteht darin, von allen Elementen des Systems Daten zu erheben. Dies wurde durch den Nachweis von sog. second-order-Effekten bei Zweierinteraktionen (Belsky, 1981) oder in den Studien von Kreppner und Mitarbeitern (1982) über die Integration des zweiten Kindes in die Familie angestrebt.

Anregungen, die sich für die Analyse des Übergangs zur Elternschaft aus dem Systemansatz ergeben, bestehen vor allem darin, Fragen und Hypothesen in eine neue Richtung zu lenken und eine andere Begrifflichkeit zu verwenden. Aus der Grundthese der wechselseitigen Beziehung und der gleichzeitigen Betroffenheit aller Mitglieder des Systems durch Veränderungen können auch Erwartungen für spezifische Situationen des Übergangs zur Elternschaft formuliert werden. Sieht man die partnerschaftliche Dyade während der Schwangerschaft als System, so stellen die körperlichen und psychischen Veränderungen der Frau Informationen für den Partner dar und umgekehrt die psychischen Veränderungen des Mannes (z. B. veränderte Zeitplanung, zunehmende Verantwortlichkeit) Informationen für die Frau. Aus der Systemtheorie würde daher folgen, daß sich *prinzipiell beide Partner* in ihrem Verhalten und ihren kognitiv-emotionalen Prozessen durch die Schwangerschaft und erste Geburt in zirkulärer Weise beeinflussen, so unterschiedlich die Beeinflussung im einzelnen auch sein mag. Der Systemansatz macht auch auf *Übergänge in der Systementwicklung* aufmerksam. Das Hinzufügen oder Entfernen eines Mitglieds verändert die Elemente in dem System und schafft ein Ungleichgewicht in dem Beziehungsmuster. In den Kapiteln 4 und 5 wird gezeigt, wie ein Ungleichgewicht in den Kognitionen und Emotionen der beteiligten Personen verarbeitet wird. Dabei wird allerdings die allgemeine systemtheoretische Annahme durch zahlreiche spezifische Bedingungen ergänzt.

3.7 Familienentwicklungstheorie

Durch Verbindungen zwischen Familiensoziologie und Entwicklungspsychologie der Lebensspanne entstand ein Ansatz, der statische und dynamische Konzepte zu integrieren versuchte. Diese sog. Familienentwicklungstheorie baut auf strukturell-funktionalen, symbolisch-interaktionistischen und systemtheoretischen Grundannahmen auf und ergänzt diese durch solche entwicklungs- und verlaufsorientierten Konzepte wie Entwicklungsaufgabe, Lebenszyklus, Entwicklungsstufe, Entwicklungssequenz oder career i. S. von strukturiertem Verlauf. Hill & Matessich (1979) versuchten, ontogenetische Entwicklungsvorstellungen auf Familien zu übertragen. Dabei treten die Veränderungen der zwischenmenschlichen Beziehungen in der Familie, z. B. der dyadischen oder triadischen Einheiten, sowie der Aufbau und die Beendigung von Familienbindungen in den Vordergrund. Im Verlaufe ihrer Existenz verändern sich Familien in ihrer Form und Funktion. »*Familienentwicklung bezieht sich auf den Prozeß der zunehmenden strukturellen Differenzierung und Transformation im Verlaufe der Familiengeschichte,* auf den aktiven Aufbau und den selektiven Abbau von Rollen, wodurch die Träger familiärer Rollen versuchen, die sich verändernden funktionalen Voraussetzungen für das Überleben zu erfüllen und sich als Familiensystem an die auftretenden Streßsituationen des Lebens anzupasssen« (Hill & Matessich, 1979, 174, Übers. und Hervorhebung vom Verfass.). Eine so verstandene Familienentwicklung oder Familienkarriere (Aldous, 1978) hat zahlreiche Verknüpfungspunkte mit den Lebensläufen der einzelnen Familienmitglieder über die individuelle Lebensspanne. Wie für die Individualentwicklung lassen sich auch für die Familienentwicklung qualitative Stadien unterscheiden, die jedoch nicht notwendig als invariante Sequenz, sondern in vielfältigen Variationen auftreten können.

Zur Strukturierung des zeitlichen Verlaufs und zur Klassifikation von Entwicklungsstadien der Familienentwicklung waren neue Begriffe nötig. Als fruchtbar erwiesen sich die Konzepte *Familienzyklus* und wechselnde *Entwicklungsaufgaben der Familie* (Duvall, 1977). Das klassische Konzept des Familienzyklus beinhaltet die Untergliederung der Zeitspanne von der Eheschließung bis zur Auflösung der Kernfamilie in verschiedene Phasen (Höhn, 1982; Nock, 1982). Die ursprüngliche Aufteilung von Glick aus dem Jahre 1947 legt jeweils phasentrennende Ereignisse zugrunde, nachfolgende Konzeptionen benannten die zeitlichen Phasen. Daraus resultierte folgende Gliederung des Familienzyklus: (1) Gründungsphase – Erstheirat, (2) Erweiterung – Geburt des ersten Kindes, (3) abgeschlossene Erweiterung (Geburt des letzten Kindes), (4) Schrumpfung (Eheschließung des ersten Kindes), (5) abgeschlossene Schrumpfung (Eheschließung des letzten Kindes bzw. Verlassen des Elternhauses, (6) Auflösung (Tod des einen und später des anderen Ehepartners) (Höhn, 1982; Nock, 1982). In dieser Aufteilung ist das chronologische Alter der Kinder und der Eltern maßgeblich, dies sind jedoch nicht die einzig möglichen Zeitmarkierungen. Stadien der Familienentwicklung lassen sich z. B. auch nach Wohnortwechsel, Berufsänderung, historischen und sozialen Ereignissen einteilen (Hill & Matessich, 1979). Damit leistet das Konzept des Familienzyklus eine Verknüpfung der von Hareven (1982 a, 1984) eingeführten Zeitbegriffe, und zwar der individuellen Lebenszeit, der Familienzeit und der historischen Zeit.

Glick beabsichtigte, das Konstrukt des Familienzyklus empirisch nachzuweisen, indem er die zentralen Alterswerte für den Beginn jeder neuen Phase angab. Auch spätere Studien haben den Familienzyklus demographisch rekonstruiert (Höhn, 1982). Dabei treten Probleme auf, die zu zahlreichen Kritiken führten. In den Stadien der Familienentwicklung sind Scheidungen nicht berücksichtigt, die Anfang der 70er Jahre in den USA 40–50 % und in der BRD immerhin 22–24 % der Ehen ausmachten (Hetherington & Camara, 1984; Höhn, 1982). *Kinder aus Scheidungsehen, Einelternfamilien und kinderlose Ehepaare werden im Familienzyklus vernachlässigt.* Es ergeben sich auch methodische Probleme. Bei den üblicherweise benutzten Querschnittmethoden fallen die genannten aufgelösten Familien heraus. *Problematisch ist weiter der normative Charakter des Familienzyklus.* Man geht offenbar von typischen Familienkarrieren nach einem statistischen Durchschnitt aus. Alternative Abläufe werden z. T. abgewertet, der Terminus legt eine gesellschaftliche Erwartung über das angemessene Durchlaufen des Familienzyklus nahe (Featherman, 1983; Höhn, 1982; Nock, 1982; Norton, 1983 a). Diese Probleme werden auch bei Erweiterungen des Familienzyklus durch zusätzliche Phasen nicht gelöst. Andere psychologisch relevante Vorschläge sehen den

Familienzyklus als Rahmen, in dem mehrere Karrieren eines einzelnen Individuums bzw. eines Paares durchlaufen werden wie eine sexuelle Karriere, eine Ehepaarkarriere und eine Geschwisterkarriere (Feldman & Feldman, 1975).
Der Stellenwert der Elternschaft im Lebenslauf des Mannes und der Frau läßt sich auch an historischen Vergleichen beurteilen. Über lange Zeiträume erwies sich der Familienzyklus nicht als stabil, er dokumentiert vielmehr sozialen Wandel. So wurde die Vorelternphase verlängert, die aktive Elternschaft durch weniger Kinder in zeitlich engerer Abfolge verkürzt und die Zeit der nachelterlichen Gefährtenschaft verlängert (Imhof, 1981; Hareven, 1984; vgl. Kap. 2).
Die psychologische Bedeutung des Konzeptes Familienzyklus liegt weniger in den demographischen Möglichkeiten, die sich durch Unterscheidung von Familienphasen ergeben (Höhn, 1982), oder in Analysen der phasenspezifischen ökonomischen Belastungssituationen (Hareven, 1984), sondern in der *heuristischen Bedeutung des Konzeptes zur Planung von Untersuchungen*. Dabei werden – meist im Querschnitt – Personen oder Familien verglichen, die sich in verschiedenen Phasen des Familienzyklus befinden.

Beispielhaft hierfür können die Untersuchungen über die Veränderung der Ehequalität im Verlaufe der Stadien des Familienzyklus (Spanier et al., 1975) oder über die langfristigen Auswirkungen der Übergänge im Familienzyklus auf das subjektive Befinden der Beteiligten (Nock, 1981) genannt werden. Aus solchen Phasenvergleichen lassen sich auch Informationen über den Beginn der Elternschaft gewinnen. Vielversprechend ist weiterhin die Untersuchung der internen Kräfte der Familie in ausgewählten Phasen der Familienentwicklung. Es liegen Ergebnisse vor, die z. B. die Dauer der Vorelternphase und die Struktur der Partnerschaft zu anderen, späteren Merkmalen in Beziehung setzen, z. B. zur erlebten elterlichen Krise.

Damit treten die Übergänge zwischen den Phasen mehr ins Zentrum der Aufmerksamkeit (s. 4.1). Ebenso könnten typische Konflikte divergierender Phasen des Familienzyklus, z. B. der Expansionsphase mit der Kontraktionsphase verglichen werden (Nock, 1982). Als wünschenswerten Schwerpunkt einer psychologischen Erforschung der Familienentwicklung sieht Schneewind (1986) an, Konstanz und Wandel von Regeln und Interaktionsmustern im Zeitverlauf zu untersuchen. Diese Systemmerkmale können jedoch wieder nur im Rekurs auf individuelle Mitglieder erfaßt werden, die die Regeln schaffen und danach handeln. Daher betrachtet er Familienentwicklung als wechselseitige Bezogenheit der Persönlichkeitsentwicklung im Kontext der Familie. Familiengeschichte ist auch individuelle Geschichte.
Für die Beschreibung des Übergangs zur Elternschaft enthält die Familienentwicklungstheorie mehrfache Anregungen. Sie gibt hauptsächlich ein Modell für eine zeitliche Strukturierung von Familienzeiten und individuellen Lebensabschnitten, indem sie Phasen einführt, in denen eine typische Konstellation von Rollen vorherrscht, die sich zur nächsten Phase hin verändert. Dieser Grundgedanke wird in den nachfolgenden Kapiteln dadurch weiter differenziert, daß innerhalb eines Übergangs im Familienzyklus, dem Beginn der Elternschaft, weitere zeitliche Unterteilungen nach entwicklungspsychologischen Kategorien vorgenommen werden. So wird der Prozeßcharakter der Verarbeitung von Übergängen am Beispiel verdeutlicht. Die Familienentwicklungstheorie leistet entsprechend ihrer soziologischen Herkunft mehr zur Beschreibung der sozialen Ebene von Veränderungen, d. h. zur Veränderung von Interaktionen und Beziehungen. Die entsprechenden psychischen Zustände und Prozesse müssen aus psychologischen Theorien ergänzt werden.

3.8 Streß- und Coping-Theorie der Familie

In einem weiteren Theorieansatz werden ebenfalls individualpsychologische Begriffe auf Familien als soziale Einheiten übertragen, und zwar in der Streß- und Coping-Theorie der Familie (Olson & McCubbin, 1983). Sie kombiniert bestimmte strukturelle und Entwicklungsmerkmale der Familie. Ziel der Theorie ist es, mit Hilfe einer Unterscheidung von Familientypen und einiger theoretischer Beschreibungsdimensionen einen »Panoramablick auf das Familienleben« (a. a. O., 15) im Verlauf des Familienzyklus zu gewinnen. Ausgangspunkt ist die Unterscheidung von Ehe- und Familiensystemen nach einem *Zirkumplexmodell.*

Die ursprüngliche Version dieses Modells stammt von Olson, Russel und Sprenkle (1979, in Olson & McCubbin, 1983), es wurde mehrfach von den Autoren überarbeitet, u. a. von Olson & McCubbin (1982) und McCubbin & Patterson (1983). Das Zirkumplexmodell diente zur Integration der unterschiedlichen Beschreibungskategorien von Familiendynamiken sowohl in der Familientherapie als auch in der Forschung über Familien und wurde auf der Basis begrifflicher Vergleiche und empirischer Studien erstellt.

Das Modell setzt zwei zentrale unabhängige Dimensionen in Beziehung zueinander, die *Familienkohäsion* und die *Familienadaptabilität.* Eine dritte Hilfsdimension, die *Familienkommunikation,* wurde zu dem Zweck konzipiert, um die Bewegung der Familien zwischen den beiden Dimensionen zu ermöglichen. Familienkohäsion wird als »die emotionale Bindung, die die Familienmitglieder untereinander haben«, definiert (Olson & McCubbin, 1983, 48). Der Pol einer extrem hohen Kohäsion wird als Vermaschung beschrieben, die in den Abstufungen Verbundenheit (mittlere bis hohe Kohäsion) und Getrenntheit (mittlere bis niedrige) in den anderen Pol der sehr niedrigen Kohäsion, nämlich in Losgelöstheit (disengagment) übergeht. Die zweite Dimension des Modells beschreibt die Fähigkeit der Familie, sich bei Krisen zu verändern. Familienadaptabilität wird definiert als »die Fähigkeit von Ehe- und Familiensystemen, ihre Machtstruktur, ihre Rollenmuster und ihre Beziehungsregeln als Antwort auf situativen und entwicklungsbedingten Streß zu verändern« (a. a. O., 48). Die vier Niveaus der Adaptabilität variieren von rigide (sehr niedrig) über strukturiert (niedrig bis mittel), flexibel (mittel bis hoch) zu chaotischer, d. h. sehr hoher Adaptabilität. Bei beiden Dimensionen gelten die beiden mittleren Ausprägungen als günstig. Da jede der zwei Hauptdimensionen, die rechtwinklig aufeinanderstehen sollen, in vier Abstufungen unterteilt ist, ergeben sich durch Kombination der je vier Niveaus 16 Felder eines Quadrates. In diese Felder sind in der graphischen Darstellung des Modells drei Typen von Familien als Kreise eingezeichnet: Im Zentrum befinden sich die *ausbalancierten Familien* mit günstigem Modus in den Dimensionen, im mittleren Kreis sind die mittel funktionierenden Familien und in dem äußersten Kreis die *extremen Familien* angeordnet. Die dritte Dimension wird nicht in die graphische Darstellung einbezogen. Ein Überblick über bisherige theoretische Konzepte und empirische Studien soll nach Olson & McCubbin (1983) die weite Verbreitung dieser zwei Hauptdimensionen der Familiendynamik belegen. Es wird angenommen, daß die Familientypen tatsächlich vorfindbar sind, daß allerdings die mehr im Zentrum liegenden (normalen) Familientypen häufiger vorkommen als die extremen. Klinisch auffällige Familien sind eher in Extrembereichen zu erwarten.

Aus dem Modell werden Hypothesen darüber abgeleitet, wie sich Familien bei entwicklungsbedingten Veränderungen und Streßsituationen verhalten. Diese Hypothesen sollen empirisch prüfbar sein. In die allgemeinen Hypothesen gehen fünf weitere theoretische Konzepte ein, für die empirische Verfahren vorliegen: *Familienressourcen,*

d. h. emotionale und kommunikative Fähigkeiten der Familienmitglieder, ihre gemeinsamen Aktivitäten sowie eheliche Ressourcen, *Familienstreß und Veränderungen in der Familie*, das sind z. T. normative, z. T. nicht normative Belastungen der Familie insgesamt und einzelner Mitglieder in ihren Entwicklungsstadien. Als ein derartiger Stressor sind die Schwangerschaft und erste Geburt einzuordnen. Weitere theoretische Kategorien bilden die *Copingstrategien der Familie*, zu denen innere Ressourven und äußere Unterstützungen zur Bewältigung der alltäglichen Belastungen zählen sowie die *Zufriedenheit in der Ehebeziehung, in der Familie und die allgemeine Lebenszufriedenheit*. Dieses letzte Merkmal gilt im wesentlichen als Kriterium für günstiges Funktionieren der Familie. Die zentralste Hypothese lautet: Ehepaare und Familien mit ausbalancierten Graden von Kohäsion und Adaptabilität (d. h. mit überwiegend mittleren Graden) werden im allgemeinen angemessener in den einzelnen Stadien des Familienzyklus funktionieren als Familien, die extreme Ausprägungen dieser Dimension aufweisen. Weiter wird angenommen, daß ausbalancierte Familien über ein größeres Verhaltensrepertoire verfügen und sich leichter an Veränderungen anpassen können als extreme Familien. Wenn Familienmitglieder gemeinsame Auffassungen hinsichtlich der extremen Pole einer oder zwei Dimensionen haben, so können diese Familien auch noch funktionieren, so lange sie diese akzeptieren. Diese Hypothese, die in gewissem Maße der ersten widerspricht, setzt vor allem hohe Kommunikation der Familien voraus. d. h. die dritte erleichternde Dimension tritt hier ein. Eine solche Beschreibung trifft vor allem auf Einwandererfamilien oder religiöse Gruppen (in den USA) zu. Bei ausbalancierten Familientypen wird mehr positive Kommunikation erwartet, die ihnen weiter dazu verhilft, ihr Niveau an Kohäsion und Adaptabilität zu verändern im Vergleich zu extremen Familien. Kriterien für positive Kommunikation werden ausgeführt (Olson & McCubbin, 1983). Für den Übergang zur Elternschaft ist die letzte Hypothese relevant. »Um mit situativem Streß und Entwicklungsveränderungen über den Lebenszyklus der Familie fertig zu werden, können ausbalancierte Familien ihre Kohäsion und Adaptabilität verändern, während extreme Familien einer Veränderung über die Zeit Widerstand leisten« (a. a. O., 68).

Mit einer Vielzahl von empirischen Instrumenten untersuchten die Verfasser eine große Stichprobe (N = 1140) Familien, wobei jedes Familienmitglied einzeln befragt wurde. In diesem Kontext können nur einige Aspekte der Ergebnisse erwähnt werden. Interessant ist zunächst, daß sich zwischen den einzelnen Familienmitgliedern erhebliche, z. T. extreme Beurteilungsunterschiede ergaben. Das wirft die Frage der Einheitlichkeit der Familie auf und läßt individuelle Einschätzungen als bedeutsam erscheinen. Wesentlich ist in diesem Zusammenhang die familiäre Dynamik in verschiedenen Studien des Familienzyklus.

Es ergaben sich empirisch typische Muster, wonach bestimmte Familientypen in bestimmten Stadien des Familienzyklus besser funktionieren. Junge Paare ohne Kinder geben höchste Zufriedenheit bei flexibler Adaptabilität und verbundener Kohäsion an. Familien mit Kindern, die diese Ausprägung der Dimensionen hatten, funktionierten ebenfalls gut. Dies kann jedoch auch der Fall sein, wenn die Konstellation eine andere ist, nämlich bei strukturierter (hoher bis mittlerer) Adaptabilität und eher mittlerer bis niedriger Kohäsion (sog. Getrenntheit). Es ist zu vermuten, daß dies Familien mit starker Rollendifferenzierung sind. Vergleichsweise waren die erlebten Belastungen in der Familie in dem »childbearing stage« weniger gering als in dem Entwicklungsstadium mit jugendlichen Kindern. Familien, die über wesentliche Ressourcen sowohl gemeinsam als auch in der Ehebeziehung verfügen, bewältigen die normativen Streßsituationen, die mit der Entwicklung über die Stadien des Familienzyklus verbunden sind, günstiger. Wichtige innere Ressourcen sind hier u. a. positive Kommunikation, Konfliktlösungskompetenzen, klare Rollenbeziehungen und positive sexuelle Beziehungen der Ehepartner.

Die Streß- und Coping-Theorie postuliert Zusammenhänge zwischen den Ressourcen eines Paares bzw. einer Familie und dem erlebten Streß, sei es Streß durch normative, nicht normative Ereignisse oder kumulierter Alltagsstreß, und den Bewältigungsmöglichkeiten der Familie. Diese Zusammenhänge werden auf sehr breiter Basis untersucht. Die Konstruktindikatoren, die bei den Familien, Paaren und individuellen Mitgliedern über Fragebögen erfaßt werden, betreffen sowohl psychische Prozesse (emotionale Kompetenzen) als auch soziale Beziehungen (Zusammengehörigkeit in der Familie, Kommunikation). Durch Hervorhebung der drei Formen von Familientypen *betont der Ansatz die differentiellen Merkmale von Familien,* die sich je nach Ausprägung für verschiedene Stadien des Familienzyklus als vorteilhaft oder nachteilig erweisen können. Aussagen über »günstiges Funktionieren« der Familie haben daher einen deutlich normativen Charakter; die Bewertungen wären im Detail an den Kriterien zu überprüfen, gerade im Hinblick auf eine Übertragbarkeit auf deutsche Familien. Problematisch erscheint weiterhin, daß die Ressourcen einer Familie offenbar als stabil angesehen werden. Sieht man Familienentwicklung eher als dynamischen Vorgang an, so wäre zu erwarten, daß spezifische Ereignisse nicht nur Belastungen oder Stressoren darstellen, sondern auch Bereicherungen beinhalten und das Bewältigungspotential erweitern. Die Geburt des ersten Kindes liefert Beispiele dafür. Für das Vorhaben dieser Arbeit liefert die Unterscheidung von Familientypen keinen entscheidenden Beitrag. Sollten jedoch die im folgenden entworfenen allgemeinen Verarbeitungsschritte ausreichend belegt sein, dann ließen sich aus diesem Ansatz Anregungen zu einer Differenzierung von Paaren gewinnen.

Zur zeitlichen Strukturierung bietet die Streß- und Coping-Theorie, ebenso wie die vorausgehende Familienentwicklungstheorie, nur die globalen Stadien des Familienzyklus an. Diese können jedoch als Modell gesehen werden, das auf eine Mikroebene von Verarbeitungsphasen innerhalb eines Übergangs, d. h. auf kürzere zeitliche Abschnitte übertragbar ist.

# 4. Schritte des Übergangs zur Elternschaft I: Schwangerschaft

4.1 Zur Konzeption von Verarbeitungsphasen

Wie im ersten Kapitel entwickelt wurde, besteht die entwicklungspsychologische Orientierung dieser Darstellung vor allem darin, den Prozeßcharakter des Übergangs zur Elternschaft herauszuarbeiten. Historische Vergleiche (Kap. 2) konnten verdeutlichen, daß sowohl das allgemeine soziale, kulturelle und psychologische Umfeld von Elternschaft als auch einzelne Schritte beim Elternwerden einem historischem Wandel unterliegen. Der Überblick über theoretische Konzepte zu Vorgängen während der Schwangerschaft, Geburt und frühen Elternschaft erbrachte, daß die meisten Ansätze Veränderungen nur in zwei Zeitabschnitte untergliedern, nämlich in die Zeit vor und nach der ersten Geburt. Dabei bleibt offen, wie sich der Übergang zur Elternschaft im Verlauf der zeitlich geordneten Ereignisse von der ersten Information über eine Schwangerschaft bis zu dem tatsächlichen Umgang mit dem Baby nach der Geburt vollzieht. Es wurde bisher nicht spezifiziert, mit welchen verschiedenen, sich verändernden Situationen die werdenden Eltern konfrontiert sind, welche Informationen sie in bestimmten Abschnitten des Übergangs erhalten, wie sie diese bewerten und welche Gefühle sie dabei haben. Der Prozeßcharakter des Übergangs zur Elternschaft kann nur dadurch verdeutlicht werden, daß die Ereignisse im zeitlichen Verlauf genauer betrachtet werden. Die Theorie der Familienentwicklung liefert hierfür ein allgemeines Modell, indem sie Elternwerden als einzelnen Übergang im gesamten Familienzyklus und Familienentwicklung als Koordinierung der Lebensläufe aller einzelnen Familienmitglieder betrachtet. In einer Weiterführung dieser Position soll in dem vorliegenden Kapitel genauer entwickelt werden, in welchen sukzessiven Schritten sich der Übergang zur Elternschaft vollzieht. Die körperlichen, psychischen und sozialen Veränderungen, die Eltern in dieser Zeit erfahren, werden hier als qualitativ verschiedene zeitliche Phasen der kognitiven, emotionalen und handelnden Verarbeitung des Übergangs dargestellt. *Dabei stehen die normalen, d. h. die von der Mehrzahl der werdenden Eltern erfahrenen Veränderungen in diesen Zeitabschnitten im Vordergrund.* Es wird versucht, auf der Basis von teilweise verschiedenen vorausgehenden Bedingungen in der Lebenssituation bei Beginn der Schwangerschaft eine allgemeine Abfolge psychischer Zustände beim Übergang der Elternschaft zu entwerfen. Die vorliegenden Forschungsergebnisse sprechen eindeutig dafür, Schwangerschaft, Geburt und frühe Elternschaft als einen zusammenhängenden Prozeß mit charakeristischem Verlauf zu konzipieren. Allerdings beschreiben die vorliegenden Arbeiten die verschiedenen zeitlichen Abschnitte innerhalb dieses Verlaufs häufig nicht prägnant (vgl. Coleman, 1969; Coleman & Coleman, 1971; Entwisle & Doering, 1981; Grossman et al., 1980; Oakley, 1980; Rossi, 1968; Shereshefsky & Yarrow, 1973). Eine vergleichende Analyse der Verarbeitung von normativen und nicht normativen Übergängen und kritischen Lebensereignissen in Kap. 1 hatte eine Phaseneinteilung nahegelegt, um den

---

Für Rückmeldungen und Anregungen zu diesem Kapitel, vor allem über die pränatalen diagnostischen Methoden, danke ich Frau Prof. Dr. Traute Schroeder-Kurth, Heidelberg

Prozeß nach psychologischen Kriterien zu untergliedern. Die detaillierte Beschreibung der Phänomene und die Auswertung der bisherigen empirischen Forschungsergebnisse ermöglichen eine Unterteilung des zeitlichen Verlaufs: Von der Feststellung einer Schwangerschaft bis ungefähr zum ersten Geburtstag des Kindes können vier idealtypische Phasen der Verarbeitung vor der Geburt, eine Geburtsphase und drei Schritte der Verarbeitung der neuen Situation mit dem Kind nach der Geburt unterschieden werden. Im einzelnen gliedert sich der Verlauf in:
- eine Verunsicherungsphase bis ca. zur 12. Schwangerschaftswoche post menstruationen, in Zukunft abgekürzt als SSW p. m.,
- eine Anpassungsphase bis zur 20. SSW,
- eine Konkretisierungsphase ungefähr von der 20. bis zur 32. SSW,
- eine Geburtsphase,
- eine Phase der Erschöpfung und Überwältigung von ungefähr 4 bis 8 Wochen nach der Geburt,
- eine Phase der Herausforderung und Umstellung bis ca. zum 6. Lebensmonat
- eine Gewöhnungsphase in der zweiten Hälfte des ersten Lebensjahres.

Die vorgeschlagenen Zeitangaben dienen nur als grobe Orientierung. Die aufeinanderfolgenden Phasen können als *zwei Zyklen der kognitiv-emotionalen Verarbeitung* beschrieben werden, von denen ein Zyklus in der Schwangerschaft und ein weiterer nach der Geburt durchlaufen wird. Am Ende von Kap. 5 (5.7) werden diese Zyklen graphisch dargesellt (vgl. Abb. 1). Die Verarbeitung beginnt jeweils mit der Aufnahme zahlreicher neuer Information auf unterschiedlichen Ebenen, begleitet von Gefühlen der Verunsicherung, Ängsten, Erleben eines relativen Kontrollverlustes bzw. geringer Kontrolle in der spezifischen Situation. Es folgt eine Phase allmählicher Adaptation und Integration der neuen Information in das vorhandene Wissen, die übergeht in eine Phase der Vertrautheit mit der neuen körperlichen, psychischen und sozialen Situation. Diese Zeitperiode ist durch ein verstärktes Gefühl der Kontrolle, emotionales Wohlbefinden und höhere Selbstsicherheit geprägt. Die skizzierte Beschreibung psychischer Verarbeitung lehnt sich nicht an eines der heute vorherrschenden Modelle an, in denen differentielle Bewältigungs- bzw. Copingstrategien oder Abwehrprozesse unterschieden werden, wie sie z. B. von Haan, Lazarus und Mitarbeitern oder von Filipp bezüglich kritischer Lebensereignisse vorgelegt wurden. *Für eine Verlaufsanalyse in Form von Phasen ist es vorteilhafter, den psychischen Zustand zu verschiedenen Zeitpunkten des Prozesses durch die jeweils vorherrschenden Kognitionen und die gleichzeitig feststellbaren Emotionen und Stimmungen zu bechreiben.* Unter Kognitionen werden hier alle Anforderungen an kognitive Informationsverarbeitung und Wissensaufbau der werdenden Eltern verstanden. Sie umfassen die Aufnahme, Repräsentation, Speicherung, Bewertung und Verarbeitung von neu auftretenden Merkmalen während der verschiedenen Situationen im Verlauf des Elternwerdens. Die Termini Information und Wissen werden hier metaphorisch gebraucht, es sind nicht nur anspruchsvolle kognitive Schlüsse gemeint, sondern sehr elementare Wahrnehmungs- und Verstehensprozesse der Eltern. Emotionen im Zusammenhang mit dem Elternwerden setzen sich aus mehreren psychischen Komponenten zusammen. Scherer (1983) hat z. B. die Komplexe physiologische Aktivierung, motorisch-expressive Abläufe, kognitive Bewertungen, Handlungstendenzen und subjektive Gefühle vorgeschlagen. Sprachlich bezeichnete Gefühle (Emotionen) unterscheiden sich durch ein zeitlich klar umgrenzbares, intensives Verlaufsmuster affektiver Zustandsformen von länger andauernden Stimmungen.

Für den Übergang zur Elternschaft postuliere ich, daß hohe bzw. niedrige Anforderungen an die Verarbeitung neuer, phasenspezifisch relevanter Informationen zu unterschiedlichen Bewertungen der aktuellen Situation führen und von unterschiedlichen typischen Gefühlszuständen begleitet sind. Die Beziehungen zwischen Kognitionen und Emotionen können entweder in verschiedenen Verursachungszusammenhängen und Wechselwirkungen gesehen werden oder als zwei gleichzeitig vorhandene, aber unterschiedliche Systeme behandelt werden (Mandl & Huber, 1983; Clark & Fiske, 1982; Scherer, 1984, Leventahl & Scherer, 1987). Für einige Phänomene im Verlauf des Übergangs zur Elternschaft wäre es angemessen, die *energetisierende und selegierende Wirkung von Emotionen auf Kognitionen* hervorzuheben (starker Kinderwunsch und Vorfreude auf das Kind führen zu leichterer Bewältigung von körperlichen Veränderungen und Geburtsschmerzen). Für andere Phänomene liegt es nahe, *Gefühle als Folge von Kognitionen* zu fassen (z. B. Kognitionen von geringer Kontrolle der nächtlichen Schrei- und Wachphasen eines Neugeborenen führen zu Hilflosigkeit, Angst oder Ärger bei den Eltern). Im Einzelfall muß sicher von differenzierten Wechselbeziehungen zwischen den jeweils mehrdimensionalen kognitiven Prozessen und den Gefühlen ausgegangen werden (Doerner, 1985; Lazarus, 1984; Mandl & Huber, 1983; Scherer, 1984). Für die angestrebte globale Übersicht über die psychische Verarbeitung des Übergangs zur Elternschaft erscheint es unangemessen und verfrüht, eine spezifische Theorie über das Verhältnis von Emotionen und Kognitionen heranzuziehen, die auf der Basis allgemeinpsychologischer Experimente erstellt wurde. *Emotionen und Kognitionen sollen hier als zwei gleichberechtigte Aspekte eines zeitlich bestimmten, psychischen Zustandes berücksichtigt werden.*

Zu Zeiten hoher Beanspruchung durch neue Informationen, die die eigene Person in zentraler Weise betreffen, wird das Selbstbild der werdenden Eltern eher schwankend und unsicher ausfallen, da die neue Information integriert werden muß. Bei relativer Bekanntheit der Situation und emotionalem Wohlgefühl ist eine Konsolidierung der Vorstellung von sich als Eltern zu erwarten. Zentrale Aspekte der Selbstwahrnehmung der Mutter bzw. des Vaters sind ihr *Selbstvertrauen bzw. ihre Kompetenzüberzeugung* in den jeweiligen Phasen des Übergangs. Beide Merkmale treten hier überwiegend als Bestimmungsstücke der situativen Verarbeitung auf (vgl. Doerner, 1985). Im Rahmen eines Phasenmodells ist es wesentlich, zu welchen Zeitpunkten und bei welchen vorherrschenden Themen die Erwartungen der Person, selbst Einfluß nehmen und die Situation bewältigen zu können, hoch oder niedrig ausgeprägt sind. Die differentialpsychologisch wichtigen Merkmale der *generalisierten Kompetenzerwartung und Kontrollüberzeugung* sind dann eher als Hintergrund bzw. als Ausgangsvariablen (s. 4.3.) für die situative Ausprägung anzusehen. *Selbstvertrauen und Kompetenzüberzeugung* verstehe ich i. S. von Banduras Selbstwirksamkeit als die subjektive Erwartung der Frau bzw. des Mannes, über Fähigkeiten zu verfügen, die Situation (den weiteren Schwangerschaftsverlauf, die Geburt oder die erste Zeit mit dem Neugeborenen) gut bewältigen zu können. Der Schwerpunkt liegt auf den sich selbst zugeschriebenen *spezifischen Kompetenzen* (vgl. Krampen, 1982; Reilly et al, 1987 für mütterliche Kompetenzgefühle). *Situative Kontrollüberzeugungen* betreffen die Frage, in welchem Ausmaß die Person glaubt, die jetzige oder eine erwartete Situation selbst beeinflussen zu können, d. h. eine internale Ursachenzuschreibung für Ereignisse vor einer externalen zu bevorzugen. Ausgeprägte Kontrollerwartung ist nach Untersuchungen mit positiven Gefühlen wie Freude, Stolz, Zukunftsvertrauen verbunden. Die Überzeugung einer Person, daß ihr eigene Kontrolle und Kompetenz mangeln, ist dagegen von Sorgen, Angst, Hilflosigkeit und dem Gefühl fehlender Bewältigungsmöglichkeiten begleitet (Brandtstädter, 1984; Krampen, 1985; Ulich et al., 1983). Die vier Merkmalsbereiche, die auf der Basis des verfügbaren Materials und des Phasenverlaufsmodells zum Übergang zur Elternschaft (vgl. Gloger-Tippelt, 1983, 1985) für eine Beschreibung der einzelnen Phasen herangezogen werden, sind in der Tabelle 2 zusammengefaßt.

Tab. 2: Merkmale psychischer Verarbeitung des Übergangs zur Elternschaft

1. Anforderungen an kognitive Verarbeitung phasenspezifisch relevanter Information

erlebte Neuheit, geringe Bekanntheit der Situation, Konfrontation mit neuer Information (körperlich, psychisch, sozial)	relevante Bekanntheit der Situation, Information wird erweitert und elaboriert, Vertrautheit mit körperlichem Zustand und mit psychischer und sozialer Lage

2. Bewertung der aktuellen Situation, vorherrschende Stimmungen und Emotionen

Ambivalenz der Bewertung, Ängstlichkeit, Unsicherheit	relative Sicherheit der Bewertung, körperliches und psychisches Wohlgefühl

3. Stabilität des Selbstbildes als werdende Eltern

schwankendes, unsicheres Selbstbild	relativ stabiles, konsolidiertes Selbstbild

4. Selbstvertrauen und Kontrollüberzeugung als werdende Eltern

geringes Selbstvertrauen, geringe internale Kontrollüberzeugung	hohes Selbstvertrauen, hohe internale Kontrollüberzeugung

Geht man von dem so skizzierten Muster der psychischen Verarbeitung aus, dann müssen die häufig vertretenen globalen Krisenkonzepte zur Schwangerschaft und zum Übergang zur Elternschft zurückgewiesen werden (Kap. 3.3). Sie beruhen auf einer Überinterpretation nur eines zeitlichen Abschnittes in dem Gesamtprozeß, und zwar jeweils der Anfangsphase der Schwangerschaft bzw. den ersten Wochen nach der Geburt (Osofsky & Osofsky, 1980). Die Sequenz von psychischen Verarbeitungsschritten soll als Verlaufsbeschreibung und nicht als normatives Muster des Verlaufs verstanden werden. Es liegen jedoch Belege vor, die zumindest die Abfolge einiger der explizierten Schritte als günstige Verarbeitung erscheinen lassen. Abweichungen von dem skizzierten Verlauf der Verarbeitung sind möglich und treten auch auf, vor allem als Folge von speziellen Bedingungen in der Lebenssituation der betroffenen Personen bei Eintreten der Schwangerschaft. Um die Argumentation der allgemeinen Abfolge zu verdeutlichen, werden speziellere Formen des Übergangs zur Elternschaft wie etwa Früh- und Risikogeburten oder die Folgen des Timings der ersten Geburt an anderer Stelle behandelt (Kap. 6). Es wird späteren Forschungen vorbehalten bleiben, mögliche unterschiedliche Verläufe der psychischen Verarbeitung des Übergangs daraufhin zu untersuchen, welche Konsequenzen sie für die Effektivität und Qualität der Anpassung von neuen Eltern an ihre veränderte Situation haben.

Die Rekonstruktion der Entwicklungsschritte beim Übergang zur Elternschaft erfolgt hier in zwei Abschnitten. Ab Kapitel 4.3 werden die Schritte der psychischen Verarbeitung während der Schwangerschaft dargestellt, im Kapitel 5 die Schritte der Verarbeitung der Geburt und frühen Elternschaft. Das Ziel ist jeweils, ein möglichst umfangreiches Bild der kognitiv-emotionalen Zustände in den einzelnen zeitlichen Abschnitten des Elternwerdens zu geben. Diese Beschreibung lehnt sich an Phasenmodelle der allgemeinen Verarbeitung von Übergängen und kritischen Ereignissen im Lebenslauf an, die im ersten Kapitel erläutert wurden (vgl. Bowlby, 1976, 1984; Darling, 1983; Falec & Britton, 1974; Horowitz, 1979; Stewart, 1982). Aus Raumgründen mußte an dieser Stelle darauf verzichtet werden, das Phasenmodell für einen bestimmten Ausschnitt von Veränderungen zu spezifizieren. Es kann gezeigt werden, daß die werdende bzw. neue Mutter und der werdende, neue Vater im Verlaufe des Übergangs zur Elternschaft schrittweise kognitive Leistungen vollbringen, indem sie ein Konzept

»Eigenes Kind« und parallel dazu ein Konzept »Ich selbst als Mutter bzw. Vater« konstruieren (vgl. Gloger-Tippelt, im Druck).

4.2 Die empirische Basis für eine Beschreibung von Verarbeitungsphasen beim Übergang zur Elternschaft

Als Grundlage für die folgenden Darstellungen dienen vor allem empirische Untersuchungen über psychologische Aspekte der ersten Schwangerschaft, Geburt und frühen Elternschaft, die versuchen, Veränderungen während dieses Lebensübergangs zu erfassen. Hierzu können unterschiedliche *Pläne der Datenerhebung* benutzt werden. Als Beispiel für *Erhebungen zu einem Meßzeitpunkt* können Studien gelten, die prüfen wollen, inwieweit Elternschaft ein Krisenerlebnis darstellt. Hobbs & Cole (1976) z. B. erhoben zu einem Zeitpunkt, nämlich ca. sechs Monate nach der ersten Geburt, elterliche Einschätzungen über die Anpassung an die neue Situation. Ähnlich gehen auch neuere Autoren vor (Steffensmeier, 1982). Die Erfassung von Veränderungen geschieht hier nur implizit dadurch, daß die befragten Personen subjektive Schwierigkeiten der Wiederanpassung nach dem Ereignis erste Geburt beurteilen. Einen Schritt weiter zur Verfassung von Veränderungen gehen Datenpläne, die in Analogie zu klassisch-entwicklungspsychologischen Methoden als *Querschnittstudien* bezeichnet werden können. Darin werden zu einem einmaligen Erhebungszeitpunkt zwei oder mehr Gruppen untersucht, die sich in verschiedenen Abschnitten des Familienzyklus (vgl. 3.8) befinden. Beispiele für solche Untersuchungen sind Vergleiche von kinderlosen verheirateten Paaren und Paaren in verschiedenen späteren Stadien (Anderson et al., 1983; Spanier et al., 1975). Bei diesen Untersuchungen bestehen einige Gefahren für die interne Validität der Aussagen (i. S. von Cook & Campbell, 1979). Aufgrund der großen Altersabstände der Untersuchungsgruppen können sich z. B. Kohorteneffekte, d. h. unterschiedliche Geburtszeitpunkte der Paare verzerrend auf die gemessene Variable Ehezufriedenheit auswirken. Die Gruppen können sich auch systematisch nach anderen Variablen als nach dem Untersuchungsmerkmal (Position vor oder nach Eintreten der Elternschaft) unterscheiden. Daß dies eine fragwürdige Annahme darstellt, demonstriert eine Untersuchung von McLaughlin & Micklin (1983): Die Autoren verglichen eine große Stichprobe von Frauen nach dem Geburtsstatus, d. h. solche mit einer sehr frühen ersten Geburt (Durchschnitt 16;7 J.), mit einer ersten Geburt »on time« (Durchschnitt 20;6 J.) und kinderlose Frauen (Durchschnitt 19;3 J.). Eine Prüfung weiterer Variablen ergab, daß sich die drei Gruppen auch im sozioökonomischen Status der Eltern und im Ausbildungsgrad signifikant unterschieden. Die Position einer Frau oder eines Paares, bezogen auf den Familienzyklus, ist mit weiteren Merkmalen konfundiert. Kinderlose Paare stammen eher aus höheren Sozialschichten und haben eine längere Ausbildung, damit oft ein anderes Selbstkonzept, und eher berufs- und nicht familienbezogene Zukunftsplanungen im Vergleich zu Paaren/Frauen, die sehr früh ihr erstes Kind bekommen. Querschnittanaloge Gruppenvergleiche sind demnach häufig problematisch. Dagegen sind für die Beschreibung von Entwicklungsverläufen bekanntlich *Längsschnittuntersuchungen an Gruppen oder einzelnen Personen* besonders wertvoll, da sie die Erfassung der Veränderungen bei einzelnen Individuen ermöglichen. Längsschnittstudien sind zahlenmäßig auch im Bereich des Übergangs zur Elternschaft noch in der Minderzahl, sie nehmen jedoch in neuerer Zeit zu. Die wichtigsten der hier verwendeten Längsschnittuntersuchungen sind in der Tabelle 3 zusammengefaßt.

Tab. 3: Ausgewählte Längsschnittstudien zum Übergang zur Elternschaft

	Autoren	Umfang und Art der endgültigen Stichprobe	Verteilung der Meßzeitpunkte
2 Meßzeitpunkte	Waldron & Routh, 1981	N = 46 Paare	
	Wolkind & Zajicek, 1981	N = 233 Frauen	
	Breen, 1975	N = 50 Frauen	
	Oakley, 1980	N = 55 Frauen	
3 Meßzeitpunkte	Pennsylvania Infant and Family Dev. Project, Belsky et al., 1983, 84, 85	N = 72–60 Paare u. Kind	
	Miller & Sollie, 1980	N = 120 Paare	
	Shereshefsky & Yarrow, 1973	N = 57 Paare u. Ki, Beratungs- u. Kontrollgruppe	
4 und mehr Meßzeitpunkte	Leifer, 1980	N = 19 Frauen	
	Grossman, Eichler & Winickoff, 1980	N = 84 Paare u. Kind	
	Entwisle & Doering, 1981	N = 120 Frauen N = 60 Ehemänner u. Kind	
	Brüderl, 1982 u. 1985	N = 36 Paare	

Die Zeichen ♀, ♂, Ki markieren die jeweils untersuchten Personen
* Studien, die z.T. erstgebärende und z.T. mehrgebärende Frauen enthalten.

Man erkennt leicht, daß das Maximum an Erhebungen bisher vier nicht übersteigt und daß sich die Erhebungszeitpunkte am Ende der Schwangerschaft und kurz nach der Geburt häufen. Aus der Tabelle ist auch ersichtlich, daß wesentlich häufiger nur die Frauen untersucht wurden, am zweithäufigsten Mütter und Kinder nach der Geburt, und daß die Väter nur sehr selten einbezogen wurden. Eine Systembetrachtung der Familienentwicklung hat sich empirisch noch kaum durchgesetzt. Weitere Einschränkungen der internen Validität i. S. von Cook & Campbell (1979) müssen auch für Längsschnittstudien erwähnt werden. Da es nicht möglich ist, in diesem Bereich experimentell zu manipulieren, sind in der Regel kausale Aussagen über die Einflußrichtung von Variablen nicht zulässig. Weiter bestehen *große Schwierigkeiten bei der Definition von Kontrollgruppen.* Was soll kontrolliert werden? Ist eine Kontrolle der ersten Geburt durch den Vergleich von Paaren mit erstem Kind und solchen ohne Kind gewährleistet (Cowan et al, 1985; McHale & Huston, 1985), oder können Vergleiche von Erst- und Mehrgebärenden Aussagen über die größere Bedeutsamkeit der ersten Geburt belegen (Grossman et al., 1980)? Ebenso stellen Patienten klinischer Populationen wohl kaum eine Kontrollgruppe für psychisches Erleben in der ersten Schwangerschaft dar (Jarrahi-Zadeh et al., 1969). *Die Stichproben der Studien lassen in vieler Hinsicht keine Verallgemeinerungen (externe Validität) zu.* Es handelt sich um freiwillige, interessierte Eltern vorwiegend aus der Mittelschicht. Die Erwünschtheit und Geplantheit des Kindes ist in diesen Gruppen erheblich höher als für durchschnittliche Paare zu erwarten ist. Bisher liegen fast ausschließlich amerikanische und britische Längsschnittstudien zu diesem Thema vor, es bestehen die bekannten Grenzen der Übertragbarkeit auf die BRD.

Weitere Untersuchungspläne kann man als *Einzelfallstudien* zusammenfassen, wenn sie auf regelmäßig wiederholter Datenerhebung bei einzelnen Personen oder Paaren während einer bestimmten Zeitspanne des Übergangs beruhen. Eine der wichtigsten Sammlungen von Fallstudien auf klinisch-psychoanalytischem Theoriehintergrund stellt die von Bibring und Mitarbeitern mit großem Aufwand durchgeführte Längsschnittstudie an 15 Frauen dar. Hier fanden Erhebungen im ersten, zweiten, dritten Trimenon, sechs Wochen, sechs Monate und ein Jahr post partum statt. Leider liegt bisher immer noch keine detaillierte Zusammenfassung der Ergebnisse vor. Auf Einzelfällen beruht auch die Überprüfung eines Phasenübergangs in der Verarbeitung der Schwangerschaft, der durch die Wahrnehmung von Kindesbewegungen ausgelöst wird (Gloger-Tippelt et al., 1985).

Empirische Untersuchungen, in denen relevante Aspekte der Verarbeitung von Schwangerschaft, Geburt und früher Elternschaft erhoben wurden, verwenden praktisch alle verfügbaren Formen der Datenregistrierung. Für das psychische Erleben stellen z. B. auch medizinische Merkmale wie Risiken in der Schwangerschaft, Dauer der Geburt, Schmerzmittelgebrauch, neurologischer Status des Neugeborenen oder soziologische Angaben wichtige Rahmenbedingungen dar. Psychologische Daten i. e. S. können über *Beobachtungen* z. B. Expertenbeobachtungen von Eltern-Kind-Interaktionen) oder über *subjektive Beurteilungen, Befragungen, Interviews und alle Arten von Selbstauskünften* (z. B. Schmerzerleben bei der Geburt, Angst, Depressivität) in mündlicher oder schriftlicher Form gewonnen werden. Die zuletzt genannte Zugangsweise ist die mit Abstand wichtigste Form der Datengewinnung, wenn die Verarbeitung von Elternschaft untersucht werden soll. Bei Befragungsdaten liegen verschiedene Modi vor: *Direkte Erhebungen* (z. B. Befragungen der Frau zu ihrer Ehezufriedenheit) erbringen andere Informationen als *indirekte Erhebungen*, z. B. das Erfassen des väterlichen Verhaltens über die Mutter. Indirekt gewonnene Daten können als Indikatoren für soziale Wahrnehmungsprozesse dienen, da sie systematischen Veränderungen unterliegen. Weiter ist beim Übergang zur Elternschaft die Unterscheidung von *retrospektiv* gewonnenen im Gegensatz zu *zeitgleich* gewonnenen Messungen oder *zukünftigen* Planungen und Erwartungen wesentlich. Retrospektive Angaben über vor der Elternschaft bestehende Lebenspläne (Urdze & Rerrich, 1982) oder nach der Geburt rückblickend erfaßte Einstellungen zur Schwangerschaft (Lukesch & Lukesch, 1976) unterliegen teils bekannten, teils unbekannten Verzerrungen. Je nach Fragestellung können jedoch subjektive Rekonstruktionen von lebensgeschichtlich wichtigen Aspekten des Elternwerdens sinnvoll theoretisch genutzt werden. Die Gewinnung von Daten einer *individuellen Person* ist von *aggregierten Daten*, z. B. bei Beurteilungen der Kohäsion einer Familie (Olson & McCubbin, 1983) oder von Beziehungsdaten (Eltern-Kind-Interaktionen) zu unterscheiden. Für die empirischen Variablen, die mittels Beobachtungen und Befragungen gewonnen werden, stellt sich natürlich die Frage, inwiefern sie Indikatoren für Konstrukte darstellen, die beanspruchen, feine Veränderungen über die Zeitabschnitte beim Elternwerden zu erfassen. Bei dem bisherigen Stand der Forschung ist es kaum möglich, die feststellbaren interindividuellen Unterschiede entweder als *differentielle Merkmale* oder als *Entwicklungsmerkmale* i. S. Wohlwills (1977) zu klassifizieren. Dies liegt zum großen Teil daran, daß häufig zu wenig Informationen über den intraindividuellen Verlauf vorliegen. *Differentielle Merkmale werden empirisch vor allem über ihre Stabilität definiert, dagegen ist für Entwicklungsmerkmale vor allem ihre Sensibilität für Veränderungen maßgeblich.* Viele Untersuchungen greifen bisher auf Verfahren zurück, die nicht als spezielle Instrumente für Veränderungen beim Übergang zur Elternschaft konzipiert waren, sondern die in anderen Forschungsgebieten entwickelt wurden. Im folgenden werden einige *Beispiele für typische Verfahren zur Datenerhebung* angeführt.

In frühen Untersuchungen zum Elternwerden wurden verstärkt *projektive Verfahren* eingesetzt. Als Beispiel für diese Erhebungsinstrumente können die im Rahmen von psychoanalytischen Fallstudien angewandten projektiven Verfahren gelten (vgl. das Projekt von Bibring et al., 1961). Diese Forschungsgruppe benutzte neben den bekannten projektiven Verfahren wie Thematischer Apperzeptionstest (TAT) und Rorschach einen spezifischen Schwangerschafts-Satzergänzungstest und einen TAT-ähnlichen Pregnancy-Evaluation-Test. Bei dem letzteren wurden der Frau eine Anzahl von auf die Schwangerschaft bezogenen Bildern vorgelegt, zu denen sie Geschichten erzählen sollte. Aus dem Aufbau und der inhaltlichen Bearbeitung des Bildthemas wurden dann Informationen über die Persönlichkeitsdynamik gewonnen. Einen modifizierten TAT verwendeten ebenfalls Grossman et al. (1980). Zur Erfassung von Persönlichkeitsmerkmalen wurden auch standardisierte *psychometrische Verfahren* eingesetzt, z. B. das Minnesota Multiphasic Personality Inventory (MMPI) oder Skalen zur Trait- und State-Angst, standardisierte Instrumente zur Maskulinität/Feminität oder zu Kontrollüberzeugungen (Entwisle & Doering, 1981; Grossman et al., 1980; Lubin et al., 1975; McDonald et al., 1973).

Fragebögen stellen einen geeigneten und häufig gewählten Zugang zu Einstellungen und subjektiven Bewertungen von Aspekten der Schwangerschaft, Geburt und Elternschaft dar. Neben zahlreichen nicht-standardisierten liegen inzwischen auch einige standardisierte Fragebögen vor. Häufig wurden spezielle Listen über emotionale und körperliche Symptome bzw. psychosomatische Beschwerdelisten für Frauen in der Schwangerschaft und nach der Geburt eingesetzt (Erickson, 1967; Leifer, 1980; Wolkind & Zajicek, 1981). Als *Beispiel für nicht standardisierte Rating-Skalen* kann die Body-Satisfaction-Scala gelten, die Leifer (1980) wiederholt im Verlauf der Schwangerschaft und nach der Geburt anwendete, sie ist in Tabelle 4 wiedergegeben.

Für den deutschen Sprachraum haben M. & H. Lukesch zwei Instrumente vorgelegt,

Tab. 4: Beispiel für eine Rating-Skala: Body Satisfaction Scale, nach Leifer, 1980, 255

Wie zufrieden sind Sie mit Ihrem Aussehen?

Hier sind einige Punkte zusammengetragen, die sich auf Ihre körperliche Erscheinung und Ihr Aussehen beziehen. Überlegen Sie jede Frage, und kreuzen Sie die Zahl an, die für Ihre Beurteilung vor der Schwangerschaft bzw. Anfang, Mitte, Ende der Schwangerschaft, am besten zutrifft.
Kreuzen Sie 1 an, wenn Sie das Gefühl hatten, daß Sie mit diesem Teil Ihres Körpers sehr unzufrieden waren.
Kreuzen Sie 2 an, wenn Sie es nicht mochten.
Kreuzen Sie 3 an, wenn Sie keine besonderen Gefühle hatten, weder in die eine noch in die andere Richtung.
Kreuzen Sie 4 an, wenn Sie sich zufrieden fühlten.
Kreuzen sie 5 an, wenn Sie sehr zufrieden damit waren.

Haare	1	2	3	4	5
Aussehen des Gesichts	1	2	3	4	5
Beine	1	2	3	4	5
Brust	1	2	3	4	5
Hüften	1	2	3	4	5
Teint	1	2	3	4	5
Gewicht	1	2	3	4	5
Bauch	1	2	3	4	5
Größe	1	2	3	4	5
Taille	1	2	3	4	5

einen standarsisierten »*Fragebogen zur Messung von Einstellungen zu Schwangerschaft, Sexualität und Geburt*« (SSG, Lukesch & Lukesch, 1976) und einen Fragebogen zu Geburtsängsten (Lukesch, 1983). Der SSG greift auf einige amerikanische Versuche zurück, homogene Einstellungsdimensionen zu Bereichen wie Schwangerschaftserleben, Partnerschaft und Kindererziehung zu konstruieren.

Der von Lukesch & Lukesch erstellte Fragebogen beansprucht, fünf Dimensionen zu erfassen: offene Ablehnung der Schwangerschaft, Verletzungsangst gegenüber dem Kind, Ablehnung des Stillens, Geburtsangst und Einstellungen zur Sexualität. Die empirische Qualität der Subskalen und die Konstruktvalidität des Verfahrens wurde als gering angesehen. Meier (1982) hat eine empirische Überprüfung der Bedeutungsstruktur des SSG vorgelegt. Er kommt zu dem Ergebnis, daß bis auf die Dimension der Verletzungsangst die apriori angegebenen Einstellungsskalen sich weder in der Gesamtstichprobe (der von ihm untersuchten 124 Frauen im Wochenbett) noch in Substichproben empirisch reproduzieren ließen (Meier, 1982, 62). Die hohe Interkorrelation der Items führte zu einer unübersichtlichen Faktorenstruktur und zu einer unprofilierten Diskriminanzfunktion. Die Formulierungen der Items werden als ungünstig beurteilt, weil sie nicht den »persönlichen Erlebnisraum« ansprechen, sondern die bei der Allgemeinheit vermuteten Einstellungen. Das Instrument wird daher insgesamt eher als ungeeignet zur Erfassung der unterschiedlichen Aspekte von Schwangerschaftseinstellungen beurteilt (vgl. Jäger, 1977).

Der zweite von Lukesch veröffentlichte Fragebogen beschränkt sich auf die *Erfassung von Geburtsängsten* (Lukesch, 1983). Das Verfahren soll für verschiedene Forschungsfragen, besonders im Hinblick auf die Erstellung von Angst-Hierarchien und deren verhaltenstherapeutische Behandlung eingesetzt werden können. Es enthält 62 Items über Ängste in verschiedenen Situationen im Zusammenhang mit der Geburt, zu denen die Frauen in vier Abstufungen die Stärke der Angst beurteilen sollten. Die Itemanalyse dieser Form beruht auf Angaben von 423 Frauen, teilweise in der Schwangerschaft und im Wochenbett. Der Fragebogen hat eine hohe Homogenität und Reliabilität, es stehen drei kürzere Parallelformen zur Verfügung. Der Verfasser verzichtet hier auf Normen, er gibt nur Prozentränge an. Angaben über empirische Korrelate der Geburtsängste und über Konstruktvalidität verweisen darauf, wie das Merkmal in ein theoretisches und empirisches Netzwerk einzuordnen ist.

Als weiteres Beispiel für Instrumente, die sich auf eine Standardisierung zubewegen sollten, seien die in amerikanischen Projekten häufig verwendeten *Skalen zur Erfassung der Qualität der ehelichen Beziehung* genannt.

Früher wurde häufig die eindimensionale Locke-Wallace-Skala verwendet (Locke & Wallace, 1959). Inzwischen ist die mehrdimensionale Spanier Dyadic Adjustment Scala (DAS; Spanier, 1976) populärer geworden. Sie beruht auf 32 Items, die zu vier Subskalen (Konsensus, Zufriedenheit, Kohäsion und Ausdruck von Gefühlen) sowie zu einem Gesamtwert zusammengefaßt werden können. Faktoranalytische Überprüfungen der vier Dimensionen liegen vor, ebenso wurden Belege für verschiedene Validitätsarten angeführt. Das Instrument wird jedoch unterschiedlich beurteilt (Spanier & Lewis, 1960; Norton, 1983 b).

Zur Erfassung der individuellen Art und Weise, wie eine Person ihre soziale Umgebung konstruiert, hat Breen (1975) ein Instrument nach der Methode des *Repertory-Grid* von Kelly verwendet. Nach einer vorgeschalteten Phase zur Gewinnung von individuell relevanten beschreibenden Eigenschaften (Konstrukten) bringen die Befragten mehrere, für sie wichtige Bezugspersonen (hier Elemente genannt) in eine Rangordnung hinsichtlich jedes der Konstrukte, z. B. Familienmitglieder, eine Person, die sie gern mögen, eine Person, die sie nicht mögen. Tabelle 5 zeigt eine schematische Darstellung dieser Variante des Repertory-Grid.

Tab. 5: Beispiel für eine Repertory-Grid zur Erfassung der personalen Konstrukte der schwangeren Frau und neuen Mutter nach Breen, 1975, 67

Self	Mother	Father	Husband	John*	Mary**	Ann***	elements
							constructs
2	3	1	6	5	4	7	Friendly
1	6	3	2	4	5	7	I like
7	6	2	3	1	5	4	Hard-working
3	5	6	4	2	1	7	Sympathetic
1	2	7	6	4	3	5	Conscientious
1	3	6	7	4	5	2	Shy
5	3	7	4	2	1	6	Warm
7	5	3	6	1	2	4	Lazy
5	4	3	7	2	1	6	Supportive
7	6	5	4	3	1	2	Haphazard
1	5	3	2	4	7	6	Submissive
7	1	3	2	5	4	6	Humorous

* John – eine Person, die Sie als sehr mütterlich ansehen
** Mary – eine Person, die Sie als sehr unreif ansehen
*** Ann – eine ideale Mutter

Nach mehreren Verrechnungsschritten können dann Aussagen darüber gemacht werden, mit welchen Merkmalen die Person ihren sozialen Bedeutungsraum aufbaut und wie sie z. B. sich selbst in diesem sozialen Raum einordnet. Breen benutzte diese Methode vor allem, um die Distanz zwischen dem Selbstkonzept der werdenden Mutter und ihren relevanten Bezugspersonen sowie einer »idealen Mutter« im Verlaufe ihrer Veränderung von drei Zeitpunkten vor und nach der Geburt zu erfasssen.

Außer den direkt von den Probanden erhobenen Daten sind zahlreiche Forschungsverfahren entwickelt worden, die komplexe Informationen auf *Ratingskalen* zusammenfassen. In vielen Fällen wurden Interviews als Rohdaten einer weiteren Verarbeitung unterzogen, indem Experten spezielle, theoretisch definierte Merkmale anhand des Materials in eine Rangskala einstuften. In der Regel werden Reliabilitäten der Skalen als Auswertungsobjektivität mehrerer Beurteiler angegeben. Zur Gewinnung von übergeordneten Dimensionen für zahlreiche Einzelindikatoren sind Faktorenanalysen oder Kausalmodelle eingesetzt worden (Shereshefsky & Yarrow, 1973; Steffensmeier, 1982). Die größte Längsschnittuntersuchung von Shereshefsky & Yarrow (1973) beruht überwiegend auf dieser Art von Auswertung. Als Beispiel für eine Skala, die sich als theoretisch fruchtbar und empirisch vorhersagekräftig erwies, kann das Merkmal »Vorstellung von sich selbst als Mutter« gelten. Die drei Einzelmerkmale, die dann zu einem Faktor zusammengefaßt werden konnten, sind in Tabelle 6 definiert:

Tab. 6: Beispiel für Ratingskalen zum Faktor »Vorstellung von sich selbst als Mutter« nach Shereshefsky & Yarrow, 1973, 317

Faktor	(3. Monat)
Vorstellung von sich selbst als Mutter ... 3 Items	
Item 87: Deutlichkeit der Vorstellung von sich selbst als Mutter;	
nicht in der Lage, sich selbst als Mutter vorzustellen	(1)
kann sich selbst als Mutter vorstellen, aber nicht deutlich	(3)
deutliche Vorstellung von sich selbst als Mutter	(5)
Item 88: Vertrauen in die Vorstellung, selbst Mutter zu sein	
Unsichere Vorstellung von sich selbst in der Mutterrolle	(1)
Stellt sich vor, daß sie selbst die Mutterrolle erfüllen kann, manchmal Unsicherheit, manchmal Sicherheit bei dieser Vorstellung	(3)
stellt sich mit großem Vertrauen und Selbstsicherheit vor, daß sie die Mutterrolle erfüllen kann	(5)
Item 98: Schwangerschaft als Erweiterung des Selbst	
wenig bedeutsam	(1)
äußerst bedeutsam	(5)

Neben Tests, Fragebögen und Selbstbeurteilungen wird in der Forschung viel auf *Beobachtungsmethoden* zurückgegriffen. Dies können direkte Beobachtungen von Mutter-Kind- und Vater-Kind-Interaktionen im Labor (Ainsworth et al., 1978 mit der »Fremden-Situation«; Brazelton et al., 1974) oder in der häuslichen Umgebung sein (Belsky et al., 1984 a, b; Grossman et al., 1980). Auf der Grundlage von Beobachtungen wurden häufig *komplexe Interaktionsmerkmale* ebenfalls mit Hilfe von Expertenurteilen auf Ratingskalen quantifizierbar gemacht. Ein prominentes Beispiel stellt die Erfassung der *mütterlichen Feinfühligkeit vs. Unempfindlichkeit* dar, das Ainsworth und Mitarbeiter (1978) bei Hausbesuchen mehrfach im Laufe des ersten Lebensjahres des Kindes erfaßten. Hier wurden Beobachtungsprotokolle nach einer in neun Punkte unterteilten Skala eingeordnet, wobei fünf Ankerpunkte verbal ausgeführt sind. Grossmann (1977) hat die Skala ins Deutsche übersetzt und in eigenen Studien angewendet (Grossmann et al., 1985). In seinen Augen ist die Beurteilungsskala Feinfühligkeit vs. Unempfindlichkeit »eines der besten Beispiele für die Umsetzung von Beschreibungen in quantitativ eindeutige Zuordnungen, und sie vermittelt einen Eindruck von der Grundlage, auf der Beurteiler aus den geschriebenen Besuchsberichten die Daten erstellen, die uns schließlich Auskunft geben über die hier dargestellten Zusammenhänge zwischen Bindung, Erkundung und Lernfähigkeit« (Grossmann, 1977, 98). In einer neueren Studie wird dasselbe Merkmal auch in der standardisierten Laborsituation »Fremde Situation« auf der Grundlage von Videoaufzeichnungen eingeschätzt. Die Beurteiler legten dabei eine auf vier Stufen reduzierte Ratingskala für mütterliche Feinfühligkeit zugrunde (s. in Crockenberg & McCluskey, 1986). Zunehmend häufiger werden auch erfragte Verhaltensberichte verwendet, z. B. über die Arbeitsteilung des Paares oder über gemeinsame Aktivitäten (Allemann-Tschopp, 1979; McHale &

Huston, 1984). Zur Beurteilung des Entwicklungsstandes der Kinder – ein Kriterium für günstige Bewältigung von Schwangerschaft und Geburt – werden diagnostische Verfahren für Neugeborene verwendet (APGAR-Index, Brazelton Neonatal Behavioral Assessment Scale; vgl. Keller & Meyer, 1982) oder die vorliegenden Verfahren für ältere Kinder (Bayley Scale of Infant Development, z. B. von Grossman et al., 1980, Shereshefsky & Yarrow, 1973). In einigen wenigen Studien kommen auch Instrumente zur Anwendung, die sozial-emotionale Aspekte der kindlichen Persönlichkeit erfassen (z. B. Engfer & Gavranidou, 1986). Es handelt sich um Fragebögen zum *kindlichen Temperament, das aus der Sicht der Eltern in mehreren Dimensionen eingeschätzt wird* (Broussard & Hartner, 1970; Hubert & Wachs, 1982; Thomas & Chess, 1980). Für die Herausbildung elterlicher Strategien im Umgang mit dem Kind und für die subjektive Einschätzung ihrer elterlichen Kompetenz erwiesen sich diese Merkmale des Kindes als sehr relevant (s. Kap. 5). In einigen Studien werden die benutzten Erhebungsverfahren und die Datenverarbeitungsprozeduren leider nicht ausreichend dokumentiert (z. T. in Breen, 1975; und in Oakley, 1980).

Wie aus den folgenden drei Kapiteln hervorgeht, ist die Forschung im Bereich des Übergangs zur Elternschaft noch damit beschäftigt, überhaupt theoretische Entwicklungsdimensionen zu konzipieren, die relevante Veränderungen beim Übergang zur Elternschaft abbilden. Die berichteten Verfahren stellen nur erste Ansätze zur empirischen Erfassung möglicher Aspekt des Elternwerdens dar.

Die in den Untersuchungen benutzten *Methoden der Datenauswertung* sind nicht in besonderer Weise durch den Gegenstand Elternschaft festgelegt. Sie hängen von den Fragestellungen, Theorien, Plänen der Datenerhebung und den verwendeten Instrumenten ab und variieren stark.

4.3 Aspekte der Lebenssituation bei Beginn der Schwangerschaft

Die differentiellen Ausgangsbedingungen von Frauen und Männern bzw. Paaren vor Beginn der Elternschaft können einen wesentlichen Einfluß darauf haben, in welcher Intensität, d h. mit welchen kognitiv-emotionalen Konflikten und in welchem zeitlichen Rahmen der Übergang zur Elternschaft verarbeitet wird. Es wurde vielfach belegt, daß unterschiedliche Persönlichkeitsmerkmale der Eltern, z. B. Erfahrungen in ihrer Herkunftsfamilie oder die Qualität der Partnerbeziehung und ihre allgemeine Lebenssituationen den Verlauf der Bewältigung jedes einzelnen Abschnittes beim Elternwerden erheblich modifizieren. Insofern können verschiedene Ausgangsbedingungen zu Anfang des Übergangs im Extremfall zu einer *Kumulierung von günstigen oder ungünstigen Verarbeitungen in den jeweils nachfolgenden Abschnitten vor und nach der Geburt führen*. Dies zeigt sich z. B. bei jugendlichen Schwangerschaften (Ausgangsbedingung ist das Alter der Mutter), bei Einelternfamilien oder bei der Geburt von behinderten Kindern. Daher wurde eine Auswahl von abweichenden Übergängen zur Elternschaft in einem gesonderten Kapitel abgehandelt (Kap. 6).

Ein Überblick der antezedent gedachten Merkmale zu Beginn des Übergangs macht zwei theoretisch und methodologisch relevante Punkte deutlich: (1) Will man Verarbeitungsschritte in einer zeitlichen Abfolge darstellen, so muß ein Anfang dieses Überganges festgelegt werden. Entsprechend dem Gedanken der antizipatorischen Sozialisation muß man von einer langfristigen Genese z. B. des Kinderwunsches und des Familienideals bereits in der Kindheit und Jugend der werdenden Eltern ausgehen. Dies wird in entwicklungsorientierten psychoanalytischen Theorien oder Lebenslauf-

theorien und in klinischen Ansätzen betont. Neuere Untersuchungen ordnen den Kinderwunsch in Wertorientierungen und Zukunftspläne junger Erwachsener ein. Hier wurde das Problem der zeitlichen Begrenzung pragmatisch gelöst, indem *ein Segment des Überganges* herausgegriffen wurde, das bei der ersten Information über eine vorliegende (und später weiter aufrechterhaltene) Schwangerschaft beginnt und sich bis zur Vollendung des ersten Lebensjahres des Kindes erstreckt. Daß der Beginn dieses Ausschnittes nicht völlig beliebig ist, zeigen sowohl die fundamentalen körperlichen Veränderungen der Frau als auch die psychischen Reaktionen beider Partner auf die Feststellung der Schwangerschaft. Das Ende des Segmentes »Übergang zur Elternschaft« kann weniger eindeutig festgelegt werden. Hier wird der Übergang damit abgeschlossen, daß zum Ende des ersten Lebensjahres des Kindes ein neues Gleichgewicht in dem Zusammenleben der Familie festgestellt werden kann. (2) Das zweite Problem betrifft die enge Verknüpfung von Merkmalen der Lebenssituation vor der Schwangerschaft mit Merkmalen der nachfolgenden Phasen der Verarbeitung. Empirische Untersuchungen lassen vermuten, daß es sich dabei häufig um ein Cluster von Merkmalen handelt, das sich systematisch mit späteren Merkmalen im Verlauf des Überganges verbindet. Z. B. hängen hohe Geplantheit des Kindes, höheres Alter der Mutter, höheres Ausbildungsniveau und höhere Sozialschicht mit größerer Akzeptanz der Mutterrolle und günstigerer Mutter-Kind-Interaktion zusammen (Ragozin et al., 1982; Bloom, 1984). Aufgrund bisheriger Studien besteht fast nie die Möglichkeit, einzelne Merkmale der Lebenssituation zu isolieren und ihr jeweiliges Gewicht für die spätere Anpassung an Elternschaft zu bestimmen. Beispielhaft läßt sich dies an den Schwierigkeiten demonstrieren, den Einfluß des Rauchens der Frau auf die Embryonalentwicklung zu bestimmen, da rauchende Mütter eher junge Mütter mit nicht geplanten Schwangerschaften waren (DFG-Studie, 1977). Auswertungen mittels Regressionsanalysen oder Kausalmodellen gehen einen Schritt weiter zur statistischen Lösung des Problems (z. B. Steffensmeier, 1982; Reilly et al, 1987).
Bei der Darstellung der Lebenssituation behandle ich nacheinander biologische, individuell-psychische und soziale Aspekte der Lebenssituation von Frauen und Männern vor Beginn der Elternschaft. Als wichtigste *biologische Ausgangsvariablen* sind *Gesundheit der Frau, ihr Drogen- und Genußmittelkonsum, das biologische Alter und ihre Schwangerschafts- und Menstruationsgeschichte* zu nennen. Mit besonders niedrigem (unter 16 Jahre) und höherem Alter der Frau (über 35) sind verstärkte medizinische Risiken verbunden. Im höheren Alter nehmen Fehlgeburten, Totgeburten, Chromosomanomalien und Geburtskomplikationen zu (DFD, 1977, Engert & Quakernack, 1985; Knörr, 1983; Martius, 1985). Aufgrund der verbesserten pränatalen Diagnostik und der medizinischen Schwangerschaftsvorsorge können jedoch heute die Risiken einer späten Schwangerschft weitgehend kompensiert werden. Daher besteht die Tendenz, das biologische Alter durch das soziale Alter der Mutter bei der ersten Geburt zu ergänzen. Als besondere Risikogruppe aufgrund biologischer Komplikationen und sozialer Faktoren gelten daher die jugendlichen Mütter (Blum, 1980; McCluskey et al., 1983; McLaughlin & Micklin, 1983, Ragozin et a., 1982; Roosa et al., 1982, Wilkie, 1981). Soziales Alter beider Partner bei der ersten Geburt ist tendenziell mit höherem Ausbildungsniveau, höherer Sozialschicht, längerer Ehedauer, höherer Geplantheit und mit weniger nachfolgenden Kindern verbunden (Beck-Gernsheim, 1984; Bloom, 1984; Höhn, 1982; Marini, 1981 a, b). Hohes Alter des Vaters wird z. T. auch als biologisches Risiko gesehen (Knörr, 1985; Martius, 1985), überwiegend erscheint es jedoch als soziales Alter, wenn man die Funktionen des Vaters als emotionaler Unterstützer und ökonomischer Versorger der Familie berücksichtigt. Auf den Komplex »Timing der Elternschaft im Lebenslauf« und unterschiedliche Planungsmuster wird in Kap. 6 eingegangen.

Verschiedene *Psychologische Merkmalsgruppen* wirken sich modifizierend auf das Elternwerden und die frühe Eltern-Kind-Interaktion aus. Nach Eriksons lebenslauforientierter Entwicklungstheorie wurden als günstige Voraussetzungen für Elternschaft die erfolgreiche Bewältigung der Entwicklungsaufgaben *Identitätsbildung, Partnerwahl und Partnerschaftserprobung* i. S. seiner Erreichung von Intimität untersucht und empirisch belegt (Lessing in Rudinger et al., 1985; Olbrich & Brüderl, 1986; Witbourne & Weinstock, 1982). Die Entwicklung eines *stabilen Selbstkonzeptes* als Frau und als Mann und als zukünftiges Elternteil wurde sowohl in der psychoanalytischen Forschung als auch in kognitiven und motivationspsychologischen Arbeiten als günstige Ausgangsbedingungen hervorgehoben (Breen, 1975; Gilligan, 1982; Leifer, 1980; Newberger, 1980; Rubin, 1984). Für die Frau wird dies vor allem in der Identifikation mit der eigenen Mutter gesehen (Breen, 1975; Chodorow, 1978; Nilsson et al., 1978). Relevante Aspekte der Identitätsentwicklung für Elternschaft stellen die *Lebensplanung*, die *Zukunftsorientierungen* und das konkrete *Planungsverhalten* von Frau und Mann im frühen Erwachsenenalter dar. Trommsdorf und Mitarbeiter wiesen signifikante Differenzen zwischen jungen Männern und jungen Frauen und zwischen Frauen unterschiedlicher Bildungsniveaus und unterschiedlicher Sozialschichten bezüglich der Familien- und Berufsorientierung nach (Trommsdorf, 1983, Trommsdorf, im Druck; Trommsdorf et al., 1980; Füchsle, 1985). Kindbezogenes Planungsverhalten junger Frauen hing stark von dem Grad der traditionellen Geschlechtsorientierung, der Vorstellung von eigener Gestaltungsmöglichkeit der Zukunft und Berufsneigung ab (Trommsdorf, im Druck). Offenbar stellen Frauen erst im Rückblick auf die eigene Biographie den Automatismus von Ehe und Familie und die Sinnhaftigkeit der Mutterschaft in Frage. Eine bewußte Wahl zwischen Beruf und Familie wird auffällig selten berichtet (Ley, 1984; Urdze & Rerrich, 1981). Explizit neue Zielsetzungen und eine individuelle Umorientierung kennzeichnen bei Frauen den Beginn erlebter Lebensübergänge (Reinke et al., 1985 a, b). Zu dem Sammelbegriff der Lebensplanung tragen mehrere psychologische Variablen bei, die für Elternwerden folgenreich sind. Hierzu zählen vor allem Merkmale wie *personale Kontrolle, generalisierte Kontrollüberzeugung, wahrgenommene Kompetenzüberzeugung und Entwicklungskontrolle* bei (Brandstädter, 1984, 1985; Gurin & Brim, 1984; Weisz & Stipek, 1982). Die mit niedrig ausgeprägten Kontrollvorstellungen eng verbundenen Persönlichkeitsmerkmale Ängstlichkeit, Depressivität bzw. umgekehrt das mit hoher kognitiver Kontrollerwartung verbundene größere seelische Wohlbefinden werden in zahlreichen psychologischen und psychiatrischen Studien als Ausgangsbedingungen nachgewiesen, die den Verlauf der Schwangerschaft nachhaltig beeinflussen (Ballou, 1978; Blum, 1980; Leifer, 1980; Grossman et al., 1980; Nilsson et al., 1971; Loesch & Greenberg, 1962). Starke positive Gefühle und Optimismus lassen den Beginn der Elternschaft in einem anderen Licht erscheinen als Angst, Hilflosigkeit und Depressivität. Diese hier als generalisierte Persönlichkeitsmerkmale verstandenen Kontrollaspekte können die situativen Kontrollerwartungen zu bestimmten Zeitpunkten des Elternwerdens verstärken oder mildern, z. B. Angst und Hilflosigkeit bei fehlender Kontrolle. Hier ist jedoch eine kritische Einschränkung nötig. Psychologische Forscher reflektieren selten die Grenzen rationaler Kontrollmöglichkeiten in psychosomatischen Bereichen, z. B. in Fragen der Fruchtbarkeit, Konzeption und der Kontrolle des Geburtsprozesses. Es lassen sich einige Beispiele für die von Krampen (1985) angeführte Kontrollillusion finden.

Einen besonderen Komplex von Ausgangsmerkmalen stellen die Motivations- und Einstellungsvariablen dar, die in der aktuellen Literatur als *Kinderwunsch* zusammengefaßt werden. Generative Einstellungen, die eine hohe Motivation für Kinder und Planung von Schwangerschaften einschließen, wirken sich nachweislich fördernd auf die Anpassung an den Schwangerschaftsverlauf und an das neugeborene Kind aus (Grossman et al., 1980; Mittag & Jagenow, 1982). Einige Untersuchungen belegen, daß die Geplantheit des Kindes bei Männern eine größere Rolle für die Anpassung an die Elternschaft spielt (Brüderl, 1982; Fthenakis, 1985). Alarmiert durch die sinkenden Geburtenzahlen in der BRD bemühten sich mehrere Forschungsprojekte um Analyse der Bedingungen hierfür. Die wichtigsten Sozialstatistiken über Anzahl und Abstand von Kindern, das Timing von Geburten im Lebenslauf und die Veränderung dieser Merkmale in den letzten Jahrzehnten wurden im Kapitel 1 angeführt. Die nach Repräsentativbefragungen insgesamt gewünschte und die individuell für ideal gehaltene Kinderzahl stieg in den letzten Jahren sogar noch an, jedoch blieb die realisierte Kinderzahl nahezu konstant. Pohl (1985) interpretiert dies als eine neue Trendwende zu positiveren generativen Einstellungen, die bisher nicht verwirklicht wurden, da die Diskrepanz zwischen Wunsch und Wirklichkeit zunimmt. Dagegen beanspruchen Rosenstiehl und Mitarbeiter, aufgrund eines Wert-Instrumentalitäts-Modells sowohl Kinderwunsch als auch tatsächliche Kinderzahl durch drei Vorhersagefaktoren bestimmen zu können. Die Faktoren sind (1) extrinsischer Wert von Kindern (d. h. die wahrgenommene Instrumentalität von Kindern für die Realisierung bestimmter Werte), (2) der intrinsische Wert, d. h. der Eigenwert von Kindern und (3) der normative Druck. Es ergab sich, daß der Kinderwunsch mit einer allgemeinen Wertveränderung im Zusammenhang steht. »Kinder werden heute in ihrer Funktion für Aspekte der Paarbeziehung bzw. der Persönlichkeitsentwicklung der Partner gesehen. Sie stellen nicht mehr die zentralen Personen der Familie dar, die es »einmal besser haben sollen« als die Eltern und deren Karriere als Kompensation für die eigenen Entbehrungen dient. Vielmehr wollen die Ehepartner ihre eigenen Ansprüche an das Leben erfüllen, die sich um ihre eheliche Beziehung zentrieren« (Nerdinger et al., 1984, 479; Nave-Herz, 1984). Demgegenüber hatte der Wert »Wohlstand« keinen großen Einfluß auf den Kinderwunsch in dieser Untersuchung. Auch neue amerikanische Untersuchungen fanden Unterschiede in Wertorientierungen von geplant kinderlosen Frauen und Frauen mit Kindern. Eine hohe Bewertung von elterlichen Rollen und einem Leben mit Kindern hing mit größerem Engagement für Kinder zusammen, jedoch nicht mit größerer Zufriedenheit in der Partnerschaft (Callan, 1986; Reading & Amatea, 1986). Beck-Gernsheim (1985) folgert aus diesen und ähnlichen Nachweisen für einen ausgeprägten Kinderwunsch, daß heute die Entscheidung für oder gegen Kinder als Aspekt der *Individualisierung* gesehen werden muß. Das spricht dafür, besonders *das Timing der Elternschaft im Lebenslauf* zu beachten.

Neben repräsentativen Befragungsergebnissen zum Kinderwunsch liegen Ergebnisse zu der Geplantheit und Erwünschtheit der Schwangerschaft und zur Klassifikation von verschiedenen, teils unbewußten Motiven für Kinder vor, die an kleineren Gruppen oder in Einzelfallstudien gewonnen wurden. Während die *Geplantheit* eines Kindes, die in der Regel erst nachträglich im Verlauf der Schwangerschaft erfragt wird, eher als zeitlich vorauslaufender Faktor zu werten ist, stellt sich die davon zu unterscheidende *Erwünschtheit der Schwangerschaft* z. T. erst allmählich heraus. Daß beides als zwei unabhängige Kriterien verstanden werden müssen, machte eine große Verlaufsstudie der DFG deutlich. Geplantheit wurde empirisch erfaßt über die Verwendung von Antikonzeptionsmethoden, Erwünschtheit durch Selbstauskünfte der Frauen. Bei Kombination beider Kriterien ergaben sich anhand einer sehr großen Stichprobe vier Gruppen des Fortpflanzungsverhaltens, die beim ersten Kind folgendermaßen vertreten waren: sog. »Planer« (Erwünschtheit ja, frühere Konzeptionsverhütung ja) waren 30,7 %, »Unbeschwerte« (Erwünschtheit ja, Konzeptionsverhütung nein) 45,7 %, »Pechvögel« (Erwünschtheit nein, Konzeptionsverhütung ja) machten

11,3 % und »Leichtsinnige« (Erwünschtheit nein, Konzeptionsverhütung nein) 12,3 % aus. Es ist auffällig, daß trotz der Verfügbarkeit von verläßlichen Verhütungsmethoden der Anteil geplanter erster Kinder nicht sehr groß ist. Nach Vergleichen europäischer Länder sind zwischen 30 und 60 % der Schwangerschften geplant (Lukesch, 1981). Eine deutliche Ablehnung einer Schwangerschaft ist sicher wegen der hohen sozialen Erwünschtheit dieses Ereignisses schwer zu erfassen. Dies zeigt sich auch daran, daß die Teilnehmer an wissenschaftlichen Längsschnittuntersuchungen durchweg einen hohen Prozentsatz geplanter Schwangerschaften angeben (Entwisle & Doering, 1981; Grossman et al., 1980).
Zahlreiche Untersuchungen mit verschiedenen Methoden (Befragungen, Tiefeninterviews, Traumanalysen) ergaben eine Vielfalt von psychologischen Faktoren des Kinderwunsches, allerdings überwiegend für Frauen. Mittag und Jagenow (1984) konnten mittels empirischer Clusterung der Befragungsdaten von Frauen zehn Motivklassen identifizieren, die folgendermaßen bezeichnet wurden: Kinderwunsch als Lebens- und Erziehungsaufgabe, Selbstverwirklichung durch das Kind, um kindliche Entwicklung zu verfolgen, Kind als Liebesobjekt und Partnerersatz, Kind als Möglichkeit zur Identitätsbildung als Frau und Mutter, zur Partnerschaftsvervollständigung, um Schwangerschaft und Geburt erleben zu können, selbst Kind sein zu dürfen, um eine bessere Welt zu schaffen, aus Kinderliebe. Die Autoren sehen in allen Motivklassen überwiegend einen funktionalen Charakter des Kinderwunsches für Frauen. Das Auftreten von nicht geplanten und nicht erwünschten Schwangerschaften hat Psychoanalytiker angeregt, unbewußte Motive für den Kinderwunsch zu postulieren (Ballou, 1978; Blum, 1980; Deutsch, 1945; Hertz & Molinski, 1980; Leifer, 1980; Lukesch, 1983; Lidz, 1979 a). Die verschiedenen Facetten des Themas Kinderwunsch sind eng verknüpft mit Einstellungen zu Sexualität, Verhütung und Fortpflanzung im weitesten Sinne (Beckmann, 1984; Mittag & Jagenow, 1982).
Auch soziale Aspekte der Lebenssituation wirken sich auf die Ausgangsbedingungen zu Beginn der Elternschaft aus, vor allem die Sozialschicht werdender Eltern, ihr Ausbildungsniveau, Berufstätigkeit, ihre Sozialkontakte, Familienbeziehungen. Mehrere dieser Variablen sind mit dem Alter der Mutter, z. T. dem des Vaters korreliert. Die Lebenssituation, vor allem die ökonomische Sicherheit des Paares, kann die Bewältigung der bevorstehenden Veränderungen erleichtern oder erschweren. In empirischen Untersuchungen fanden vor allem auch Charakteristika der Paarbeziehung und der Ehe Beachtung. Amerikanische Untersuchungen wiesen den Einfluß der Geschlechtsrollenerwartungen vor der Heirat, der Ehezufriedenheit, ehelichen Anpassung und der Art der Arbeitsteilung des Paares nach (Huston & McHale, 1983). Während das kinderlose Zusammenleben eines Paares bzw. die Eheschließung nicht unbedingt große Veränderungen in der Paarbeziehung nach sich zieht, bringt die erste Geburt eine prinzipielle strukturelle Transformation und eine Differenzierung der Geschlechtsrollen in Richtung auf eher traditionelle Arbeitsteilung mit sich (Cowan et al., 1978, 1985; Gutmann, 1975; La Rossa & La Rossa, 1981; McHale & Huston, 1984). Einige Studien zeigen, daß Paare mit allgemein traditioneller Geschlechtsrollenaufteilung und stark religiöser Orientierung größere Zufriedenheit aufwiesen und weniger Konflikte beim Übergang zur Elternschaft erleben als Paare mit größerer Gleichberechtigung in der Beziehung (Fthenakis, 1985). Sowohl intensive Kommunikation über Rollenerwartungen innerhalb der Partnerschaft als auch regelmäßige Interaktionen und soziale Unterstützung mit Personen außerhalb der Beziehung können den Übergang zur Elternschaft erleichtern. Ergebnisse über soziale Netzwerke belegen eine Pufferfunktion von sozialen Kontakten, Freundschaften und positiven Familienbeziehungen (Abernathy, 1973; Crockenberg & McClusky, 1986). Mehrere belastende kritische Lebensereignisse und

ein ungünstiger familiärer Hintergrund erschweren die Anpassung an die Schwangerschaft (Helper et al., 1968; M. Lukesch, 1978; Wolkind & Zajicek, 1981). Dafür wurde das Konzept der »reproductive risks« bzw. der »family risk« von Sameroff und Mitarbeitern (1983) eingeführt. Ungünstige Familienökologie, d. h. psychische Krankheit der Eltern, Streß, krisenhafte Lebensveränderungen und geringe soziale Unterstützung, vor allem in unteren Sozialschichten, wirken sich negativ auf Geburtsverlauf und kindliche Entwicklung aus (Nuckolls et al., 1972; Sameroff et al., 1983).

Es folgt eine Beschreibung idealtypisch konzipierter Schritte der psychischen Verarbeitung des Elternwerdens. Die Schritte bilden eine geordnete Sequenz. Diese zeitliche Anordnung bietet die Möglichkeit, die Vielfalt der heterogenen Forschungsergebnisse zu strukturieren. Sie sind jeweils gekennzeichnet durch kognitive und emotionale Aktivitäten der Personen, die ein typisches Zustandsmuster ergeben. Die zeitlichen Angaben zu den einzelnen Phasen sind nur als grobe Richtlinien zu verstehen, Überschneidungen müssen einkalkuliert werden. Ebenso sind Vorgriffe und Rückschritte in der Verarbeitung denkbar. Kriterien für den Übergang von einem zum nächsten Schritt der Verarbeitung werden aus dem Auftreten körperlicher und psychischer Veränderungen sowie aus sozialen Rückmeldungen abgeleitet; aus subjektiver Sicht bestehen zwischen den drei Bereichen oft Wechselwirkungen. Die sprachlichen Bezeichnungen für die Zeitabschnitte wurden so gewählt, daß sie sich jeweils einem Dispositionsbegriff annähern (vgl. Brandtstädter, 1982 a). Das bedeutet hier, daß die Phasenbezeichnungen entweder einen kognitiv-emotionalen Zustand, der prinzipiell bewußt sein kann oder eine handelnde Auseinandersetzung im Zusammenhang mit dem Elternwerden ausdrücken. Die Phasenbezeichnungen sollen deutlich machen, welche Teilaufgaben die werdenden Eltern in diesem Zeitabschnitt des Überganges zu bewältigen haben.

4.4 Verunsicherungsphase (bis zur 12. SSW)

Die psychische Auseinandersetzung mit einer vorliegenden Schwangerschaft beginnt nicht mit dem Zeitpunkt der Konzeption, sondern dann, wenn erste Erwartungen oder Befürchtungen über eine mögliche Schwangerschaft auftreten, bzw. endgültig dann, wenn der einzelne oder das Paar die Information über eine positiv ausfallende medizinische Schwangerschaftsdiagnose erhalten haben. Die medizinische Diagnose kann bekanntlich ca. 5 Wochen nach dem ersten Tag der letzten Periode gestellt werden. Heute wird schon häufig die Ultraschalluntersuchung ca. in der 7. Woche p. m. als Nachweis der Schwangerschaft verwendet (s. Box 2 S. 80). Von der vorauslaufenden Planung und Erwünschtheit der Schwangerschaft hängt stark ab, wie intensiv der erlebte Bruch bzw. die Verunsicherung bei der Konfrontation mit der Information ist. Bereits die Art der Feststellung einer Schwangerschaft kann abhängig sein von dem Grad ihrer Planung. Ausgehend von einer Theorie der sozialen Konstruktion physiologischer Ereignisse untersuchte Miller die psychologische Sinngebung bei der Feststellung der Schwangerschaft an drei Frauengruppen.

»Echte Planerinnen« nahmen aufgrund ihrer Erwartung selbständig eine Interpretation von körperlichen Zeichen als Schangerschaftszeichen vor; »halbe Planerinnen« berichten langsames Erkennen von Symptomen der Schwangerschaft mit Hilfe anderer Personen, sie zögern und zeigen Ambivalenz bei der Feststellung. »Nicht-Planerinnen«, die alle keinen Kinderwunsch hatten, erfuhren ausschließlich durch äußere Informationsquellen (Ärzte, Ehemänner, Freunde), daß ihre z. T. als Krankheit gedeuteten körperlichen Zeichen Hinweise auf die Schwangerschaft darstellen. Miller bewertet dieses Ergebnis als Bestätigung für eine typische »Schwangerschaftskarriere«,

d. h. einen Verlauf der Sinnkonstruktion von einer physiologischen über eine sozial typisierte zu einer psychologisch »wirklichen« Schwangerschaft, die hier in die Phase der Konkretisierung verlegt wird.

Insgesamt liegen über die frühe Zeit der ersten Schwangerschaft verhältnismäßig wenig empirische psychologische Untersuchungen vor (s. Tab. 3). Am häufigsten findet man rückblickende Berichte von Frauen über die frühen Wochen ihrer ersten Schwangerschaft. Die folgende Beschreibung von Verunsicherung in der frühen Phase der Verunsicherung ist gegliedert in Verunsicherung durch neue Informationen, Verunsicherung in der gefühlsmäßigen Bewertung, im Selbstbild und in den erlebten Kontrollmöglichkeiten.

Die Verunsicherung durch neue Information in den allerersten Wochen der Schwangerschaft besteht darin, daß sich die Frau mit zwei Themen auseinandersetzt. Die erste häufig rein kognitive Information über das Vorliegen einer Schwangerschaft zum jetzigen Zeitpunkt aktiviert eine Vielzahl von Vorstellungen, Erwartungen und Wünschen. Sie umfassen zunächst einen neuen zeitlichen Planungshorizont aufgrund der Schwangerschaft und der zu erwartenden Geburt eines Kindes, weiter Veränderungen in dem Selbstkonzept als Frau, in der Antizipation von Änderungen im Alltagsleben, in der Partnerschaft, im Beruf bzw. in der Ausbildung u. ä. Die Konfrontation mit der Information über die Schwangerschaft bringt z. T. einen intensiven, plötzlichen Umbruch in mehreren Handlungsbereichen mit sich. Bei einer geplanten Schwangerschaft ist der Umbruch weniger überraschend, tritt jedoch auch auf. Eine zweite Informationsquelle für die Frau stellen die direkten körperlichen Signale der Schwangerschaft dar. Diese können, wie die Untersuchung von Miller (1978) zeigte, sehr verschieden interpretiert werden. Für die psychische Verarbeitung sind also nicht unmittelbar die Veränderungen des hormonellen und anatomischen Systems, sondern die daraus folgenden körperlichen Empfindungen und Beschwerden relevant. Zu Beginn der Schwangerschaft berichten Frauen von Müdigkeit, morgendlicher Übelkeit, Erbrechen, Brustspannen, Geruchs- und Geschmacksempfindlichkeiten, Schwindelgefühlen, Appetitveränderungen, Magenempfindlichkeit und zahlreichen anderen psychosomatischen Beschwerden (Hanford, 1968; Pschyrembel & Dudenhausen, 1986; Schmidt-Matthiesen, 1976; Vogt & Schmidt, 1968). Die körperlichen Veränderungen in der Frühschwangerschaft werden überwiegend ambivalent und negativ, selten positiv bewertet (Hertz & Molinski, 1980; Weiler, 1982). Zu langes Andauern der typischen Schwangerschaftsbeschwerden hängt nach empirischen Untersuchungen zusammen mit klinischer Auffälligkeit, dagegen ist ihr Auftreten während der ersten 12 Wochen eher als Indikator für die Sicherheit der Schwangerschaft bzw. für geringe Abortgefahr zu werten (Blum, 1980; Chertok et al., 1963; DFG, 1977; Wolkind & Zajicek, 1981).

Die kognitive Konfrontation mit dem Eintreten der Schwangerschaft und den daraus zu erwartenden Veränderungen erfährt der werdende Vater in gleicher Weise wie die Frau selbst. Dagegen kann er die unmittelbaren körperlichen Veränderungen seiner Partnerin zu Beginn der Schwangerschaft nur indirekt über die Frau kennenlernen. Er ist daher angewiesen auf ihre Kommunikation und auf Informationen über ihre körperliche Befindlichkeit. Für diese frühe Phase der Schwangerschaft erweist sich die These ethnologischer Forscher (Delaisi de Parseval, 1985) als fruchtbar: Vaterschaft findet im Kopf statt! Der Mann sieht sich konfrontiert mit einer zu erwartenden neuen sozialen Kategorisierung seiner Partnerin, die bisherige »Liebespartnerin« wird zur »schwangeren Frau« und »werdenden Mutter«. Er antizipiert Veränderungen der Lebensgewohnheiten, der häuslichen Umgebung, und sieht sich typischen Rollenanforderungen als unterstützender Partner, als Ernährer einer Familie ausgesetzt, fühlt sich zu Verantwortung und beruflicher Sicherheit verpflichtet. Da in unserer Kultur wenig klare Vorstellungen für eine Umstellung der werdenden Väter zu Beginn der Schwangerschaft vorliegen, ist zu erwarten, daß für sie die kognitive Konfrontation mit dem Eintreten der Schwangerschaft zu einer größeren Verunsicherung führt (Blum, 1980; Delaisi de Parseval, 1985; Rossi, 1968; Wolkind & Zajicek 1981). Diese Verunsicherung besteht nicht nur im Hinblick auf die neue soziale Rolle, sondern auch im Hinblick auf die persönliche Verarbeitung des bevorstehenden biologischen und psychologischen Prozesses (Osofsky & Osofsky, 1980; 1984).

Mit den aufgezählten neuen Informationen stellt sich für beide Partner die Aufgabe, die veränderte Situation in ihr bisheriges Leben zu integrieren. *Diese kognitive Herausforderung ist von mehr oder weniger starker emotionaler Verunsicherung begleitet.* Als *Erstreaktionen* auf die Tatsache, daß eine Schwangerschaft vorliegt, wurden häufig intensive Gefühle berichtet, die teils positiv (wie im Falle der Geplantheit), teils negativ, häufiger aber ambivalent getönt sind (Weiler, 1982). Stimmungsschwankungen und emotionale Labilität sind am Anfang der Schwangerschaft am höchsten. Es treten Zweifel über die Erwünschtheit der Schwangerschaft zum jetzigen Zeitpunkt auf, z. T. wird ein Schwangerschaftsabbruch in Erwägung gezogen. Unter diesen Bedingungen werden die körperlichen Beschwerden belastend erlebt (Chertok et al., 1963; Lessing, 1982; Pfoffenberger et al., 1952;Wolkind & Zajicek, 1981). Mediziner sprechen daher von Schwangerschaftskonflikt (Hertz & Molinsky, 1980). Frauen bzw. Paare, bei denen die Schwangerschaft sehr überraschend eingetreten ist und die zu dieser Zeit einen sehr geringen Kinderwunsch haben, müssen im Laufe dieser Wochen eine endgültige Entscheidung für oder gegen die Aufrechterhaltung der Schwangerschaft fällen. Eine solche Entscheidung ist vor allem für Frauen schwer, die bereits eine oder mehrere Schwangerschaftsabbrüche vorgenommen haben (Gilligan und Belenky, 1980; Kumar & Robson, 1978; Smetana, 1982). Die Mehrzahl der Paare muß die Erwünschtheit der Schwangerschaft jetzt klären. Lukesch gibt in einem Überblick über mehrere empirische Studien an, daß zwischen 50 und 90 % der Schwangerschaften als erwünscht bezeichnet werden, wobei Geplantheit nicht notwendige Voraussetzung für die jetzige Erwünschtheit sein muß, diese jedoch fördert (Lukesch, 1981).

Eine hohe Erwünschtheit des Kindes schließt allerdings nicht aus, daß starke Ängste und emotionale Verunsicherungen zu Beginn der Schwangerschaft auftreten. Daß die frühen Schwangerschaftswochen als starke Belastung erlebt werden, belegen auch die Ergebnisse mehrerer Untersuchungen. Es fanden sich bei Frauen hohe Ängste, Sorgen bezüglich ihrer körperlichen Veränderungen und ihre sexuelle Identität, Ängste über die zu erwartende Veränderung der Partnerbeziehung, die Unterbrechung der Berufstätigkeit und die materielle Situation in der Zukunft (Grimm & Venet, 1966;, Leifer, 1980; Lessing, 1982; Lukesch, 1981). Aus der Information über die vorliegende Schwangerschaft ergibt sich ein unveränderbarer Zeitplan, der als *Einschränkung der eigenen Entscheidungsfreiräume* und als *Verringerung der Kontrollerwartung* von beiden Partnern erlebt werden kann. Auch die körperlichen Prozesse, die die schwangere Frau an sich beobachtet (wie Übelkeit oder Müdigkeit) und die für die nächste Zukunft zu erwarten sind (wie Brustwachstum, Bauchumfang), stellen autonome biologische Veränderungen dar, die sie sich aufgrund von Informationen zwar erklären kann, an die sie ihre Handlungsmöglichkeiten jedoch nur anpassen kann.

Interessant erschien uns in Befragungen von Frauen, daß zur subjektiven Erklärung für die Veränderungen nicht nur kausale Erklärungen herangezogen wurden, wie »Hormonumstellung des Körpers«, sondern auch finale Erklärungen in der Form, »daß die Brust so spannt, ist zwar manchmal unangenehm, aber es ist gut, denn der Körper stellt sich schon auf das Kind ein« oder »meine Müdigkeit zwingt mich, beruflich etwas langsamer zu treten«. Durch derartige Erklärungsstrategien gewinnt die Frau wieder kognitive Kontrolle. Der möglicherweise auftretende Kontrollverlust muß also nicht unbedingt als Einschränkung erlebt werden, sondern kann durch kognitive Umstrukturierung für den biologschen Ablauf der Schwangerschaft als sinnvoll eingesehen werden. Er dient damit bereits dem subjektiven Ziel der Anpassung an die Schwangerschaft, besonders bei hohem Kinderwunsch.

Die erwartete fundamentale Veränderung des Körperbildes der Frau und die bevorstehende neue soziale Rolle als werdende bzw. neue Eltern können zu einer *Verunsicherung im Selbstbild von Frau und Mann* führen. Es ist zu erwarten, daß in dieser Zeit eher ein schwankendes Selbstbild und geringe Selbstsicherheit verbunden mit Zweifeln an der eigenen Kompetenz als schwangere Frau bzw. als zukünftiges Elternteil auftreten. Die Ergebnisse über starke emotionale Labilität und Depressivität in den ersten Wochen der Schwangerschaft geben Hinweise darauf (Bushnell, 1961; Hanford, 1968; Loesch & Greenberg, 1962; Tobin, 1957). Die genannten Verunsicherungen durch neue körperliche Informationen, durch die Entfaltung einer neuen Perspektive für die unmittelbare Zukunft und die damit verbundenen emotionalen Verunsicherungen und Ängste können bewirken, daß die Frau und ihr Partner in den ersten Wochen nach der Information relativ überwältigt davon sind. Besonders bei einem unerwarteten Eintreten der Schwangerschaft ist das Paar zunächst mit sich beschäftigt. Dies kann für das soziale Verhalten der Partner zur Folge haben, daß noch relativ wenig Kommunikation über die Tatsache der Schwangerschaft mit Personen außerhalb der Partnerschaft geführt wird. Gespräche über Zweifel an der Fortführung der Schwangerschaft, über ambivalente Gefühle und die subjektive Bedeutung der erwarteten Veränderungen werden nur mit sehr vertrauten Personen geführt. Man kann daher von einem relativen sozialen Rückzug sprechen. Die Mitteilung über die Schwangerschaft an weitere Familienangehörige und weitläufige Freunde muß als Schritt der aktiven Anpassung und als ein Kriterium für den Beginn einer neuen Phase der Verarbeitung des Übergangs zur Elternschaft gewertet werden.

4.5 Anpassungsphase (ca. 12.–20. SSW)

Die eher krisenhaften ersten Wochen der Schwangerschft werden abgelöst durch eine ruhigere Zeit der aktiven kognitiven und emotionalen Anpassung. Ausschlaggebend für einen Wechsel ist, daß die Partner bzw. die Frau die Informationen über die neu eingetretene Schwangerschaft inzwischen von verschiedenen Seiten durchdacht und in ihrer Bedeutung für die persönliche Lebenssituation reflektiert und diskutiert haben. Obwohl ambivalente und negative Bewertungen dieser Tatsache noch weiterhin im Schwangerschaftsverlauf auftreten können, setzt nach der endgültigen Entscheidung eine emotionale Akzeptanz oder eine Rechtfertigung der Situation ein. Biologisch-körperliche Veränderungen tragen entscheidend dazu bei, daß das allgemeine Wohlgefühl zu steigen beginnt. Neben den nachlassenden Beschwerden in den ersten Wochen können psychologische und soziale Kriterien für den Neubeginn einer Verarbeitungsphase herangezogen werden. Zumindest für Personen, die Zweifel hatten, ob sie die Schwangerschaft weiterführen wollen, setzt in der BRD der gesetzliche Rahmen einen pragmatischen Termin. Bis spätestens zur 12. SSW p. m. muß die *Entscheidung für eine Aufrechterhaltung der Schwangerschaft* gefällt werden. Die Mehrzahl der Paare, die, wie schon erwähnt, das Kind als erwünscht bezeichnen, haben diese Entscheidung lange vorher gefällt bzw. gar keine Entscheidungsmöglichkeit zugelassen. Dies kann ein Grund dafür sein, daß verschiedene Zeichen der psychischen Anpassung bereits schon

früher auftreten. Die Mitteilung über die Schwangerschaft an die weitere Umwelt ist ein entscheidender Schritt der Anpassung, der weitere spezifische soziale Rückmeldungen für die werdenden Eltern nach sich zieht.
Soweit Untersuchungen über diese Zeit vorliegen, veranschaulichen die darin verwendeten Kriterien gut, was unter psychischen Anpassungsleistungen zu verstehen ist. Entsprechend den vorn eingeführten sechs Bereichen, in denen sich Veränderungen in der psychischen Verarbeitung des Übergangs zur Elternschaft zeigen, sind Kriterien für Anpassung vor allem in einer *Elaboration der gewonnenen Informationen über die Schwangerschaft, in einer Integration dieser Information ins eigene Selbstkonzept und in einer Veränderung der emotionalen Bewertung der Situation* zu sehen. Die Frau hat inzwischen Erfahrungen mit dem veränderten Körpergefühl gesammelt. Das Wachstum der Brust, Gewichtszunahme, die erste Zunahme des Bauchumfangs, Geruchs- und Geschmacksempfindlichkeiten signalisieren ihr, daß der Körper sich auf das Wachstum des neuen Lebens einstellt. Erleichternd wirkt sich nun aus, daß die belastenden Umstellungen des Organismus, die starke Müdigkeit, morgendliche Übelkeit, Schwindel, z. T. Erbrechen und ähnliche Beschwerden jetzt nachlassen (Hertz & Molinski, 1980; Knörr, 1983; Martius, 1985; Pfoffenberger et al., 1952). Hanford führt dies auf ein neues hormonelles Gleichgewicht zurück. Das Andauern der Beschwerden über den 4. Monat hinaus wird nur in klinischen Fällen, z. B. bei habituellem Abort oder Hyperemesis gravidarum berichtet (Hertz & Molinski, 1980; Martius, 1984). Die relative Gewöhnung, das Gefühl, nun schwanger zu sein und die von einigen Frauen erst jetzt gefällte Entscheidung für das Kind setzen kognitive Rechtfertigungsprozesse in Gang. Mögliche Dissonanzen in der Lebensplanung werden reduziert, ambivalente Gefühle lassen jetzt nach (Hanford, 1968). Eine aktive Verarbeitungsstrategie ist die Sammlung von Informationen über Schwangerschaft, Geburt und kindliche Entwicklung, die entweder in Gesprächen mit Freunden und Verwandten oder aus medizinischen und psychologischen Büchern gewonnen werden.
Als wesentlichen Anpassungsschritt interpretiere ich die *Mitteilung über die Schwangerschft* an die eigene Familie, Freunde, Kollegen und Arbeitgeber. Das Paar drückt mit dieser Mitteilung seine weitere Lebensplanung, z. T. seine Freude auf das Kind aus. Das bisher persönliche Ereignis wird damit in einen weiteren sozialen Rahmen gestellt, in dem nun Erwartungen an das zukünftige Elternpaar herangetragen werden. Die Mitteilung hat wiederum Folgen für die soziale Interaktion, da sie eine Modifikation der Verhaltensweisen anderer Personen gegenüber der schwangeren Frau und ihrem Partner zur Folge hat. Die Rückmeldungen aus der Verwandtschaft und dem Freundeskreis können als positive Bewertungen, Bekundungen der sozialen Erwünschtheit, zu erwartende soziale Unterstützungen u. ä. eine Anpassung an das Elternwerden erleichtern, soweit dieser Übergang »on time« und unter den gesellschaftlich erwarteten Bedingungen stattfindet. Im Falle eines Überganges zur Elternschaft, der »off time«, d. h. zu früh oder zu spät und unter nicht akzeptieren Umständen stattfindet, erschweren die Reaktionen der Umwelt eine Anpassung.
Eine psychische Anpassung zeigt sich auch in der *Veränderung emotionaler Bewertungen*. Die zunehmende Erweiterung der Informationen über zu erwartende körperliche Verläufe der Schwangerschaft, die Herausbildung eines Körpergefühls als »Schwangere« und die von dem Paar erfahrene soziale Behandlung als werdende Eltern sind verschiedene Prozesse, die emotional zu einer *Akzeptierung und positiveren Bewertung der Schwangerschaft* beitragen. Empirische Verlaufsstudien belegen entsprechend, daß Ängste und negative Stimmungen, Stimmungslabilität und Depressionen abnehmen und körperliches und seelisches Wohlgefühl, auch als Ichstärke formuliert, steigen (Lubin et al., 1975; Pfoffenberger et al., 1952). Längsschnittstudien verzeichnen in die-

ser Zeit eine Zunahme der emotionalen Anpassung an die Schwangerschaft und ein Akzeptieren der körperlichen Veränderungen (Grossman et al., 1980; Shereshefsky & Yarrow, 1973; Wolkind & Zajicek, 1981). Weitere Ereignisse zwischen der 12. und 20. Schwangerschaftswoche fördern eine aktive Anpassung an die Schwangerschaft und erwartete Elternschaft. Im Rahmen der ärztlichen Routineuntersuchungen verstärken pränatale diagnostische Untersuchungen die psychische Anpassung der werdenden Eltern. Ab der 10. bis 12. Woche werden erstmalig die *Herztöne des Kindes* mittels eines Stethoskops abgehört. Besondere Bedeutung kommt der ersten *Ultraschalluntersuchung* zu, die heute in der BRD routinemäßig zwischen der 16–20 SSW durchgeführt wird. Durch diese Screening-Methode wird das sich entwickelnde Kind auf einem Bildschirm für die Eltern und den Arzt sichtbar gemacht (s. Box 2).

Box 2
Methode der Ultraschalldiagnostik
Die Ultraschalldiagnostik beruht darauf, daß mechanische Ultraschallwellen von den Grenzschichten des mütterlichen Körpers und von dem kindlichen Gewebe reflektiert und mittels einer bestimmten Vorrichtung in elektrische Impulse umgewandelt werden (Martius, 1985). Mit Hilfe von Ultraschallgeräten ist ein erster Nachweis der Schwangerschaft schon ab der 7. Woche möglich. Jedoch kann ein geübter Arzt erst ab dem 2. Schwangerschaftsmonat Größe und Lage, Herzaktivität und Bewegungen des Embryos, ab dem 3. und 4. Monat auch grobe Fehlbildungen an Kopf, Wirbelsäule und Extremitäten und z. T. innere Organe erkennen (Berg, 1976; Holschneider et al., 1985; Martius, 1985). Die Ultraschalluntersuchung wird seit 1970 regelmäßig mindestens zweimal im Schwangerschaftsverlauf vorgenommen, und zwar zwischen der 16. und 20. SSW zum Nachweis der sog. kindlichen Vitalitätskriterien sowie zum Ausschluß von groben Fehlbildungen und zwischen der 30. und 35. SSW nochmals zur fetalen Wachstumskontrolle und Lage vor der Geburt (Holschneider et al., 1985; Martius, 1985).

An dieser Form der Schwangerschaftsuntersuchung nehmen häufig auch die Väter teil. Die starke psychologische Wirkung der beiden Methoden, vor allem der Ultraschalldarstellung, beruht darauf, daß sie eine *Veranschaulichung*, d. h. eine akustische (Herztöne) und vor allem bildhafte (Ultraschallbild) Darstellung des Kindes leisten. In der Regel sind erst in diesen Wochen Körperschema und Extremitäten des Kindes auch für die Eltern auf dem Monitor erkennbar, während ein Ultraschallbild in früheren Wochen häufig nur unspezifische Gewebeteile des Kindes erkennen läßt. Dadurch wird den Eltern konkret verdeutlicht, daß das bisher nur indirekt bemerkbare bzw. nur in ihrem Kopf existierende Kind real existiert. Damit wird die Grundlage für die *Herausbildung eines Kindkonzeptes* geschaffen, das nun nicht nur sprachlich, sondern auch bildhaft repräsentiert werden kann. Die gemeinsamen, häufig positiven Gefühle und die Kommunikation der Partner über dieses Ereignis fördern die Anpassung an die Schwangerschaft. Sowohl die direkten körperlichen als auch die veranschaulichten Hinweise auf das Kind legen die ersten Grundsteine für die *Herausbildung einer Identität der schwangeren Frau als zukünftige Mutter*. Ebenso sind das veränderte Körperbild der Frau und die Visualisierung des Kindes im Ultraschall für den Mann Anlaß, ein *Selbstbild als werdender Vater* aufzubauen (Miller, 1978; Breen, 1975). Gegenseitige

Unterstützung der Partner und erlebte soziale Unterstützung durch die Familie oder die weitere soziale Umwelt erleichtern die Umstellung, erlebter Streß vor und in der Schwangerschaft erschweren sie (Entwisle und Doering, 1981; Grossman et al., 1980; Helper et al., 1968).

Die verstärkte Akzeptierung der Schwangerschaft und die in der Regel jetzt *positive Bewertung des Zieles dieses Prozesses, nämlich ein Kind zu bekommen,* erleichtern es den zukünftigen Eltern, *Möglichkeiten der persönlichen Beeinflussung und Kontrolle des Schwangerschaftsverlaufes* zu suchen und zu gewinnen. Als Beispiel können veränderte Ernährungsgewohnheiten, ein anderer Schlafrhythmus, verändertes Gesundheitsverhalten, Einnahme von solchen die Schwangerschaft unterstützenden Medikamenten genannt werden. Hier hat das Paar Gelegenheit, die neu gewonnenen Informationen über embryonale Entwicklung des Kindes in Handlungen umzusetzen. Als weitere persönliche Einflußnahme muß auch die Teilnahme der Frau an regelmäßigen ärztlichen Routineuntersuchungen gewertet werden. Durch Eingliederung in das Vorsorgesystem, das in der BRD besteht, erfahren die Frau und ihr Partner eine neue soziale Kategorisierung als werdende Eltern.

Im Zusammenhang mit der soziologischen Gliederung von Lebensübergängen in die Phasen der Trennung, Isolierung und Wiedereingliederung (s. Kap. 1) ergeben sich in der Anpassungsphase einige psychologische Hinweise auf ein »Gefühl von Getrenntsein«. In Interviews schwangerer Frauen finden sich während dieser Zeit häufig Aussagen, die zeigen, daß sich die Frauen als »etwas Besonderes«, als »anders« im Vergleich zu nicht schwangeren Frauen erleben, Äußerungen von Stolz oder Staunen über das werdende Leben treten auf. Das subjektive Gefühl, etwas Besonderes zu sein, verstärkt sich durch eine Mitteilung über die Schwangerschaft gegenüber anderen Personen. Umgangssprachlich wird die Frau als »in anderen Umständen« bezeichnet. So wird bereits durch sprachliche Mittel eine relative soziale Trennung konstruiert. Die später auftretenden sozialen Schwangerschaftszeichen, wie der größere Körperumfang und die »Umstandskleidung« verstärken die besondere Behandlung als schwangere Frau, die eine veränderte subjektive Sicht bestätigen. Andere Hinweise auf soziale Trennungsprozesse geben die mehr oder weniger deutlichen Verhaltensvorschriften und Gesundheitsregeln für schwangere Frauen. Es besteht ein sozialer Druck vor allem für die Frau; die bisher bestehende Vielfalt von Rollen wird reduziert, die Rolle der werdenden Mutter tritt in den Vordergrund. Dadurch können erhebliche emotionale Ambivalenzen ausgelöst werden. Insgesamt lassen sich die sozialen Interaktionserfahrungen als Druck in Richtung auf eine Anpassung an die Schwangerschaft für beide Eltern interpretieren, die Osofsky & Osofsky (1980) als »normative Anpassung« bezeichnen.

4.6 Konkretisierungsphase (ca. 20.–32. SSW)

Um die 20. Schwangerschaftswoche tritt in der Regel ein neuer Schritt der Verarbeitung des Elternwerdens ein. Dieser Wechsel kann anhand von zwei Informationen relativ genau zeitlich plaziert werden, nämlich anhand der regelmäßigen Wahrnehmung der Kindesbewegungen und anhand des Zeitpunktes, zu dem ältere Paare die Ergebnisse verschiedener pränataler diagnostischer Methoden erhalten. Zunächst soll eine *Konkretisierung des Elternwerdens durch aktuelle Informationen* in dieser Zeit beschrieben werden.

Zwischen der 19. und 22. Woche (Schmidt-Mathiessen, 1976; Berg, 1976; Schäfer, 1984) registriert die Frau regelmäßig die *Bewegungen des Kindes im Bauch*. Diese innere Wahrnehmung hat mehrfache psychologische Konsequenzen. Sie liefern eine Berechtigung dafür, hier die Entstehung einer Vorstellung vom Kind als „selbständigem Wesen" anzusetzen (Gloger-Tippelt et al., 1985). Die wichtigste psychologische Bedeutung regelmäßiger Kindeswahrnehmungen besteht darin, daß die Frau sie als *sicheren Beweis für das Leben des Kindes* in ihrem Bauch interpretiert (König und Otmichi, 1983; Shereshefsky & Yarrow, 1973). In der deutschen Umgangssprache wird die Wahrnehmung des Kindes z. T. als „Leben" bezeichnet (engl. quickening). Im Unterschied zu den heute verwendeten Ultraschalldarstellungen des Kindes ist dieser Lebensbeweis dadurch gekennzeichnet, daß die Frau das Kind selber spürt, und zwar kontinuierlich Tag und Nacht, unabhängig von einer Vermittlung durch Ärzte oder apparative Einrichtungen. Als vorherrschende Gefühle bei Kindesbewegungen werden große Freude, Stolz und Erfülltheitsgefühle berichtet. (Zeits & Prince, 1982).

Aufgrund der veränderten Schwangerschaftsbetreuung, zumindest in der BRD, hat sich vermutlich die psychologische Bedeutung der Wahrnehmung der ersten Kindesbewegungen verändert. Dies wird an einem Vergleich älterer Verlaufsstudien (Arbeit, 1975; Ballou, 1978; Shereshefsky und Yarrow, 1973) mit heutigen Erfahrungen über das Erleben der Ultraschalluntersuchung deutlich. Noch 1973 berichten die genannten Autoren, daß erst nach dem »quickening« die Schwangerschaft erlebnismäßig in eine Dimension der Realität hinüberwechselt.

Das vorher nur indirekt bemerkbare Kind wird nun konkret. Es ist zu vermuten, daß durch eine vorher durchgeführte Visualisierung des Kindes mittels Ultraschall zumindest die Bedeutung der ersten Wahrnehmung der Kindesbewegungen abgeschwächt wird. Interviewbelege dafür bietet Rothman (1986).

Auch körperliche Veränderungen, die sich kontinuierlich vollziehen, geben weitere Informationen, die die Schwangerschaft konkret machen. Die Frau kann das Wachsen des Uterus selber tasten, Brustumfang und Bauchumfang nehmen zu. Weitere körperliche Schwangerschaftszeichen sind z. B. Hautveränderungen, Verlangsamung der Verdauung, Atemnot u. ä. Diese körperlichen Veränderungen geben der Frau und ihrem Partner täglich unübersehbare Hinweise auf das sich entwickelnde Kind. Bei dem heutigen Vorsorgesystem in der BRD liegen für *ältere Paare* ca. um die 20. Schwangerschaftswoche die für das Erleben entscheidenden Ergebnisse eventuell durchgeführter pränataler diagnostischer Untersuchungen vor. Dies sind die Methoden zur Abschätzung des altersbedingten Risikos für genetische Veränderungen, und zwar ab 35 Jahren die diagnostische Fruchtwasserpunktion (Amniozentese) und die noch selten durchgeführte, ca. ab 38 Jahren angewendete Chorionbiopsie (vgl. Box 3).

Box 3

Methoden zur vorgeburtlichen Diagnostik genetisch bedingter Defekte: Amniozentese und Chorionbiopsie – Entnahme von kindlichem bzw. extraembryonalem Gewebe und dessen Analyse.

Unter pränataler Diagnostik versteht man den Nachweis oder Ausschluß einiger Krankheiten oder Fehlbildungen des im Uterus heranwachsenden Kindes zu einem frühen Zeitpunkt seiner Entwicklung. Sie dient zur Klärung eines über dem Durchschnitt liegenden Risikos für die betreffenden Krankheiten oder Fehlbildungen (Knörr, 1982).

Amniozentese ist die Punktion von Fruchtwasser; anschließend findet eine Untersuchung mit zytogenetischen und biochemischen Methoden statt. Sie wird zwischen der 16. und 18. Woche der Schwangerschaft durchgeführt. Die Analyse von Chromosomenzahl und -struktur erlaubt eine Aussage darüber, ob ein Kind mit einem normalen oder einem abnormalen Chromosomensatz erwartet wird (z. B. mit autosomalen Chromosomenaberrationen wie Trisomi 21 = Down-Syndrom, Trisomie 13 = Pätau-Syndrom, Trisomie 18 = Edwards-Syndrom oder mit gonosomalen, d. h. die Geschlechtschromosomen betreffende Chromosomenveränderungen). Die häufigste *Indikation* für die Pränataldiagnostik ist auch heute noch ein höheres Alter der Mutter, wobei nach internationaler Übereinkunft vom 35. Lebensjahr an eine Amniozentese empfohlen wird (Schroeder-Kurth, 1985). Die Bedeutung des Alters der Väter ist noch umstritten. Weitere Indikationen stellen die vorausgegangene Geburt eines Kindes mit erblichen oder nichterblichen Chromosomenveränderungen, Stoffwechselerkrankungen oder neuralen Spaltbildungen dar (Knörr, 1985). Bisher nutzen nur ca. 40–50 % der Frauen über 35 Jahre dieses Angebot, vor allem besser Informierte und Frauen aus höheren Schichten (Schröder-Kurth, 1985). Die Indikationsstellung zur pränatalen Diagnostik, d. h. entweder zur Amniozentese oder der nachfolgend beschriebenen Chorionbiopsie zur Gewinnung von Untersuchungsmaterial, hängt von einer Kombination mehrerer Faktoren ab, u. a. von den Risiken für Mutter und Kind, von der Kapazität der lokalen klinischen Einrichtung, zuallererst jedoch von dem Wunsch nach Abklärung der Risiken.

Die *Risiken der Fruchtwasserpunktion* konnten erheblich gesenkt werden. Das Risiko für die Auslösung einer Fehlgeburt, die kausal mit dem Eingriff zusammenhängt, wird heute allgemein unter 1 %, für Zentren mit größerer Erfahrung unter 0,5 % angesetzt (Berg, 1976; Knörr, 1982 und 1985; Martius, 1985). Das Risiko für eine intrauterine Infektion der Mutter liegt unter 1:1000 Amniozentesen (Knörr, 1985). Für das Kind konnten keine Risiken statistisch abgesichert werden, weder stieg die perinatale Mortalität noch traten vermehrt Früh- oder Mangelgeburten nach Amniozentesen auf. Die *Konsequenzen der pränatalen Diagnostik* betreffen die Probleme eines Schwangerschaftsabbruches bei einer bereits fortgeschrittenen Schwangerschaft nach der 20. SSW. Wenn schwerwiegende Anomalien nachgewiesen werden, besteht die Möglichkeit zu einem Schwangerschaftsabbruch bis zur 24. Woche p. m. aufgrund der kindlichen (auch sog. genetischen) Indikation (§ 218, Abs. 1; vgl. Hepp, 1982). Für die Universitätsfrauenklinik Ulm wurde bis 1981 auf der Basis von 5030 Amniozentesen eine Rate von 3 % pathologischen Befunden errechnet (Knörr, 1982). Kann eine Fehlentwicklung ausgeschlossen werden, so erhalten die Eltern ca. in der 20. SSW eine erleichternde und beruhigende Nachricht über das Fehlen der überprüften genetischen Defekte. Das Vorkommen anderer vorgeburtlicher Fehlentwicklungen oder Krankheiten ist allerdings damit nicht ausgeschlossen, das Basisrisiko für unspezifische Krankheiten beträgt etwa 3 %.

Chorionbiopsie ist die Entnahme von extraembryonalem Gewebe. Anschließend erfolgt die Analyse der Chromosomenzahl und -struktur oder spezifischer Enzym- und DNS-Defekte wie nach der Amniozentese. Diese Untersuchung kann bereits wesentlich früher, nämlich zwischen der 9.–12. Schwangerschaftswoche p. m. stattfinden. Diese pränatale diagnostische Methode hat zwei Vorteile: Erstens entfällt die langwierige Zellzucht, weil Chorionzotten direkt auswertbar sind. Die Ergebnisse der Chromosomenanalyse können im Einzelfall schon einige Stunden nach der Entnahme vorliegen (Kunze, 1985). Inzwischen geht man allerdings zur Gewebekultur über, was das Ergebnis verzögert. Der

> zweite Vorteil der Chorionbiopsie liegt aber dann immer noch in der zeitlichen Vorverlagerung der pränatalen Diagnosestellung, so daß im Falle eines abweichenden genetischen Befundes ein Schwangerschaftsabbruch bereits um die 12. und nicht erst in der 20.–24. Woche p. m. möglich wird. Zu diesem Zeitpunkt wird ein Abbruch der Schwangerschaft als körperlich und psychisch weniger belastend für die Frau und für den Arzt eingeschätzt, weil sie nicht mit dem Geburtsvorgang eines fast lebensfähigen Kindes konfrontiert werden (Kiefner, 1986). Ein Schwangerschaftsabbruch hat als Verlusterlebnis negative Folgen, er erfordert intensive Verarbeitung und Trauer (Rothman, 1986). Der Nachteil der Chorionbiopsie besteht in der bisher höheren Rate an induzierten Fehlgeburten und in den zeitaufwendigeren und schwierigeren Durchführungsbedingungen dieses Verfahrens, so daß es erst nach sorgfältiger Prüfung angeboten werden sollte. Es kann heute vermutet werden, daß die Chorionbiopsie nur einen geringen Teil der Amniozentesediagnostik ersetzen kann (Klink et al., 1985; Kunze, 1985).

Die vorgeburtliche Diagnostik hat vor allem für Familien mit vererbbaren Chromosomdefekten oder angeborenen Stoffwechselerkrankungen und für ältere Frauen große Bedeutung. Allerdings hat der »medizinische Fortschritt« auch negative Auswirkungen.

Sie bestehen darin, daß Paare durch die genetische Beratung und Empfehlung der pränatalen Diagnostik insofern in einen erheblichen Konflikt gebracht werden können, als bei Vorliegen eines Defektes ein gesellschaftlicher Druck in Richtung auf Abbruch ausgeübt wird (Rothman, 1986). Auch wenn kein Befund vorliegt, so besteht psychologisch gesehen immer eine Koppelung der genetischen Beratung und Diagnose mit dem – allerdings nur in wenigen Fällen nötigen – Entscheidungskonflikt über den Abbruch (Hepp, 1982). Da die Zeitpunkte der Durchführung der diagnostischen Methoden im Schwangerschaftsverlauf allerdings sehr verschieden sind (Chorionbiopsie 9.–12. SSW, Amniozentese 17.–20. SSW), müssen mögliche unterschiedliche psychologische Wirkungen auf dem Hintergrund der jeweiligen kognitiv-emotionalen Themen in diesen Zeitabschnitten, d. h. in unserer Einteilung in der Verunsicherungs- gegenüber der Konkretisierungsphase in Erwägung gezogen werden. Es kann vermutet werden, daß ältere Paare, die eine Amniozentese vornehmen lassen, sich bis zum Vorliegen des Ergebnisses dieser Untersuchung in geringerem Maße auf die Schwangerschaft einstellen, da diese noch nicht als »sicher austragbar« angesehen wird. In Termini des Verarbeitungsmodells hieße dies, daß die Frauen und ihre Partner eine zeitlich verzögerte Anpassungsphase aufweisen müßten. Diese Hypothese wird z. Z. durch eine Untersuchung am Psychologischen Institut der Universität Heidelberg geprüft (Fischer-Winkler & Lichter, in Vorb., Lukas, 1987).

Es soll hier jedoch betont werden, daß die mit der pränatalen Diagnostik zusammenhängenden psychischen Verarbeitungen nur für ältere Paare gelten. Mit den Verbesserungen in der Ultraschalltechnik und einem immer breiteren Spektrum an diagnostischen Möglichkeiten sowie gentechnologischen Methoden werden in Zukunft viele fetale Erkrankungen schon intrauterin erfaßbar sein (Engert & Quakernack, 1985; Martius, 1985). Allerdings darf man dabei die großen ethischen Probleme nicht übersehen. Die technische Machbarkeit ist nicht immer gleichzusetzen mit psychologischen Erleichterungen für die betroffenen Paare. Grundsätzliche Überlegungen über menschliches Leben und Behinderungen sind erforderlich (Kessler, 1984).

Die genannten Informationen sowohl der visuellen Darstellung des Kindes im Ultraschall als auch die Ergebnisse der genetischen Beratung und Diagnostik haben einen starken psychologischen Effekt. Bemerkenswert sind ähnliche Wirkungen der Verfahren insofern, als *beide werdenden Eltern* die Informationen in gleicher Weise, d.h. aufgrund kognitiver Information und nicht aufgrund von Körperwahrnehmungen wie im Falle der Kindesbewegungen erhalten. Das hat zur Folge, daß Mann und Frau sich auf-

grund vergleichbarer Informationen auf das Kind einstellen und darüber kommunizieren können. Beide Verfahren (Ultraschall und genetische Untersuchung), die sich ansonsten erheblich in ihrer psychischen Wirkung unterscheiden, bewirken eine größere Einbeziehung und eventuell emotionale Beteiligung des Vaters an dem Schwangerschaftsgeschehen. Sowohl die *zeitliche Vorverlegung einer Sichtbarmachung, d. h. eines Realitätsnachweises des Kindes mittels der neuen Ultraschalltechnik als auch die Einbeziehung und Gleichstellung des Vaters in bezug auf Informationen über mögliche Erkrankungen des Kindes sind ein neues historisches Phänomen.*
Wesentliche psychologische Konsequenzen der erwähnten Informationen, seien es die Wahrnehmung von Kindesbewegungen, die visuelle Verdeutlichung des Kindes mit Ultraschall oder die Ergebnisse der pränatalen Diagnostik bestehen in den daraus folgenden *emotionalen Haltungen zur Schwangerschaft*. Nach der Wahrnehmung der Kindesbewegungen werden von der großen Mehrheit der Frauen *Gefühle der Sicherheit und der Erleichterung* genannt (Arbeit, 1975; König & Otmichi, 1983; Rothman, 1986; Shereshefsky & Yarrow, 1973). Die visuelle Darstellung der Bewegungen des Kindes im Mutterleib, das Schlagen des kindlichen Herzens u. ä. in der ersten Ultraschall-Untersuchung werden als hervorragendes Ereignis im Schwangerschaftsverlauf berichtet.

Bei der Gruppe der älteren Frauen, die eine Amniozentese oder Chorionbiopsie durchführen ließen, hat die Benachrichtigung über einen neg. Befund, d. h. ein Ausschluß von genetischen Defekten, bei der überwiegenden Mehrheit der Paare eine intensive beruhigende und erleichternde Wirkung (Rothman, 1986). Nach Berichten von Mitarbeitern genetischer Beratungsstellen wird ein derartiges Ergebnis sogar irrational als »Garantieschein für Gesundheit des Kindes« übergeneralisiert; andere, mit der Untersuchung nicht geklärte Basisrisiken einer jeden Schwangerschaft unabhängig vom Alter der Mutter werden verdrängt. Für die wenigen Fälle, in denen ein auffälliger Befund vorlag und in denen sich das Paar zu einer Abtreibung in dieser späten Phase der Schwangerschaft (bis 24. Woche) entschloß, werden häufig schwere depressive Verstimmungen, Schuldgefühle und intensive Trauerreaktionen berichtet (Rothman, 1986).

Die Ergebnisse zahlreicher Verlaufsstudien zur ersten Schwangerschaft stimmen in den *charakteristischen Emotionen dieser Zeit* überein. Danach liegt im mittleren Schwangerschaftstrimester *das niedrigste Niveau von Ängsten* vor. Die psychosomatischen Beschwerden sinken, psychisches Wohlbefinden erreicht das höchste Niveau während der Schwangerschaft und die Partnerbeziehung wird günstiger eingeschätzt (Erickson, 1967; Grossman et al., 1980; Lukesch, 1981; Lubin et al., 1975; Pfoffenberger et al., 1952; Shereshefsky und Yarrow, 1973). Die sexuellen Bedürfnisse der Frau steigen teilweise wieder an (Coleman, 1969). Leifer (1980) berichtet bei ihrer kleinen Stichprobe allerdings schon ab der Mitte der Schwangerschaft eine Zunahme ambivalenter Gefühle und einen Abfall der Zufriedenheit mit dem eigenen Körper. Negative Gefühle im 7. Monat hängen zusammen mit vorhergehenden psychiatrischen Schwierigkeiten, Menstruationsschwierigkeiten und allgemeiner Ablehnung der Schwangerschaft (Hertz & Molinski, 1980; Wolkind & Zajicek, 1981). Die Verarbeitung der neuen Information über das Kind entweder über Ultraschall, über das Spüren der Kindesbewegungen und die erleichternde Information, daß schwerwiegende genetische Defekte ausgeschlossen werden können, tragen alle dazu bei, daß in der kognitiven Aktivität der Frau eine Trennung von eigenem Selbst und Kind beginnt. Ich habe dies als *Entstehung der Vorstellung vom Kind als eigenem Wesen* bezeichnet. Empirisch ließ sich nachweisen, daß nach Auftreten der Kindesbewegungen die Vorstellungen der Frau über das Kind als differenziertes Wesen ansteigen (Gloger-Tippelt et al., 1985). Heute wird diese Konkretisierung des Kindes durch Fotos aus der Ultraschalluntersuchung oder durch die Verbreitung von Büchern mit Abbildungen über Embryonalentwicklung im Mutterleib unterstützt (vgl. Nilsson, 1978). Psychoanalytische Forscher interpretieren diesen Prozeß als Veränderung der Objektbesetzung der Frau. Der Wechsel der Kathexis vom eigenen Ich auf das sich entwickelnde Kind kennzeichnet den Beginn der Trennung des Kindes vom mütterlichen Selbst (Ballou, 1978; Bibring et al., 1961). Die körperlichen Rückmeldungen über die Bewegung des Kindes und die kognitiven Informationen über sein Geschlecht sowie Bilder über den Ultraschall fördern insgesamt die Phantasietätigkeit der Frauen über das Kind. Diese kognitive Aktivität kann als funktional für die Herstellung bzw. Vorbereitung einer Bindung an das Kind vor der Geburt interpretiert werden.

Die Informationen, die beide Eltern über das veränderte Körperbild der Frau und über das sich entwickelnde Kind aufgenommen haben, geben Anlaß zu einer *Veränderung der Selbstwahrnehmung und des Selbstbildes*. Der Prozeß verläuft parallel mit der allmählichen Differenzierung des Kindes als vom mütterlichen Körper getrennte Person. Die schwangere Frau beginnt mit dem *Aufbau einer Vorstellung von sich selbst als Mutter, der Mann als zukünftiger Vater*. Diese Selbstbildtransformation zeigt sich in einem oft zitierten Ergebnis von Shereshefsky und Yarrow, 1973 (vgl. Kap. 4.2). Danach stellten die Items »clarity in visualizing self as mother« im 7. Schwangerschaftsmonat den besten Prädiktor für die Akzeptierung der mütterlichen Rolle nach der Geburt und für günstige Merkmale des Kindes im Alter von einem und sechs Monaten dar. Eine neuere Untersuchung bestätigt dieses Ergebnis. Klare Vorstellungen von der Mutterrolle, Anpassungs- und Kompetenzmerkmale in der Mitte der Schwangerschaft trugen in bedeutsamer Weise als Prädikatoren von wünschenswerten kindlichen Merkmalen (Zielgerichtetheit, soziale Responsivität, Wachheit und Manipulation) im Alter von 12 Monaten bei (Heinicke et al., 1983). Ähnliche Indikatoren für die Konkretisierung eines Mutterbildes, das durch Interviews erhoben wurde, gelten in der Regel als »weibliche Identifikation« (Bibring et al., 1961; Arbeit, 1975). Einige Untersuchungen zeigen allerdings zu dieser Zeit ein eher idealisiertes Mutterbild im Vergleich zu Zeitpunkten nach der Geburt. Das Andauern einer Idealisierung der Mutterrolle nach der Geburt hängt mit negativen Folgen für das Kind zusammen (Niemalä, 1982). Empirisch ließ sich feststellen, daß sich das Selbstbild derjenigen gut an die Schwangerschaft angepaßten Frauen dem Bild der eigenen Mutter und der »guten Mutter« annähert. Dies wird als zunehmende Reife und Integration der Mutterrolle in das Selbstbild interpretiert (Breen, 1975; Wolkind & Zajicek, 1981; Shereshefsky und Yarrow, 1973). Nach Breens Verlaufsanalyse nimmt in der Konkretisierungsphase die wahrgenommene Ähnlichkeit mit dem Ehemann ab.

Über die Selbstbildänderungen der werdenden Väter im Vergleich zu den Frauen liegen wenig systematische empirische Ergebnisse vor. Als parallele psychische Verarbeitung der werdenden Väter berichten Osofsky & Osofsky (1980) aufgrund von klinischen Einzelfallstudien, daß Männer in dieser Zeit ihre Beziehung zu Vaterfiguren und zu Schwangerschaften der eigenen Mutter bearbeiten. Im Zusammenhang mit der Rollendifferenzierung des Paares wird allerdings der Aufbau einer Vorstellung von sich als Vater in vielen Punkten anders ablaufen und durch andere Inhalte gekennzeichnet sein. Als Konkretisierung der Vaterschaft können Berichte über das sog. *Couvade-Syndrom* gelten. »Rituelle Couvade ist ein Komplex von Verhaltensgeboten und -verboten, die dem Vater im Zusammenhang mit der Geburt eines Kindes aufgegeben sind« (Delaisie de Parseval, 1985, 65). Einerseits beinhalten viele kulturelle Bräuche, daß der Vater symbolisch den Platz der Mutter einnimmt und sich an ihrer Stelle pflegen läßt. Dagegen sind heute individuelle Erscheinungsformen häufiger, die als unbewußte Wünsche der Väter interpretiert werden, an der mütterlichen Rolle teilzuhaben. Psychosomatische und psychiatrische Beschwerden bei werdenden Vätern treten in einigen Studien bei über 65 % der Stichprobe auf (Shereshefsky und Yarrow, 1973;

Delaisi de Parseval, 1985; Fthenakis, 1985). Wolkind und Zajicek (1981) fanden, daß die Vaterbeteiligung um so höher war, je mehr Zeichen für Couvade auftraten. Auf dem Hintergrund der neuen Methoden der Fertilisierung und der genetischen Beratung muß diese ethnologische Kategorie neu bewertet werden. Das Informationsgefälle zwischen Frau und Mann, das früher bzw. in weniger modernisierten Gesellschaften im Hinblick auf die Schwangerschaft bestand, wird heute tendenziell, zumindest im ersten Teil der Schwangerschaft, aufgehoben. Mann und Frau sind in starkem Maße auf medizinische Informationen angewiesen. Es ist daher zu vermuten, daß aufgrund der früheren Verdeutlichung des Kindes auch eine Ausdifferenzierung der Vaterrolle früher beginnt. Ein spezieller Aspekt der Selbstbildveränderung, und zwar der *Aufbau von Kontrollüberzeugungen und Selbstvertrauen als Vater und Mutter* kann mit der Entstehung eines Kind- und Elternkonzeptes im Zusammenhang gesehen werden. Die nun zunehmende Thematisierung der Mutter- und Vaterrolle kann man als Voraussetzung für die Herausbildung eines Vertrauens, die mit dieser Rolle verbundenen Anforderungen bewältigen zu können, verstehen. Shereshefsky und Yarrow (1973) fanden eine hohe Korrelation der Einzelmerkmale »Vertrauen auf sich selbst als Mutter« in der Schwangerschaft mit den Merkmalen »Vertrauen in die mütterliche Rolle« und Akzeptierung dieser Rolle drei Monate nach der Geburt. Das in der Konkretisierungsphase vorherrschende Wohlgefühl und ein relativ niedriges Angstniveau schaffen einen emotionalen Zustand, auf dessen Hintergrund sich eine positive Grundhaltung für den weiteren Verlauf der Schwangerschaft und für die Geburt herausbilden kann. Kontrollerfahrungen macht die Frau dadurch, daß sie den schon in der Anpassungsphase veränderten Lebenswandel und ihr Gesundheitsverhalten weiterhin gezielt auf das Kind einstellt. Bei beiden Partnern kann die Vorstellung von sich selbst in der Elternrolle in Planungen und Handlungen umgesetzt werden, die auf das erwartete Kind orientiert sind. Auch die Beendigung von Lebensaufgaben, die nicht mit Säuglingspflege vereinbar sind (wie Reisen, Ausbildungsabschlüsse, berufliche Veränderungen) und Aktivitäten, die langfristig für das Leben mit dem Kind gedacht sind (Wohnortveränderungen), können als aktive Gestaltung und Kontrolle der Lebenssituation verstanden werden. Im Zusammenhang mit der Entstehung der Kind- und der Elternkonzepte interpretiere ich die Zunahme an subjektiven Kontrollmöglichkeiten auch als einen Aspekt der Konkretisierung der Schwangerschaft. Systematische Erhebungen von Kontrollerleben im Verlaufe der Schwangerschaft liegen bisher noch nicht vor.

Die sozialen Erfahrungen der werdenden Eltern wirken sich verstärkend auf die genannten Veränderungen des Selbstbildes aus. Ein verändertes Körperbild, veränderte Kleidung, sind soziale Erkennungszeichen der Schwangerschaft, z. T. wird sogar von einer sozialen Stigmatisierung gesprochen (Leifer, 1980; Miller, 1978). Die Umwelt nimmt nun eine deutliche Kategorisierung der Frau als Schwangere vor. Spezifische Verhaltensweisen und artikulierte Erwartungen anderer Personen in der Öffentlichkeit oder am Arbeitsplatz machen die Frau und den Partner darauf aufmerksam, daß sie nun »in anderen Umständen« sind. Diese Rückmeldung bestätigt das Selbstkonzept, nun »wirklich schwanger« zu sein und ein Kind zu erwarten. Die Teilnahme an regelmäßigen Vorsorgeuntersuchungen beim Arzt, gelegentlich auch bereits der Beginn einer Schwangerschaftsgymnastik oder Geburtsvorbereitung und die Kommunikation mit Freunden und Familienmitgliedern verdeutlichen dem Paar bereits den Zeitpunkt der erwarteten Geburt. Da dieser Termin jedoch noch in genügender Zukunft liegt, berichten einige Paare von Aktivitäten, die bewußt zu diesem Zeitpunkt des relativen Wohlgefühls und der geringen körperlichen Belastung durch die Schwangerschaft geplant werden. In der beschriebenen Konkretisierung des Kindes und der Elternschaft wird die Rolle als zukünftige Mutter und zukünftiger Vater hypothetisch entworfen, d. h. die Rollen werden oft noch idealistisch überhöht.

4.7 Phase der Antizipation und Vorbereitung (ca. 32. bis 40. SSW)

Mit dem Vorherrschen körperlicher Beschwerden am Ende der Schwangerschaft und der unmittelbaren Erwartung der Geburt setzt eine neue psychische Verarbeitungsphase des Übergangs zur Elternschaft ein. Allerdings kann der *Beginn einer erlebten körperlichen Belastung* von Frau zu Frau schwanken, eine Veränderung deutet sich ab der 32. SSW an. Als psychologisches Merkmal für den Beginn der letzten vorgeburtlichen Phase kann ein *Wechsel der Zeitperspektive* des Paares angesehen werden. Anstelle der »Zeit bisher in der Schwangerschaft« steht die »Zeit, die noch bis zur Geburt verbleibt« im Zentrum der Aufmerksamkeit. Wie dominierend die Orientierung auf das zukünftige Ereignis und die innere Bereitschaft zur Beendigung der Schwangerschaft wird, hängt von der allgemeinen Lebenssituation des Paares ab. Einen sozial institutionalisierten Abschnitt stellt in der BRD die Freistellung der Frau von der Erwerbstätigkeit 6 Wochen vor der Geburt dar. Die erste Geburt und die Ankunft des neuen Kindes wird von Paaren heute als ein höchst bedeutsames Ereignis wahrgenommen, das sowohl positive, bereichernde als auch negative Erlebniselemente wie Angst, Schmerz und Unsicherheit beinhaltet. Aufgrund der relativ klaren zeitlichen Vorhersehbarkeit dieses Ereignisses ist eine Antizipation und Vorbereitung zu erwarten.

Neue *Informationen* ergeben sich für die Frau und den Mann aus zwei Erfahrungsbereichen: (1) Die körperlichen Veränderungen der Frau erreichen jetzt ihren Höhepunkt. Das Körperbild weicht maximal von dem gewohnten Bild ab. (2) Alle Alltagstätigkeiten sind von nun an durch das bevorstehende Ereignis der Geburt geprägt. Die inzwischen großen Veränderungen des Körperbildes bestehen in einer maximalen Bauchdehnung, der Nabel tritt hervor, der Gang verändert sich, die körperliche Beweglichkeit ist eingeschränkt. Verschiedene Beschwerden steigen an, wie Beeinträchtigung des Kreislaufes, Verdauungsbeschwerden, Schlaflosigkeit, intensive Beschäftigung mit dem Gewicht u. ä. Diese Veränderungen werden von der Frau überwiegend negativ erlebt und führen zu einer emotionalen Labilisierung (Leifer, 1980; Wolkind und Zajicek, 1981). Für den Mann ergeben sich aus der ungewohnten körperlichen Erscheinung seiner Partnerin unmittelbar neue Informationen, die spätestens jetzt eine Erweiterung seines Frauenbildes erforderlich machen. Weiterhin stellt der Umgang mit einer teilweise verunsicherten, auf Unterstützung angewiesenen Partnerin nun indirekt eine neue Aufgabe dar. Der Mann wird in diesen Wochen vor der Geburt in westlichen Kulturen mit seiner vorrangigen Aufgabe als werdender Vater konfrontiert, nämlich seine Frau vor allem emotional zu unterstützen und auf diese Weise einen sicheren Übergang für das Kind vorzubereiten. *Bei beiden Partnern richtet sich die Aufmerksamkeit auf die unmittelbare Zukunft,* die Geburt. Das Kind, das sich in der Vorstellung von Mann und Frau inzwischen zu einem eigenen Wesen entwickelt hat, wird nun im Prozeß der körperlichen Trennung von der Mutter antizipiert; die erste Begegnung wird in Gedanken durchgespielt. Dazu müssen eine Vielzahl von Informationen eingeholt und verarbeitet werden.

Spätestens jetzt sammelt das Paar Informationen über verschiedene Geburtsmethoden, über mögliche Risiken für Mutter und Kind, fällt Entscheidungen über den Ort und die bevorzugte Methode der Entbindung (Hausgeburt, ambulante Geburt, Klinikgeburt), die geplante Versorgung von Mutter und Kind direkt nach der Geburt (z. B. Rooming in, häusliche Hilfen) und die bevorzugte Ernährungsweise des Säuglings (Stillen, Flaschenfütterung).

Entwisle und Doering (1981) fanden im 9. Monat den höchsten Informationsstand über die Geburt im Verlauf der Schwangerschaft. Die detaillierten Erwartungen über die Dauer der einzelnen Geburtsphasen und das Schmerzerleben trafen bei dieser

Gruppe jedoch später nicht zu. Auch Wolkind und Zajicek (1981) bestätigen das hohe Ausmaß an Planung, Vorbereitung und konkreter Antizipation bei ihrer Stichprobe von Angehörigen der Londoner Unterschicht bis unteren Mittelschicht.
Die kognitiven Anforderungen an die Verarbeitung neuer Informationen sind von *markanten emotionalen Zuständen* begleitet. Verlaufsstudien berichten mit hoher Übereinstimmung, daß sich die Grundstimmung am Ende der Schwangerschaft zu negativen und ambivalenten Gefühlen hin verschiebt. Vor allem *Ängste und emotionale Konflikte* in verschiedenen Bereichen steigen im 3. Trimester auf das höchste Maß an (Erickson, 1967; Grimm, 1961; Hanford, 1968; Leifer, 1980; Lubin et al., 1978; Lukesch, 1981; McDonald et al., 1963; Pfoffenberger et al., 1952).

Als vorherrschende Ängste zu dieser Zeit wurden gesammelt: Ängste vor einem behinderten oder toten Kind, Ängste vor der Geburt, vor Schmerzen bei den Wehen, Todesfurcht, Angst vor Komplikationen, Angst, die Selbstkontrolle während des Geburtsvorgangs zu verlieren, Angst, allein gelassen zu werden, ausgeliefert zu sein an einen autonom ablaufenden, nicht steuerbaren biologischen Vorgang und schließlich Ängste vor ärztlichen Maßnahmen (Lukesch, 1981, Seemann, 1981).

Mit steigenden Ängsten nehmen negative Symptome wie Reizbarkeit, Stimmungslabilität, Depressivität, Gefühle von Hilflosigkeit und Schutzbedürftigkeit sowie allgemeiner Rückzug auf sich selbst bei der Frau zu. Beide Partner zeigen ein hohes Maß an psychosomatischen Beschwerden (Brüderl, 1982; Grossman et al., 1980; Lessing, 1982). Sexuelle Bedürfnisse der Frauen nehmen ab, die Bedürfnisse nach Zärtlichkeit und Schutz steigen. Für die letzten drei Schwangerschaftsmonate werden negative Einstellungen zu verschiedenen Bereichen berichtet (Lukesch und Lukesch, 1976; Doty, 1967). Über die psychologische Funktion und Wirkung der vielfältigen Ängste liegen allerdings widersprüchliche Thesen vor, und zwar soll Angst einerseits ungünstige Auswirkungen auf die Geburt haben, andererseits eine antizipatorische Verarbeitung ermöglichen.

Einerseits erschweren Ängste eine angemessene Problembewältigung. Ein negativer Zirkel von Angst, Reizbarkeit, höherem Medikamentenkonsum bei der Geburt, größeren Abweichungen in der Dauer des Geburtsprozesses (größere Varianz), und teilweise negativen Auswirkungen auf die Säuglingsentwicklung konnte nachgewiesen werden (Davids und Holden, 1970; Doty, 1967; Grimm und Venet, 1966; Jarrahi-Zadah et al., 1979; Klusman, 1975; Lukesch, 1981; McDonald et al., 1963). Bei der Prüfung dieser Hypothese standen allerdings häufig differentialpsychologische Fragen wie die Auswirkungen hoher vs. niedriger allgemeiner Trait-Angst auf den Geburtsverlauf und weniger die spezifischen Inhalte von Geburtsängsten im Vordergrund (z. B. Doty, 1967; vgl. Lukesch, 1981). Die entgegengesetzte These geht davon aus, daß Ängste einer antizipatorischen Bewältigung der Bedrohung durch die bevorstehende Geburt dienen. Sorgen und Ängste als Ausdruck einer aktiven Verarbeitungsstrategie vor der Geburt haben dann eine günstige Wirkung auf die Qualität des Geburtserlebens und auf den Geburtsablauf (Entwisle und Doering, 1980; Lukesch, 1981). Für die antizipatorische Wirkung von Angst spricht ein Ergebnis, wonach Frauen mit einem Angstabfall vor der Geburt eher komplikationsreiche Geburten, Frauen mit einem Anstieg der Angst eher eine niedrige Komplikationsrate zeigten (zitiert in Davies & Beckmann, 1982; vgl. Breen, 1975). Das Fehlen von jeglicher Angst wird als pathologischer Hinweis gewertet.

Für Mann und Frau steht nun das Vater- bzw. Mutterwerden unmittelbar bevor. Frauen antizipieren in stärkerem Maße einen Bruch in ihrem Selbstbild, da sie körperlich an dem Geburtsablauf mehr beteiligt sind. Der Prozeß der Trennung des Kindes vom eigenen Körper ist ein sowohl mit Neugier und Spannung, aber auch mit Ängsten erwarteter Höhepunkt des Elternwerdens. In gewisser Weise wird er während der Schwangerschaft als vorläufiger Gipfel- und Endpunkt eines Prozesses gesehen, der zunächst erreicht und sicher überwunden werden muß. Rückblickend beurteilen die Paare die Fokussierung auf die Geburt häufig als Einschränkung ihres Vorstellungsvermögens, vor allem im Vergleich zu den täglichen Anforderungen bei der Betreuung des

Kleinkindes. In den Vorstellungen der Eltern zu dieser Zeit steht oft das Baby nach der Geburt im Zentrum. Die Phantasien über das Aussehen des Kindes, sein Geschlecht, seine Aktivität und andere auch psychische Merkmale sind in dieser Zeit sehr ausgeprägt. Die handelnde Vorbereitung auf das Kind umfaßt Tätigkeiten wie Einrichten eines Kinderzimmers, eines Bettchens und Vorbereitung der Kleidung des Babies. Ein wichtiger Bereich der Planung und Antizipation der Eltern ist die Entscheidung für eine bestimmte Ernährungsweise des Kindes (Stillen vs. Flaschenfütterung), da sie weitreichende Folgen für die Arbeitsteilung des Paares hat. Die Teilnahme an Säuglingspflegekursen hat sowohl einen vorbereitenden Charakter, sie fördert auch eine relativ *konkrete Antizipation des Kindes als Neugeborenes* (wie faßt man es an, wie groß, wie schwer ist es, wie pflegt man es). Für die Frau ist die Antizipation des Babies beim Stillen ein emotional wesentlicher Aspekt. Antizipatorische Vorbereitung hat jedoch dort eine Grenze, wo es um psychische Leistungen wie das Verstehen der Bedürfnisse des Babies geht. Vertritt man die Auffassung einer sequentiellen Verarbeitung des Elternwerdens, dann könnte gefolgert werden, daß das neuerdings beachtete Merkmal der mütterlichen (bzw. väterlichen) *Feinfühligkeit* i. S. eines Verstehens der Signale des Kindes erst nach der Geburt sukzessive aufgebaut werden kann. Allerdings bilden Einstellungen zur Mutterrolle und zur Partnerschaft relevante Vorläufer hierzu (Engfer & Gavranidou, 1986). Auch der Aufbau und die Konsolidierung einer Vorstellung vom Kind in der Antizipationsphase kann als ein Vorläufer mütterlicher Feinfühligkeit gelten. Diese Betrachtung der mütterlichen/väterlichen Feinfühligkeit als Entwicklungsprodukt steht im Gegensatz zu der bisher überwiegenden Behandlung dieser Variable als differentielles Persönlichkeitsmerkmal (Ainsworth et al., 1978; Sluckin et al., 1983; Wiesenfeld & Malatesta, 1983).

Die deutliche Antizipation des Kindes und der Mutter- bzw. Vaterrolle sowie die bestehende Unsicherheit und Unerfahrenheit in diesen Rollen verstärken bei den Eltern das *Bedürfnis nach Kontrolle und Sicherheit.* Viele vorbereitende Aktivitäten der Frau und des Mannes erfüllen aus psychologischer Sicht die Funktion, Einfluß und Kontrolle zu gewinnen. Aktivitäten wie die Sammlung von Informationen, die Teilnahme an Geburtsvorbereitungskursen, Erlernen von Atem- und Entspannungstechniken und die partnerschaftliche Kommunikation stellen Versuche dar, auf die zukünftigen Ereignisse einen steuernden Einfluß zu nehmen und ihnen nicht passiv, hilflos ausgeliefert zu sein. Das Gewinnen von Kontrolle kann als Kern vieler Bewältigungsstrategien gesehen werden, die bestehende Unsicherheit, Ängste und negative Stimmungen vor der Geburt zu überwinden (Brüderl, 1982).

Für eine spezielle Stichprobe Londoner Unterschichtfrauen mit geringer Vorbereitung auf die Geburt beschreibt Hubert (1976) derartige kognitiv-emotionale Zustände. Bei diesen Frauen dominierte ein Gefühl der Gleichmut, das mit der Vorstellung gekoppelt war, keinen Einfluß zu haben. Sie konnten auch die Zeichen für den Beginn der Geburt nicht deuten, fühlten sich dem biologischen Geschehen völlig ausgeliefert und hatten stark negative Einstellungen. Für untere Sozialschichten und für Mehrgebärende wurden mehrfach negative Einstellungen zu Schwangerschaft und Geburt bestätigt (Doty, 1967; Lukesch, 1981).

Mit der Evaluation von Vorbereitungskursen wird versucht einzuschätzen, wieweit eine antizipatorische Vorbereitung tatsächlich zu einer besseren Kontrolle und zu größerem Wohlgefühl in der Situation der Geburt führt. Hierbei erwies es sich als schwierig, die Effekte der reinen Vorbereitung von allgemeinen Ausgangsbedingungen des Paares, z. B. dem Ausbildungsniveau, der ehelichen Kommunikation und der Qualität der Partnerbeziehung zu trennen (Entwisle & Doering, 1981; Fthenakis, 1985). Mehrere Arbeiten zeigen einen generell positiven Effekt der Vorbereitung auf das Geburtserleben auch dann, wenn die Ausgangsbedingungen kontrolliert wurden (Doering et

al., 1980; Klusman, 1975). Ein Vergleich deutscher vorbereiteter und nichtvorbereiteter Väter ergab einige langfristige Effekte. Vorbereitete Väter zeigten drei Monate nach der Geburt eine höhere Pflegebeteiligung und mehr Körperkontakt mit dem Kind. Mit neun Monaten waren die Unterschiede zwischen den Vätergruppen allerdings statistisch weniger bedeutsam (Nickel et al., 1986). Innerhalb der Kommunikation des Paares spielt die *antizipierte Vaterbeteiligung* eine Rolle, d. h. Vereinbarungen über seine Beteiligung bei der Geburt und bei der späteren Kinderpflege. Einige Studien belegen größere antizipierte Vaterbeteiligung bei geplanten Schwangerschaften und bei guter Partnerbeziehung. Die vor der Geburt von den Vätern geäußerten Zeitvorstellungen für ihre Beteiligung an der Kinderpflege stimmen mit der tatsächlich später gezeigten Beteiligung oft nicht überein (Fthenakis, 1985).
Soziale Kontakte, medizinische Vorsorgungsregelungen und die impliziten Normen der weiteren sozialen Umwelt verweisen das Paar häufig auf die bevorstehende Geburt. In unserer Kultur gibt es für diesen Prozeß außer der medizinischen Betreuung wenig strukturierte Regeln. Ethnologische Vergleiche zeigen dagegen in vielen Kulturen rituelle Verhaltensweisen für beide Eltern. Besonders erforscht wurden die Formen der Couvade für den Mann (Delaisi de Parseval, 1985). Antizipatorische Verarbeitung und Vorbereitung auf die unmittelbar bevorstehende Geburt und den Beginn der Elternschaft sind empirisch gut belegt. Zögert sich der Zeitpunkt der Geburt erheblich über den erwarteten Termin hinaus, so kann eine intensive Antizipation und ungeduldige Erwartung der Geburt und des Kindes sehr belasten. Im umgekehrten Fall kann das Eintreten einer unerwartet frühen Geburt die Zeit für eine konkrete Antizipation des Kindes und der Elternrolle extrem verkürzen, so daß das Paar keine ausreichende psychische Verarbeitung dieses Schrittes beim Übergang zur Elternschaft leisten konnten (vgl. Kap. 6). Im nächsten Abschnitt werden die Geburt und daran anschließende Schritte der frühen Elternschaft beschrieben. Am Ende des fünften Kapitels werden alle Phasen im Überblick zusammengefaßt und durch eine Graphik veranschaulicht.

5. Schritte des Übergangs zur Elternschaft II: Erste Geburt und frühe Elternschaft

Mit der Geburt tritt das Kind als eigene Person in das Leben der Eltern. In diesem Kapitel werden die an die Schwangerschaft anschließenden Veränderungen in der Elternschaft geschildert. Sie lassen sich in vier Phasen unterteilen und erstrecken sich von dem allerersten Kontakt zum Kind bei der Geburt bis ungefähr zu seinem ersten Geburtstag.

5.1 Geburtsphase

Die zeitliche Erstreckung dieses Kulminations- und Wendepunktes der Familienentwicklung wird durch den weitgehend autonom ablaufenden Geburtsprozeß festgelegt. Zeitangaben vom Beginn der Eröffnungsphase, den ersten Wehen über die Austreibungs- bis zur Nachgeburtsphase zeigen erhebliche interindividuelle Variationen. Durchschnittlich werden für die Eröffnungsphase neun Stunden, für die Austreibungsphase drei Stunden angesetzt (Pschyrembel & Dudenhausen, 1986). Die reine Dauer des Geburtsprozesses hat jedoch eine geringere psychologische Bedeutung als das Erleben der Geburt. Nur die Dauer der Eröffnungsphase wies einen Zusammenhang mit erschwerenden psychischen und physischen Merkmalen auf (Wolkind & Zajicek, 1981). In diesem Kontext sollen vor allem die Aspekte der ersten Geburt angesprochen werden, die sich auf den psychologischen Übergang von einer antizipierten zu einer konkreten Elternschaft beziehen, d. h. auf das Erleben des Gebärens und den ersten Kontakt mit dem Kind. Medizinische Bedingungen des normalen und des pathologischen Geburtsverlaufes werden vernachlässigt (s. Martius, 1985; Pschyrembel & Dudenhausen, 1986).
Das Geburtserleben von Frau und Mann ist zu einem großen Teil dadurch bestimmt, daß die Geburtssituation sowohl eine biologische als auch eine soziale Situation darstellt. Das äußere Setting der durchschnittlichen Geburt im Kreißsaal, einer Kaiserschnittgeburt, einer ambulanten Geburt oder einer Hausgeburt wird sehr verschieden beschrieben. In den letzten Jahren haben in allen westlichen Ländern einschneidende Veränderungen der Entbindungspraxis stattgefunden, die Geburtshilfe ist weniger an der Geburtsmechanik orientiert, sondern auf Prävention und Überwachung des Geburtsverlaufs und auf Verbesserung des psychologischen Erlebens der Geburt ausgerichtet (»natürliche Geburt« oder »familienzentrierte Geburt«, vgl. Garbarino, 1980; Leboyer, 1975; Kitzinger, 1980). Die Häufigkeit verschiedener Geburtsmethoden ist auch in europäischen Ländern mit ähnlicher wirtschaftlicher Struktur durchaus unterschiedlich. In Westdeutschland überwiegt immer noch die Krankenhausgeburt, in Holland dagegen wird die Hausentbindung oder die ambulante Geburt bevorzugt, bei der das Paar einige Stunden nach der Geburt nach Hause entlassen wird (Davies & Beckmann, 1982; Hertz & Molinski, 1980; McFarlane, 1978).
Die Erfahrungen während der Geburt sind für die Frau erheblich besser dokumentiert, erst seit kurzer Zeit untersucht man, wie sich die Anwesenheit des Vaters auswirkt

(Doering et al., 1980; Fthenakis, 1985). Nicht nur der biologische Ablauf der Geburt, sondern auch die »normalen psychischen Veränderungen während der Geburt« werden als autonome Prozesse beschrieben (Hertz & Molinski, 1980). Die psychische Leistung der Frau während des Gebärens wird von psychoanalytischer Seite vor allem darin gesehen, zwei entgegengesetzte psychische Tendenzen auszubalancieren. Einerseits muß sich die Frau der Autonomie dieses Naturvorganges überlassen, d. h. ein Vertrauen in den Fortschritt und Ablauf der Wehen entwickeln und diese in gewisser Weise passiv und unter starken Schmerzen akzeptieren, vor allem in der Eröffnungsphase. Andererseits wird von ihr eine aktive Haltung gefordert in dem Sinn, diesen Prozeß zu verstehen, um unter dem Einsatz von Kraft und schwerer Arbeit das Kind zu gebären. Diese »Verbindung von aktiven und passiven Impulsen« zu einem ausgewogenen Gleichgewicht stellt besonders bei der Neuheit der ersten Geburt eine extreme Anforderung an die Frau dar (Hertz & Molinski, 1980). Ihre *kognitiven Prozesse* bestehen darin, innere körperliche Signale wahrzunehmen, abzuschätzen und sie mit den Anweisungen der Hebamme, des Arztes und z. T. des Partners in Übereinstimmung zu bringen. Die Leitlinie für ihr Handeln wird nur z. T. durch das eigene Wohlbefinden bestimmt, vor allem durch die Sicherheit und das Wohlbefinden des Kindes während der Geburt. Aufgrund des fortschreitenden physiologischen Ablaufs der Geburt muß sie ständig neue Rückmeldungen verarbeiten und ihr Gebärverhalten danach orientieren. Diese Tätigkeit wird dadurch erschwert, daß mit Fortschritt der Geburt häufig Einschränkungen des Bewußtseins und der Wahrnehmungen der Frau eintreten. Ein solcher Zustand verstärkt die Hilfsbedürftigkeit und Not der Frau während der Geburt. Ihre *emotionale Befindlichkeit* wird durch starkes Schmerzempfinden, starke existentielle Angst, Hilflosigkeit, Verlust an Selbstkontrolle und z. T. Todesfurcht bei gleichzeitiger extremer körperlicher und psychischer Anstrengung gekennzeichnet. Die Psychoanalyse deutet die Geburt als eine Situation der Ichschwächung und Regression. Das Ziel verschiedener psychoprophylaktischer Geburtsvorbereitungskurse ist daher, die Frau und das Paar auf einen solchen Zustand vorzubereiten und sie mit Verhaltensweisen, konkreten Techniken und Einstellungen auszustatten, die zu einer Bewältigung der Anforderungen in der Geburtssituation beitragen. Die Anwendung verschiedener Atemtechniken, Entspannungsmethoden ebenso wie die Anwesenheit und psychische Unterstützung durch den Partner können als Versuche des Paares gesehen werden, *Kontrolle* zu gewinnen.

Als ein Aspekt der Wechselwirkung zwischen körperlichen und psychischen Faktoren wird *das Angst-Spannungs-Schmerz-Syndrom* mehrfach in der Literatur dargstellt (Davies-Osterkamp & Beckmann, 1982; Lukesch, 1981). Differentialpsychologisch ist hier bedeutsam, daß Frauen mit einer allgemeinen Angstbereitschaft und erhöhter emotionaler Labilität, die jedoch oft nur zu einem Zeitpunkt, z. T. zum Beginn der Schwangerschaft gemessen wurde, erschwerte Geburten und Geburtskomplikationen aufweisen (Breen, 1975; Davies-Osterkamp & Beckmann, 1982; Lukesch, 1981; McDonald et al., 1963; Pschyrembel & Dudenhausen, 1986). Mehrere empirische Untersuchungen belegen – jeweils an verschiedenen Punkten – Zusammenhänge in der Wirkungskette: negative Einstellungen zur Schwangerschaft – Angst-Gebärverhalten (unregelmäßige, flache Atmung, Verkrampfung der Muskulatur) – Geburtsschmerz – Medikation – vermindertes Bewußtsein – Geburtskomplikationen – negative Auswirkungen auf das Neugeborene (Doering et al., 1980; Engfer & Gavranidou, 1986; Grimm & Venet, 1966; Grossman et al., 1980; Klusman, 1975; Lukesch, 1981; McDonald, 1968; McDonald et al., 1963; Wolkind & Zajicek, 1981; Yang et al., 1976; Zuckerman et al., 1963). Streß und erhöhte Angst in der Schwangerschaft wirken sich negativ auf das Kind während der Geburt und auf den Zustand des Neugeborenen aus, und zwar als erhöhte Morbidität und Mortalität, z. T. erhöhte Aktivität, mehr Schreien, geringere neurologische Reife, geringere Responsivität sowie als allgemeine Beeinträchtigung der Verhaltensausstattung (i. S. des Apgar-Index oder der Brazelton Neonatal Behavioral Assessment Scale). Entscheidend sind die geringeren Fähigkeiten zur Nahrungsaufnahme und Atmung (Bowes et al., 1970; Davies-Osterkamp & Beckmann, 1982; Doty, 1967; Keller & Meyer, 1982; Lester et al., 1982; Lukesch, 1981; Yang, 1981). Der Angst-Spannungs-Schmerz-Zirkel hat für die Frau und den Mann nicht nur intensive Belastungen und Schmerzen zur Folge, sondern wirkt sich auch ungünstig auf die Kontaktaufnahme zum Kind nach der Geburt aus. Bei Erstgebärenden im Vergleich zu Mehrgebärenden, und bei ledigen im Vergleich zu verheirateten Frauen findet sich eine höhere Komplikationsrate (Martius, 1985; Pschyrembel & Dudenhausen, 1986).

Faktoren, die das Niveau der Geburtsängste bestimmen, sind vielfältig, z. B. Lerngeschichte (Geburtenangst als kulturelles Stereotyp), Persönlichkeitsfaktoren, niedrige Sozialschicht als Kombination von geringer Information, mehr Streß, externaler Kontrollüberzeugung und schlechter materieller Situation (Lukesch & Lukesch, 1981; Scott-Palmer & Skevington, 1981). Kausale Aussagen über die Wirkung einzelner Determinanten auf bestimmte Geburtskomplikationen sind aufgrund bisheriger Untersuchungen nicht möglich. Lukesch & Lukesch (1976) und Lukesch (1981) berichteten Zusammenhänge zwischen den Skalen eines deutschsprachigen Fragebogens über Einstellungen zu Schwangerschaft, Sexualität und Geburt (SSG, s. 4.2) und bestimmten kindlichen Merkmalen wie hoher/niedriger motorischer Aktivität (vgl. SSG in Kap. 4.2). Vereinfachende Typisierungen der Mütter (z. B. Rottmann in Lukesch, 1981) erscheinen als zu kurzgegriffen.

Geburtsschmerzen gelten heute, wie andere Schmerzformen auch, als nicht mehr ausschließlich physiologisch meßbar und erklärbar, eine große Zahl von psychischen Faktoren spielen eine Rolle (Davies-Osterkamp & Beckmann, 1982; Melzak, 1978; Seemann, 1981). Erstgebärende beurteilen das Ende der Eröffnungsphase als die Zeit mit der höchsten Schmerzintensität im Vergleich zu allen anderen Geburtsphasen (Zader in Lukesch, 1981). Es bestehen große interindividuelle Variationen in der Schmerzwahrnehmung, die subjektiven Angaben über Schmerz korrelieren auch nicht mit medizinischen Variablen über den Geburtsverlauf und nicht mit der Schmerzmedikation (Davies-Osterkamp & Beckmann, 1982). Einen Überblick über die verfügbaren Analgetika und Anästhetika geben z. B. Lukesch (1981) und Pschyrembel & Dudenhausen (1986). Medizinische und psychologische Interventionen beanspruchen, diese Wirkungskette an verschiedenen Punkten aufzubrechen. Neuere Ansätze der Geburtshilfe verfolgen mehrere Ziele: die Sicherheit von Mutter und Kind zu optimieren, die Geburtsschmerzen zu reduzieren und psychosoziale Bedingungen der Geburt so zu gestalten, daß die Bildung einer positiven Mutter-Kind- bzw. Vater-Kind-Beziehung gefördert wird und das Paar die Geburt positiv erlebt hat. Allerdings können heute mehrere Konflikte zwischen medizinischen und psycho-sozialen Geburtsmethoden auftreten (Davies-Osterkamp & Beckmann, 1982).

Beispielsweise zeigte sich, daß die seit einiger Zeit gebräuchliche Technik der Geburtseinleitung sich in mehreren Merkmalen als nachteilig erweist. Bei eingeleiteten Geburten werden mehr Schmerzmittel verbraucht als bei spontanen, der Geburtsschmerz wird nicht geringer eingestuft, die Methode wird von Frauen nachträglich abgelehnt und die Babies erfordern mehr klinische Betreuung. Ähnliches gilt für die Epiduralanästhesie, die zwar das Bewußtseinsniveau nur geringfügig senkt, es aber der Frau aufgrund des Empfindungsverlustes unmöglich macht, die Geburt aktiv mitzuvollziehen (Kitzinger, 1980; McFarlane, 1978).

Aus psychologischer Sicht ist das Konstrukt der *Qualität des Geburtserlebens* am besten zur Beschreibung geeignet: Die häufig isoliert erfaßten Aspekte wie Geburtsängste, Schmerzempfinden, Partneranwesenheit u. ä. können als mehr oder weniger einflußreiche Komponenten in dieses kombinierte Konstrukt eingehen, das zu unterschiedlichen Zeitpunkten nach der Geburt erfaßt wird. Die Qualität des Geburtserlebens ließ sich in den Untersuchungen von Doering et al. (1980) und Entwisle & Doering (1981) durch mehrere Faktoren in folgender Reihenfolge bestimmen: Grad der Bewußtheit der Frau, Grad des Schmerzerlebens in der Eröffnungsphase, Beteiligung des Partners und Vorbereitungsniveau der Frau. Die Anwesenheit des Vaters fördert in direkter und indirekter Weise (z. B. über den Bewußtheitsgrad der Frau) ihr Geburtserleben. Das Geburtserleben des Vaters läßt sich durch die Variablen »aktive Rolle bei der Geburt«, Vorbereitungsgrad und die positive Geburtserfahrung der Frau vorhersagen.

Die *Beteiligung des Vaters an der Geburt* hängt eng mit seiner Beteiligung am Schwangerschaftserleben und mit der späteren Pflege des Kindes zusammen (Doering et al., 1980; Fthenakis, 1985; Wolkind & Zajicek, 1981). Viele Studien berichten über positive Wirkungen der Vateranwesenheit, wenn diese von beiden Partnern erwünscht war. Unter diesen Gegebenheiten unterstützt er das Geburtserleben der Frau positiv. Nach mehreren empirischen Untersuchungen erwies sich die Anwesenheit des Vaters bei der Geburt als Prädiktor für einen günstigen späteren Umgang mit dem Kind (Entwisle & Doering, 1981; Fthenakis, 1985; Nickel & Köcher, 1986). Palkovitz (1985) kommt dagegen zu einer skeptischen Einschätzung zahlreicher amerikanischer Untersuchungen, die eine größere Vaterbeteiligung in der späteren Kindheit mit Anwesenheit des Vaters bei der Entbindung und mit einem frühen und ausgedehnten Kontakt zu dem Säugling belegen wollen.

Aufgrund seines Literaturüberblicks über Studien mit Fragebögen und Beobachtungsmaßen zeigte sich eine positive Wirkung der Vateranwesenheit auf die Ehebeziehung. Häufig sind Einstellungs- und Persönlichkeitsmerkmale der Väter vor der Geburt nicht kontrolliert, bei vorbereiteten Vätern handelt es sich meistens um Angehörige der höheren Mittelschicht. Insofern gehen in die Qualität des Geburtserlebens auch Aspekte der Antizipation und Vorbereitung wie aktive Entwicklungskontrolle, der Erwerb von Vertrauen und Kompetenzen für diese Situation mit ein.

Bei *Kaiserschnittgeburten* wird Frauen ihre aktive Rolle beim Gebären genommen. Beide Partner sind in ihren Beeinflussungsmöglichkeiten eingeschränkt, insbesondere bei erwartungswidrigen Notfallkaiserschnitten, die sich in ihrer psychischen Verarbeitung stark von geplanten Kaiserschnitten unterscheiden (Trowell, 1982). Durch einen unerwarteten Geburtsverlauf wie Kaiserschnitt oder Frühgeburt können Gefühle des – zumindest körperlichen – Versagens entstehen, die bei Kaiserschnittgeburten jedoch durch positive Gefühle zu dem gesunden Kind ausgeglichen werden können. Die kognitiv-emotionale Umstellung und die körperliche Beanspruchung für die Frau ist bei Kaiserschnittgeburten in der Regel größer als bei Spontangeburten. Es wurden auch ungünstige Auswirkungen auf die emotionale Befindlichkeit der Frau nachgewiesen, jedoch keine langfristigen Wirkungen auf die Mutter-Kind-Beziehung (Trowell, 1982). Dagegen wird eine Schnittentbindung als gute Chance für den Vater bewertet (Fthenakis, 1985). Die Gelegenheit zu frühem und intensivem Erstkontakt mit dem Kind wirkt sich günstig auf sein Verhalten und die Beziehung zum Kind aus; auch für Frühgeborene wird eine erhöhte Vaterbeteiligung berichtet (in Goldberg, 1983; Parke & Tinsley, 1984).

Der Höhepunkt der Geburt besteht für die Eltern in der *ersten Begegnung mit dem Kind* direkt nach der Entbindung. Beobachtungen haben eine typische Abfolge elterlicher Verhaltensweisen bei der Kontaktaufnahme gezeigt: Das Kind wird vorsichtig mit den Fingerspitzen berührt, die Eltern blicken in die Augen des Kindes, lächeln es an und sprechen zu ihm. Häufig fallen in den ersten Minuten Bemerkungen über das Geschlecht, das Aussehen oder Familienähnlichkeiten des Kindes (McFarlane, 1978). Ethologisch orientierte Bindungstheoretiker haben für die erste Zeit direkt nach der Geburt den Begriff der *sensiblen Phase* oder abgeschwächt der *optimalen Phase* geprägt

(Klaus & Kennell, 1976; Myers, 1984 a). Damit sind zwei Hypothesen verbunden: erstens wird eine Zeit besonders ausgeprägter mütterlicher Responsivität unmittelbar nach der Geburt postuliert und zweitens unterstellt, daß die Erfahrungen in dieser Zeit eine dauerhafte Wirkung auf das Kind haben (Bretherton, 1985; Goldberg, 1983). Bei kritischer Sichtung der bis 1983 vorliegenden Untersuchungen konnte jedoch nicht nachgewiesen werden, daß die *reine Frühzeitigkeit des Kontaktes* für Mütter wie für Väter die kritische Variable darstellt (Goldberg, 1983; Myers, 1984 a), b); Palkovitz, 1985; Sluckin et al., 1983).

Sowohl früher als auch später längerer bzw. zusätzlicher Kontakt wirken sich nicht systematisch auf mütterliches Verhalten bzw. auf die Bindungsqualität aus, wie 10 Tage nach der Geburt (Grossmann et al., 1981) und ein Jahr nach der Geburt festgestellt wurde. Gegen eine biologische Fundierung der sensiblen Phase sprechen auch die Ergebnisse von Entwisle & Doering (1981) über differentielle Wirkungen des frühen Kontaktes bei Unterschicht- und Mittelschichtpaaren. Meier (1983) bestätigte in einer vergleichenden deutschen Untersuchung die relative Wirkungslosigkeit des Rooming-in auf die mütterliche Feinfühligkeit nach der Geburt. Außerdem ist an der These über die Wirkung des frühen Kontaktes unklar, ob als abhängiges Merkmal das »bonding« i. S. eines schnell ablaufenden Prozesses der affektiven Beziehungsherstellung unmittelbar nach der Geburt oder das »attachment« als über Zeit und Ort andauernde langfristige emotionale Beziehung zwischen Mutter und Kind angesprochen ist. Als entscheidende Beobachtungskriterien einer günstigen Beziehung zum Kind nach der Geburt gelten zärtliche Berührung, häufige en-face-Position zum Kind, ausgedehnter Blickkontakt, lächeln und vokalisieren, Körperkontakt, verschiedene näheaufrechterhaltende Verhaltensweisen und z. T. Erfolg beim Stillen. Stillen allein ist jedoch ein unangemessenes Kriterium für Bindung (Klaus & Kennell, 1984; Lukesch & Lukesch, 1976; Meier, 1982; Myers, 1984 a, b). Selbstberichte von Müttern liefern folgende Kriterien für Bindung: »Liebe zum Kind«, »Verlusterleben« bei tatsächlicher oder bei vorgestellter Trennung. Beobachtungs- und Erlebnisberichte können als Hinweise auf die Entstehung der Bindung gesehen werden (Trause, 1981; Sluckin et al., 1981).

Mehrere Autoren belegen die hier vertretene Auffassung, daß Elternwerden ein Entwicklungsprozeß ist. Frauen berichten bei der ersten Begegnung auch über Gefühle der Fremdheit, Distanziertheit, Unvertrautheit gegenüber dem Baby (Goldberg, 1983; McFarlane, 1978; Myers, 1984 a). Der Aufbau der Bindung beim Menschen verläuft nicht i. S. einer Prägung während einer »sensiblen Phase«. Kognitive und emotionale Umstellungen sind erforderlich. Eine kognitive Leistung schon während des ersten Kontaktes ist darin zu sehen, daß die vor der Geburt etablierte Vorstellung von dem Kind mit der Realität des Kindes in Übereinstimmung gebracht werden muß (vgl. Gloger-Tippelt, im Druck).

Für eine allmähliche emotionale Beziehungsentwicklung spricht, daß auf die Frage, wann sie zum ersten Mal »Liebe zum Kind« empfunden hatten, in McFarlanes Befragung 40 % der Frauen »während der Schwangerschaft« angaben, 23 % »bei Geburt« und 26 % »im Laufe der ersten Woche«, 8 % erst »nach der ersten Woche«. Die empfundene Zuneigung veränderte sich nach Auskunft der meisten Frauen stark.

5.2 Phase der Überwältigung und Erschöpfung (ca. vier bis acht Wochen nach der Geburt)

Nach der Geburt und Ankunft des Kindes beginnt für die Frau und mit einiger Variation für den Vater eine neue Folge von Schritten der emotionalen und kognitiven Verarbeitung, die denjenigen direkt nach Feststellung der Schwangerschaft ähnelt. Die psychische Verfassung der Frau im Wochenbett ist durch starke körperliche Veränderungen und emotionale Umwälzungen gekennzeichnet. Die Anwesenheit des Kindes und die totale Einstellung auf die Bedürfnisse eines Neugeborenen schaffen für beide Eltern eine völlig neue ungewohnte Situation, die sie zunächst physisch und psychisch überwältigt. Der erste Beginn der Elternschaft beinhaltet für die Partner einen absoluten Bruch mit dem vorher etablierten Alltagsleben, der zwar antizipiert, jedoch nicht direkt erfahren worden ist. Insofern erfordern die ersten Wochen nach der Geburt ähnlich wie die Phase der Verunsicherung eine kognitiv-emotionale Neuorientierung und darüber hinaus eine aktiv handelnde Auseinandersetzung. Für die frühe Zeit der Elternschaft erweist sich ein Verlaufsmodell als besonders geeignet, um die wechselnden Anforderungen und ihre Bewältigung durch junge Eltern zu beschreiben. Die hier vorgeschlagenen drei Verarbeitungsschritte im ersten Lebensjahr des Kindes stellen allerdings nur eine minimale Untergliederung dieses Verlaufs dar. Gerade in den ersten beiden Monaten ergeben sich intensive Änderungen von der Erschöpfung im Wochenbett zu einer ersten Etablierung und Erholung in der eigenen Wohnung. Kriterien zur zeitlichen Unterteilung der Verarbeitung sind weniger eindeutig zu erstellen als während der Schwangerschaft. Wichtigster Zeitgeber ist die körperliche und psychische Entwicklung des Kindes (vgl. Darling, 1983; Kreppner et al., 1982).

Schon in den ersten Tagen nach der Geburt bestehen *hohe Anforderungen an die Verarbeitung neuer Informationen.* Die Frau befindet sich körperlich, psychisch und sozial in einer völlig veränderten Situation. Während des Wochenbettes erfährt sie wieder eine grundlegende anatomische, physiologische und hormonelle Umstellung ihres Körpers. Ihr Körperbild ist gegenüber der Schwangerschaft verändert, es gleicht sich in der Regel demjenigen vor der Schwangerschaft wieder an. Nach psychoanalytischen Interpretationen hat die Frau den körperlichen Verlust ihres Kindes im Bauch und den Verlust ihrer bisher uneingeschränkten Phantasien über das Kind zu verarbeiten, aus sozialpsychologischer Sicht den Verlust des früheren Lebensstils (Hertz & Molinksi, 1981; Oakley, 1980; Trowell, 1982). Die physiologische Erschöpfung von der Geburt, die hormonelle Umstellung nach Ausstoßen der Plazenta (schnelles Abfallen des Östrogen- und Progesteronspiegels sowie der Hormone Choriongonadotropin und humanes Plazentalaktogen, Martius, 1985; Pschyrembel & Dudenhausen, 1986), Rückbildung des Uterus und die Veränderung der Brust im Hinblick auf das Stillen stellen eine hohe körperliche und psychische Beanspruchung dar, die häufig nicht ohne emotionale Verunsicherungen verarbeitet wird (sog. Wochenbettdepression). Besondere Anforderungen an die Verarbeitung neuer Informationen ergeben sich für die Frau aus der Situation mit dem neugeborenen Kind, das nun als reales Wesen eigenständige Forderungen stellt. Die Einübung des Stillens erfordert völlig neue körperliche und psychische Energien. Sie muß Informationen über den jeweiligen Wachheitszustand und die Bedürfnisse ihres Babies sammeln und gleichzeitig die eigenen Körpersignale (z. B. Brustempfindung) bewerten. Bei der Ernährung und Pflege des Kindes erhalten die Eltern anfängliche Unterstützung von Hebammen und Schwestern des Krankenhauses oder Entbindungsheims, in dem die Geburt stattfand. Nach der Entlassung in die eigene Wohnung sind sie in der Beobachtung der frühen kindlichen Entwicklung auf sich selbst gestellt d. h. sie verfolgen, wie das Kind bis zum Ende der Neugeborenenzeit (medizinisch bis zum 28. Tag p. p., Martius, 1985) einen Schlaf-Wach-Rhythmus herausbildet, die Atmung bewältigt, regelmäßige Nahrung aufnimmt und die Verdauung reguliert. Mehrere Untersuchungen belegen die *enorme Aktivität, Sorge, Nervosität und Anspannung der jungen Eltern in den ersten Wochen,* die sich auf den Gesundheitszustand und das Befinden des Babies richten. Es wird z. B. berichtet, daß viele Mütter oft zum Bettchen des Kindes gehen, um nachzusehen, ob das Kind noch atmet, wie es schläft usw. (Entwisle & Doering, 1981; Dakley, 1980; Bölter, 1984). In der BRD wird durch den gesetzlichen Mutterschutz bei erwerbstätigen Frauen eine Zeit von 8 Wochen nach der Geburt und durch den seit 1985 eingeführten Erziehungsurlaub bzw. das Erziehungsgeld eine Zeit von 12 Monaten zur Bewältigung dieser Aufgaben gewährt. Völlig neue Anforderungen ergeben sich auch für die Paarbeziehung der Eltern, die nun das neugeborene Kind in ihre Partnerschaft integrieren müssen. Beide Partner müssen zunächst die Dreiersituation mit der deutlich engeren Symbiose von Mutter und Kind neu kennenlernen und beurteilen. Insofern stellen die ersten Wochen nach der Geburt eine Übergangssituation dar, die von vielen früheren Studien als typische Krisensituation identifiziert wurde (Dyer, 1963; Hobbs, 1965; Hobbs & Cole, 1976; LeMasters, 1957).

Als Kriterien für »Krise« galten dabei das Sinken der wahrgenommenen ehelichen Zufriedenheit und das Ausmaß der Wiederanpassung nach der Geburt. Gegenteilige empirische Ergebnisse über ein differenziertes Verhältnis von Bereicherungen und Belastungen durch die Elternschaft folgten bald (Russel, 1974; Schneewind, 1983 b; Wilkie & Ames, 1986, s. Kap. 3.4).

Wie das Paar die neue Situation verarbeitet, hängt von verschiedenen Faktoren wie ihrer allgemeinen Gesundheit, ihrer vorhergehenden Ehezufriedenheit, dem Vorbereitungsgrad, der sozialen Unterstützung durch den Partner und Familienangehörige, der Art der Geschlechtsrollenaufteilung und Arbeitsteilung ab (Entwisle & Doering, 1981; Grossman et al., 1980; Oakley, 1980; Shereshefsky & Yarrow, 1973). Auch das *weitere soziale Umfeld liefert den Eltern Informationen über den Statusübergang,* den sie durch die Geburt vollzogen haben. Sowohl die Familienangehörigen, Fremde und weitere Mitglieder der Nachbarschaft und Gemeinde verweisen durch Geschenke für Mutter und Kind darauf, daß die neuen Eltern zusammen mit dem Neugeborenen nach dem Übergang mit neuem Status in die soziale Gemeinschaft integriert werden. Als rituelle Wiedereingliederungen können Feiern bei der Ankunft zu Hause oder die Taufe gelten (vgl. rites de passage, v. Gennep, 1960; Glaser & Strauss, 1971; Oakley, 1980).

Die beschriebene Konfrontation mit zahlreichen neuen Informationen führt zu erheblichen Verunsicherungen in der Bewertung und zu *charakteristischen emotionalen Zuständen,* die häufig beschrieben wurden als subjektives Empfinden, überwältigt oder sogar wie gelähmt zu sein (Oakley, 1980). Empirische Studien, vor allem Längsschnittstudien, haben in den ersten beiden Lebensmonaten zwei Merkmalsbereiche festgestellt. Zum einen werden *intensive Glücksgefühle* über ein gesundes Kind berichtet (McFarlane, 1978; Oakley, 1980). Miller & Sollie (1980) sprechen unter Hinweis auf diese euphorischen Gefühle sogar von »Baby-Flitterwochen«, die bis zu einem Monat nach der Geburt andauern. Insgesamt überwiegen in den Untersuchungen jedoch Berichte über *negative, häufig depressive Stimmungen und labile Gefühle,* für die häufig der Ausdruck »Wochenbettdepression« verwendet wird. Nicht nur dieses Gefühlsmuster selbst, sondern auch die dafür herangezogenen Erklärungen müssen hinterfragt werden. Mit dem Zustand der Erschöpfung sind häufig starke körperliche Beschwerden als Folgen der Geburtsarbeit und Müdigkeit aufgrund der nächtlichen Versorgung des Kindes verbunden (Lamb, 1978; Lessing, 1982; LeMasters, 1957, Oakley, 1980). Fast alle Paare klagen über *körperliche Erschöpfung, starke Müdigkeit und Schwächung der kognitiven Leistungsfähigkeit,* die durch den veränderten Tages- und Nachtrhythmus, durch ungewohntes Schreien ebenso wie durch die positiven Kontaktbedürfnisse des Kindes hervorgerufen werden (Brüderl, 1982; Entwisle & Doering, 1981; Oakley, 1980). Obwohl insgesamt die neue Elternschaft für die Frauen mehr positive und negative Veränderungen beinhaltet, hatte nach einer neuen Studie starkes Schreien des Säuglings größere Auswirkungen auf die erlebte Veränderung des Lebensstils und die Depressivität der Väter (Wilkie & Ames, 1986). Die Mehrzahl der Frauen gaben *emotionale Labilisierung und depressive Stimmungen* an. Bei 80–90 % der Teilnehmerinnen von

Längsschnittstudien fanden sich Hinweise auf depressive Stimmungen in der postpartum-Zeit, die interindividuell stark variierten und auch verschieden erklärt werden (Entwisle & Doering, 1981; Grossman et al., 1981; Jarrahi-Zadeh et al., 1969; Melges, 1968; Shereshefsky & Yarrow, 1973). Auch bei neuen Vätern wurden in den ersten vier Tagen nach der Geburt ungewohnte Zustände der emotionalen und kognitiven Überwältigung festgestellt. Nach einer norwegischen Studie mit halbstrukturierten Interviews konnten sich wenige Väter den intensiven Gefühlen entziehen, sie berichten kognitive Veränderungen wie Konzentrationsstörungen und Vergeßlichkeit, Depersonalisationsgefühle, Eß- und Schlafprobleme, Spannungen und Sorgen um das Kind (Brudal, 1984). Eine neuere deutsche Erhebung gibt Aufschluß über den genauen Stimmungsverlauf bei Frauen vom ersten bis siebten Tag im Wochenbett (Bölter, 1984).

Mit einem mehrdimensionalen, faktoriell überprüften Stimmungsfragebogen wurden bei einer Stichprobe von Frauen die vorherrschenden Stimmungen überprüft. Über einzelne Tage ergaben sich keine signifikanten Schwankungen der negativen Stimmungen (Depressionen, Angst und Aggression), die positiven Stimmungslagen (hier gute Laune, Sorglosigkeit und Entspannheit) stiegen leicht an. Die als »Einsatzbereitschaft« (Aktiviertheit, Konzentration, Abfall der Müdigkeit) und als »Nervosität« bezeichneten Stimmungen nahmen zum 4. und 5. Tag überzufällig zu. Wenn insgesamt die negativen Stimmungen gegenüber den positiven nicht überwogen, so zeigten sich allerdings interessante Unterschiede hinsichtlich weiterer Merkmale. Am 3. Tag nach der Geburt, der die klarste Stimmungslage aufwies, ergab sich bei Müttern, die ein Mädchen geboren hatten, eine deutlich schlechtere depressive Stimmungslage. Der Effekt war besonders stark bei jungen und erstgebärenden Müttern, d. h. Mütter, die als erstes Kind einen Sohn bekamen, waren weniger depressiv, ängstlich und nervös und eher entspannt und sorglos. War das Kind allerdings gefährdet, d. h. hier zu früh geboren, so kehrte sich die Beziehung um: Die positive Stimmung ist bei gesunden Jungen größer, die Sorge über einen gefährdeten Jungen ist ebenfalls größer als um ein Mädchen (Bölter, 1984).

Die differenzierteste Studie über die *emotionale Befindlichkeit von Frauen nach der Geburt* sowie über Einflußfaktoren auf die seelische Gesundheit der Frau bis zu 5 Monaten nach der Geburt stammt von Oakley (1980). Die oft *unspezifische »Wochenbettdepression« wird hier differenziert* in 4 Aspekte, und zwar in (1) *»postnatal blues«*, einen Zustand emotionaler Labilität mit häufigem Weinen, der bei 84 % ihrer Stichprobe (N = 55) in den ersten 9 Tagen auftrat, (2) *Angstzustände*, i. S. von Ängsten um das Baby, spezifischer Empfindlichkeit, Verantwortungsgefühlen über 2 Wochen (71 % der Stichprobe), (3) *depressive Stimmung* i. S. von depressiven Gefühlen, die kommen und gehen ohne weitere Symptome während der ersten 3 Wochen (33 %) und (4) *ein depressiver Zustand* mit stärkeren Symptomen, der kontinuierlich bis zu 5 Monate nach der Geburt anhält (24 % der Stichprobe). Oakleys Längsschnitt erlaubte es, die Beziehung zwischen den genannten Stimmungsmerkmalen und 2 wesentlichen Ergebnismerkmalen des Übergangs zur Mutterschaft zu ermitteln. Die drei signifikant miteinander korrelierenden Stimmungen Angst, »blues« und »depressive Verstimmung« hingen sehr eng mit positiven Gefühlen für das Baby und mit hoher Zufriedenheit in der Mutterrolle zusammen. *Die Mehrzahl der Frauen erfuhren also leichte Angst und Depressivität direkt nach der Geburt und hatten trotzdem intensive positive Gefühle für das Baby.* Nur bei einem kleinen Teil traten länger andauernde, stark depressive Beschwerden auf, die nicht mit den drei anderen, eher »normalen« Stimmungsmerkmalen, dafür aber mit geringer Zufriedenheit mit der Mutterrolle zusammenhingen.

Für die vier Stimmungsfaktoren, die zu dem sog. Wochenbettdepressions-Syndrom zusammengefaßt werden, erwies sich jeweils eine sehr unterschiedliche Konstellation von Einflußgrößen als verantwortlich, soweit man die Korrelationsmuster hier aufgrund der zeitlichen Struktur kausal interpretieren darf. Während »post-natal Blues« vor allem durch Bedingungen des Geburtsverlaufs (Hilfsmittel bei der Entbindung, Epiduralanästhesie und Unzufriedenheit mit der Austreibungsphase der Geburt) bedingt war, hing Angst nicht mit der Geburtserfahrung als solcher, sondern mit der Unsicherheit bei der ersten Geburt und Mutterschaft zusammen. Eine depressive

Stimmung entstand durch die gegenwärtige Lebenssituation (schlechte Wohnung, stark getrennte eheliche Rollen, keine Beschäftigung außer Haus). Stärkere und längere Depression nach der Geburt war verbunden sowohl mit Aspketen der Geburtserfahrung (mehr Geburtstechnologie), geringer Kontrolle bei der Geburt, Unzufriedenheit mit der Mutterrolle, geringer Erfahrung mit Babies und dem Fehlen beruflicher Erfahrungen. Intensive Gefühle für das Kind entwickeln Frauen dann, wenn sie früher eine stark weibliche Rollenorientierung und ein Selbstbild als Mutter erworben hatten und wenn das Kind günstige Schlafgewohnheiten und das erwünschte Geschlecht hatte (Oakley, 1980).

Im Rahmen der Theorie über gelernte Hilflosigkeit konnte auch nachgewiesen werden, daß eine depressive Stimmung nach der Geburt verstärkt wird durch einen internalen, stabilen und globalen Stil der Ursachenerklärung (Cutrona, 1983). Allerdings hing in dieser Untersuchung der vor der Geburt erfaßte Attribuierungsstil nicht mit der ursächlichen Erklärung realer Schwierigkeiten in den ersten acht Wochen nach der Geburt zusammen.

Als Beleg für eine emotionale Überwältigung und Erschöpfung beider Partner durch die neue Situation können auch Ergebnisse über den *Rückgang der ehelichen Zufriedenheit und Anpassung nach der Geburt des ersten Kindes* herangezogen werden. Nach der ersten euphorischen Stimmung sanken vor allem bei Frauen vom ersten bis dritten Monat nach der Geburt die eheliche Zufriedenheit und die Dominanz in Konfliktsituationen (Waldron & Routh, 1981; LeMasters, 1957; Ryder, 1973). In undifferenzierter Verallgemeinerung wird auch von »Erst-Kind-Schock« gesprochen (Jürgens & Pohl, 1975). In Querschnittvergleichen über Stadien des Familienzyklus markiert die Geburt des ersten Kindes den rapiden Abfall in dem u-förmigen Verlauf der ehelichen Zufriedenheit (Anderson et al., 1983; Hoffman & Manis, 1978; Spanier, 1976; Spanier & Lewis, 1980; Spanier et al., 1975). Nach diesen Ergebnissen kennzeichnen Ängstlichkeit, ambivalente Gefühle, Unsicherheit gegenüber dem Kind und der eigenen mütterlichen Tätigkeit bei gleichzeitigen Glücksgefühlen über das Baby die erste Zeit nach der Geburt. Neuere Studien führen diese Stimmungen stärker auf die soziale Situation der jungen Mutter (starke Rollentrennung und Arbeitsteilung, die soziale Isolierung der jungen Frau mit dem Neugeborenen, häufige Aufgabe der Berufstätigkeit) und die Bedingungen der Krankenhausentbindung als auf die hormonellen Veränderungen zurück (Davies-Osterkamp & Beckmann, 1982; Mc Hale D. Huston, 1985, Oakley, 1980).

Dafür spricht auch, daß sich empirisch sehr verschiedene Modelle (Regressionsanalysen) für frühes Mutterverhalten bei Frauen verschiedener Sozialschichten ergaben. Bei Unterschichtfrauen hatte der erste Anblick des Kindes und die erste Erfahrung beim Stillen einen größeren Einfluß auf die Qualität des Mutterverhaltens, bei Mittelschichtfrauen eher das Vorbereitungsniveau und die Einstellung des Partners (Entwisle & Doering, 1981). Mittelschichtpaare paßten sich langsamer an die Mutterrolle unmittelbar nach der Geburt an (Reilly et al., 1987)

Die kognitive Erfahrung von Unterstützung durch erlebte eheliche Intimität mindert das Streßerleben nach der Geburt (Stemp et al., 1986). Über die Stimmungen und Gefühle des Vaters in dieser Zeit fehlen genaue Ergebnisse. Es deutet sich an, daß sie weniger Veränderungen in ihren Stimmungen erfahren als die Partnerin (Belsky et al., 1985; Wilkie & Ames, 1986).

In einer solchen Phase mit maximalen neuen Anforderungen an die Verarbeitung neuer Informationen und mit ambivalenten und depressiv-ängstlichen begleitenden Gefühlen ist zu erwarten, daß das *Selbstbild vor allem der Frauen wenig gefestigt ist*. Die Erfahrung mit konkreten mütterlichen Tätigkeiten ist noch zu jung, so daß die Frau bisher kein stabiles Bild von sich als Mutter aufgebaut hat. Sie ist noch damit beschäftigt, ihre Vorstellung von sich als schwangere Frau abzubauen und die Nachwirkungen der Geburt zu verarbeiten. Allerdings bietet das Kind mit seinen konkreten Bedürfnissen, auf die die Mutter besonders beim Stillen, Pflegen und beim Körperkontakt mit dem

Kind eingeht, intensive Anregungen für ein neues Bild von sich selbst. Aufgrund der relativen Neuheit und der erlebten emotionalen Unsicherheit mit dem Kind ist auch zu erwarten, daß die Mutter, ebenso der Vater noch *wenig stabile Überzeugungen von ihrer eigenen Kompetenz als Eltern* aufgebaut haben. In der Längsschnittstudie von Doering und Entwisle sank die Selbstbewertung von Frauen bezogen auf ihre mütterliche Rolle von der Schwangerschaft zu der Zeit einen Monat nach der Geburt (Reilly et al., 1987). Vergleiche von Erst- und Mehrgebärenden zeigten größere Unsicherheit der Erstgebärenden beim Ausfüllen der elterlichen Rollen. Ausgedehnter Kontakt mit dem Kind erleichtert den Aufbau von Selbstkompetenz (Smerilio, 1981), schwieriges Temperament des Kindes, physiologische Unregelmäßigkeiten beim Schlafen, Essen, starkes Schreien ebenso wie Gefährdungen des Kindes durch niedriges Geburtsgewicht u. ä. erschweren dies (Entwisle & Doering, 1981; Smerilio, 1981; Wilkie & Ames, 1986). Die Möglichkeiten der Eltern, ihr Alltagsleben in diesen Wochen selbst zu beeinflussen, werden deutlich begrenzt durch die Anforderungen des Kindes. Vor allem die Frau macht die Erfahrung, besonders wenn sie nach Bedarf stillt, in ihrem Zeitplan weitgehend von dem Neugeborenen abhängig zu sein. Diese *zwar antizipierte, aber weitgehend ungewohnte Aufgabe von Kontrolle über den eigenen Tagesablauf* kann negative Gefühle, Depression, Abhängigkeit oder auch Ärger zur Folge haben. Wenn es beiden Partnern gelingt, eine kognitive Umstrukturierung vorzunehmen und die Befriedigung der Bedürfnisse des Kindes als wichtigen eigenen Beitrag als Vater und Mutter zu betrachten und wenn sie *ein gesundes, sich gut entwickelndes, zufriedenes Baby als Ergebnis ihrer Handlungen* verstehen, gewinnen sie kognitive Kontrolle über die Situation. Dann kann die Pflege und Ernährung (Stillen) eines Säuglings vor allem von der Frau als Zugewinn, sogar als Genuß und Lust verstanden werden, die sie durch ihre veränderten körperlichen und psychischen Möglichkeiten erfährt. Schwer zu beruhigende, reizbare Babies vermindern oder verzögern den Aufbau der Überzeugung, das Kind beeinflussen und zufriedenstellen zu können.

5.3 Phase der Herausforderung und Umstellung (ca. 2. bis 6. Monat nach der Geburt)

Nachdem beide Eltern anfänglich durch die Verarbeitung des Geburtserlebnisses und die neue Situation mit dem Kind überwältigt und beeindruckt waren, tritt mit zunehmender körperlicher und psychischer Erholung eine neue Phase ein. Nach dem Ausklingen der Neugeborenenzeit stellt das Baby nun Anforderungen an die Eltern, die zur Herausbildung von regelmäßigen Pflege- und Versorgungsgewohnheiten führen. Zur zeitlichen Markierung dieses Abschnittes der frühen Elternschaft können einerseits Kriterien der fortschreitenden motorischen, kognitiven und sozial-emotionalen Entwicklung des Kindes, andererseits der Arbeitsteilung und Erwerbstätigkeit beider Partner herangezogen werden. Ich grenze die Phase der Herausforderung und Umstellung nach der Geburt auf die Zeit vom 2./3. bis 6. Lebensmonat des Kindes ein. Nach Forschungsergebnissen auf der Basis der Bindungstheorie treten in dieser Zeit erste *Vorläufer einer spezifischen Bindung des Kindes an die Bezugsperson* auf, z. B. Unterscheiden und Bevorzugen von bekannten gegenüber unbekannten Personen, soziales Lächeln, Ausstrecken der Arme zur Begrüßung vertrauter Personen und emotionale Reaktionen auf Trennung von ihnen (Ainsworth et al., 1978; Bowlby, 1975; Bretherton, 1985; Keller & Meyer, 1982; s. Kap. 3.3). Aufbauend auf diesen Fähigkeiten wird nach der Bindungstheorie erst in der zweiten Hälfte des ersten Lebensjahres ein organisiertes und integriertes Bindungssystem aufgebaut, das eine spezifische Bindung zu ausgewählten Personen ermöglicht, ein Vorgang, der hier aus der Sicht der Eltern als Gewöhnung eingeordnet wird. Zwischen dem zweiten und sechsten Lebensmonat greift das Kind bereits aktiv mit neuen kognitiven und sozialen Kompetenzen in die Interaktion mit Bezugspersonen ein; verkürzt kann man in dieser Zeit von dem *sozial aktiven Säugling* sprechen (vgl. Belsky et al., 1984 b; Lamb, 1978).

Papousek & Papousek (1984) haben durch Videoaufnahmen der Eltern-Kind-Interaktionen in natürlichen Situationen ab dem zweiten und dritten Monat die »intuitiven didaktischen Fähigkeiten« der Eltern dokumentiert, auf die bis dahin bei ihrem Säugling entwickelten komplexen Wahrnehmungs- und Integrationsfähigkeiten einzugehen. Verhaltensweisen der Eltern gegenüber dem Kleinkind sind z. B. eine typische, in allen Kulturen vorfindbare Mimik und Stimmführung sowie die Koordinierung von Stimulationen nach dem Wach- und Schlafrhythmus des Kindes.

Auch *gesellschaftliche Regelungen kennzeichnen einen zeitlichen Übergang.* In der BRD muß das Paar vor Ablauf des gesetzmäßigen Mutterschutzes 8 Wochen nach der Geburt geklärt haben, wie es die Versorgung des Kindes weiter organisieren will. Schon ab dem zweiten Lebensmonat des Kindes werden die elterlichen Strategien in der Erfüllung von Mutter- und Vaterrolle etabliert. Die Mehrzahl der Untersuchungen belegt zu dieser Zeit eine verstärkte Rollendifferenzierung in der Partnerschaft in Richtung auf eine traditionellere Arbeitsteilung. Die Auswirkungen dieser Rollendifferenzierung auf die eheliche Beziehung und Zufriedenheit werden beiden Partnern bewußt und als Herausforderung für eine Änderung im Selbstbild und der Partnerschaft erlebt. Damit können auf mehreren Ebenen Einschnitte identifiziert werden, die den Beginn eines neuen Schrittes im Übergang zur Elternschaft rechtfertigen.

Die fortschreitende Entwicklung des Kindes und die Veränderung der Paarbeziehung liefern in diesen Monaten *eine Vielzahl neuer Informationen* für die Eltern. In den beiden Bereichen, Kind und Partnerschaft, erfahren Mann und Frau eine Herausforderung bisheriger Vorstellungen und Handlungsmuster. Sie sind mit der Notwendigkeit konfrontiert, sich in mehreren Aspekten umzustellen. *Das Kind liefert auf zweierlei Weise neue Informationen,* und zwar als *eigenes Wesen* mit einer individuellen Entwicklung, und als *Auslöser typischer elterlicher Verhaltensweisen.* In seiner realen, dauerhaften Existenz ist das Kind inzwischen vertrautes Mitglied der Familie geworden. Durch ständig fortschreitende Entwicklung und neu auftretende Fähigkeiten sorgt es zwar immer wieder für neue Überraschungen und damit für kognitive Verunsicherungen, aber die Eltern haben schon eine deutliche Vorstellung von den *spezifischen Merkmalen und Bedürfnissen ihres Kindes herausgearbeitet.* Sie beurteilen ihr Kind mit seiner individuellen Ausstattung inzwischen nicht mehr auf der Grundlage ihrer eigenen Erwartungen vor der Geburt, sondern haben als Bezugssystem ein aktuelles Wissen über die erhebliche Variation im Verhalten ihres eigenen Kindes aufgebaut. Wie sich ein solches Bezugssystem erweitert und Urteile dadurch relativiert werden, zeigen Vergleiche der Urteile erstmaliger Eltern mit mehrfachen Eltern (z. B. Engfer, 1986). Zahlreiche Forschungsergebnisse wiesen nach, daß Eltern und unabhängige Beobachter erstmalig ab 3 bis 4 Monaten relativ umgrenzte Bereiche der kindlichen Persönlichkeit verläßlich einstufen, die mit dem Konstrukt des *kindlichen Temperaments* zusammengefaßt werden (Campos et al., 1983; Goldsmith et al., 1987; Thomas & Chess, 1980). *Temperament wird dabei als Verhaltensstil* (Thomas & Chess, 1980) bzw. *als konstitutionelle Unterschiede in der Reaktionsbereitschaft und Selbstregulation der Säuglinge* (Rothbart & Derryberry, 1981) *definiert.*

Als Erhebungsmethoden werden Elternfragebögen und Beobachtungen der Kinder in standardisierten Laborsituationen benutzt (vgl. Kap. 6). Die unterschiedlichen theoretischen Konzeptionen und Dimensionen von Temperament überlappen sich vor allem in den Temperamentsmerkmalen Aktivitätsniveau, vorherrschende Stimmung, emotionale Reaktion auf neue Reize (Annäherung und Rückzug), Neigung zu Selbstberuhigung, Anpassungsfähigkeit bzw. Ablenkbarkeit, Ausdauer oder Aufmerksamkeitsspanne und Regelmäßigkeit. Trotz unterschiedlicher Beschreibungsdimensionen stimmen die Forscher darin überein, daß Temperamentsmerkmale spätestens am Ende des ersten Vierteljahres, z. T. schon zwei bis vier Wochen nach der Geburt reliabel erfaßbar sind (Campos et al., 1983; Woroby, 1986). Einige Autoren führen die methodische Kontroverse über die angemessene Erhebungsmethode insofern konsequent weiter, als sie sich auf *die von den Eltern wahrgenommene Schwierigkeit oder Leichtigkeit i. S. von Umgänglichkeit des kindlichen Reaktionsstils* konzentrieren (Bates, 1980). Die elterlichen Beurteilungen von kindlichen Temperamentsmerkmalen, vor allem starkes Schreien in hohen Tonlagen, intensive, meist negative Reaktionen, überwiegend negative Stimmungen und Reizbarkeit, hohe Ausdauer, hohe Unregelmäßigkeit z. B. beim Schlafen, Essen und Verdauen waren vom dritten bis zum sechsten Lebensmonat des Kindes recht stabil (Boukydis, 1985; Engfer, 1986 b; Kohnstamm, 1985).

Bereits Thomas & Chess (1980; 1982) hatten eine bestimmte Kombination und Ausprägung ausgewählter Temperamentsmerkmale von Säuglingen als Prädikatoren für spätere Verhaltensauffälligkeiten des Kindes nachweisen können. Die wahrgenommene Schwierigkeit des Kindes hing in der deutschen Studie von Engfer und Mitarbeitern im Alter von 4 Monaten mit ungünstigen Einstellungen der Mütter zu Kinderpflege zusammen wie Rigidität, Machtausübung und Überängstlichkeit in bezug auf die kindliche Gesundheit (Engfer & Gavranidou, 1986). Ich interpretiere die Ergebnisse der Temperamentsforschung als Beleg für eine kognitive Aktivität der Eltern, die in der *Konstruktion eines Bildes vom eigenen Kind* resultiert, das zunehmend individuellere Merkmale enthält.

Weiterhin vermittelt das Kind den Eltern jetzt Informationen darüber, wie sie selbst die für sie neuen elterlichen Aufgaben, das Kind körperlich zu versorgen und angemessen mit ihm umzugehen, bewältigen können. Erst nach längerer Erfahrung in der Interaktion mit dem Kind, nämlich bis zum sechsten Lebensmonat, gab die Mehrzahl der Frauen in der Stichprobe von Grossman et al. (1980) an, sich jetzt »richtig als Mutter« zu fühlen. Mikroanalysen von Verhaltensbeobachtungen während dieser Zeit belegten, daß synchrone Interaktionen und Interdependenz im Rhythmus Wurzeln der Kommunikationsentwicklung und emotionalen Bindung des Kindes darstellen (Brazelton et al., 1974) Papousek und Papousek (1984) bezeichnen diese beobachteten elterlichen Verhaltensweisen als *intuitive didaktische Fähigkeiten (Koester et al., 1987).* Die Eltern entnehmen dem Verhalten des Kindes Informationen, ohne daß ihnen dies nach Meinung der Autoren bewußt wäre, z. B. prüfen sie über die Position und Bewegung der Hände, über den Zustand der Augen und des Mundes den Bewußtseinsgrad (die sog. states) ihres Kindes und stimmen ihre Anregungen darauf ab. In diesem Zusammenhang ist ein Merkmalsbereich wesentlich, der als *elterliche bzw. mütterliche Feinfühligkeit, Sensibilität oder Responsivität* bezeichnet wird (vgl. 4.2, Grossmann, 1977). Dieser mehrdimensionale Komplex umfaßt sowohl konkrete Verhaltensweisen, autonome physiologische Reaktionen als auch kognitive Komponenten wie Einstellungen und Persönlichkeitsmerkmale der Eltern wie Empathie (Wiesenfeld & Malatesta, 1983).

Nach Lamb & Easterbrooks (1981) läßt sich mütterliche bzw. elterliche Feinfühligkeit nach vier Theorien rekonstruieren, und zwar nach der Psychoanalyse (als Persönlichkeitsmerkmal), nach der ethologischen Bindungstheorie und einer organismisch genannten Theorie (Feinfühligkeit jeweils als angeborene Fähigkeit zur Steuerung und Interpretation der Signale des Kindes) und nach der Lerntheorie (Feinfühligkeit als gelernte Verhaltensstandards). Besonders in den ersten drei Theoriepositionen wird Feinfühligkeit wie ein stabiles Persönlichkeitsmerkmal behandelt. In Verhaltensbeobachtungen der Mutter-Kind-Interaktion wurde mütterliche Sensibilität z. B. durch Ausmaß und Qualität der Körperhaltung, Ausdruck von Gefühlen, Akzeptieren des Säuglings, kontingentes Reagieren auf kindliche Signale, zeitlich angemessenes Begleiten der kindlichen Äußerungen und »pacing« beim Füttern erschlossen (Ainsworth et al., 1978; Belsky, 1984; Belsky et al., 1984 b, c; Grossman et al., 1980; Keller & Meyer, 1982; Lamb & Easterbrooks, 1981; Shereshefsky & Yarrow, 1973). In Ainsworth's Studie erwies sich die mütterliche Feinfühligkeit mit drei Monaten als Prädikator der Bindungsqualität im Alter von 11 Monaten. Es gilt nach wie vor als schwierig, den jeweiligen Beitrag von Mutter und Kind bei der reziproken Interaktion festzulegen. Ansätze hierzu bieten die Studien von Belsky (1984 b, c), Engfer und Gavranidou (1986) und Grossmann et al. (1985). Laboruntersuchungen zur Feinfühligkeit zeigten stärkere physiologische Reaktionen der Mutter (Herzfrequenzbeschleunigung, erhöhte Leitfähigkeit der Haut) auf Videofilme mit Episoden des Schreiens und Lächelns ihrer eigenen Kinder im Vergleich zu fremden Kindern. Mütter reagieren physiologisch stärker als Väter (Wiesenfeld & Malatesta, 1983). Einige physiologische Maße (Herzfrequenzänderungen) werden jedoch verschieden interpretiert (Donavan & Leavitt, 1985).

Die Entwicklung von elterlicher Feinfühligkeit setzt einen hohen Grad an Aufmerksamkeit und Informationsverarbeitung voraus, da die Eltern Signale ihres Kindes registrieren, als Bedürfnis interpretieren und sich bemühen müssen, in optimaler zeitlicher Kontingenz zu reagieren. Ethologisch orientierte Forscher betrachten diese elterlichen Verhaltensweisen zwar als »vorprogrammiert« (Hinde, 1983) oder als »intuitiv« (Papousek & Papousek, 1984), gehen aber auch von umfangreichen Lernprozessen bei der Einübung der elterlichen Strategien aus. Eine deutsche Längsschnittstudie von Engfer und Gavranidou (1986) belegt, daß mütterliche Feinfühligkeit, die unmittelbar nach der Geburt von Ärzten eingestuft wurde, keine »magische Fähigkeit ist, mit der ein Mutter ausgestattet ist und eine andere nicht« (a.a.O. 94). Vielmehr hing diese mütterliche Fähigkeit mit Merkmalen des Kindes, hier der sozialen Responsivität des Säuglings bei der Geburt, der Qualität der Ehe und Persönlichkeitsfaktoren der Mutter zusammen (Engfer & Gavranidou, 1986). Auf weitere Persönlichkeitskorrelate von Feinfühligkeit verweisen Lamb u. Easterbrooks (1981). Die vorliegenden Studien liefern mehrere Anhaltspunkte für den Aufbau und die *differentielle Veränderung elterlicher Feinfühligkeit, die ich als Phase des Aufbaus elterlicher Strategien fasse.* »Nach den ersten körperlichen Bedürfnissen, die im Säuglingsalter nonverbal mitgeteilt werden, entwickelt das Kind neue Bedürfnisse: nach sozialer Reaktion, nach Grenzen und nach Freiheiten, die Umgebung zu erkunden, und nach Erfahrungen als Individuum. Das heißt, *feinfühliges Elternverhalten beinhaltet einen Prozeß,* und macht es erforderlich, daß die frühe symbiotische Beziehung der Mutter mit dem Kind kontinuierlich übergeht in wachsende individuelle Identität und Unabhängigkeit des Kindes.« (Wiesenfeld u. Malatesta, 1983, 185, Übers. und Hervorhebung vom Verf.). Feinfühligkeit zu entwickeln beinhaltet insofern eine komplexe Herausforderung, als Eltern das Auftreten von Marksteinen der Entwicklung innerhalb des ersten Lebensjahres wie Veränderungen in Ernährungs-und Schlafmustern, soziales Lächeln, Unterscheidung von Fremden u. ä. kognitiv registrieren, bewerten und als Anhaltspunkte benutzen, um ihre Vorstellung von den Fähigkeiten und Bedürfnissen ihres eigenen Kindes zu präzisieren. Rigide Erziehungseinstellungen wie Überbesorgtheit um die Gesundheit des Kindes und Befürwortung von Bestrafung hing empirisch mit geringer Feinfühligkeit zusammen (Engfer & Gavranidou, 1986).

Wie die neuen Eltern die Qualität ihrer ersten Erfahrungen mit konkreten mütterlichen und väterlichen Tätigkeiten beurteilen, hängt eng zusammen mit der *Wahrnehmung und Bewertung der Partnerbeziehung.* Es liegen zahlreiche Forschungsergebnisse vor, die belegen, daß vor allem Frauen, aber auch Männer, eine grundlegende Umstrukturierung der Paarbeziehung feststellen, die sich in einem veränderten Geschlechtsrollenverständnis, Differenzierung der Arbeitsteilung und veränderter ehelicher Anpassung äußert. Dies wird als bisher massivster Einbruch in der etablierten Interaktion erlebt. Wiederholt konnte gezeigt werden, daß die *Veränderung der Ehebeziehung im ersten halben Jahr nach der ersten Geburt größer sind als im zweiten Halbjahr* (Belsky et al., 1983; Belsky et al., 1985). An beide Partner werden daher besondere Anforderungen hinsichtlich ihrer kognitiven Verarbeitung der neuen Familiensituation gestellt. Den vermutlich wesentlichsten Anteil an der häufig festgestellten Traditionalisierung der Geschlechtsrollen nach der ersten Geburt hat die *konkrete Arbeitsteilung* der Paare (Cowan et al., 1985; Goldberg et al., 1985; Lamb, 1978; Schneewind, 1983 b).

Die Mehrzahl der empirischen Studien belegt stärkere Veränderungen für die Frauen. Sie übernehmen nun den größeren Anteil der Kinderpflege und der Haushaltstätigkeiten (Allemann-Tschopp, 1979; Beck-Gernsheim & Ostner, 1977; Cowan et al., 1978; Cowan et al., 1985; Fthenakis et al., 1982; Steffensmeier, 1982). Neue differenzierte Tätigkeitsanalysen der elterlichen Arbeit bestätigen die charakteristische Aufteilung, nach der Frauen mehr Pflegeaktivitäten und Männer mehr Spiel- und Freizeitaktivitäten mit den Kindern ausüben (McHale & Huston, 1984). Allerdings hängt die Arbeitsteilung des Paares von den vor der Geburt vorhandenen Geschlechtsrollenorientierungen, der antizipatorischen Sozialisation und Rollenklarheit vor allem der Frau ab. Fragebogenuntersuchungen und Interviews erbrachten, daß stärkere Berufsorientierung und geringere Bevorzugung von konkreten mütterlichen Tätigkeiten dazu führen, daß die Frauen wieder berufstätig werden (McHale & Huston, 1984; Steffensmeier, 1982). Auch naturalistische Beobachtungen in häuslicher Umgebung im 1., 3. und 9. Monat zeigten, daß Frauen mehr elterliche Tätigkeiten ausführen. Mütter engagieren sich mehr für das Kind, reagieren stärker, regen das Kind mehr an und drücken mehr positive Gefühle aus als die Väter, die umgekehrt mehr lesen und fernsehen während der Beobachtungszeiten. Das Verhalten von Müttern und Vätern differenziert sich im ersten Lebensjahr stark, wobei erhebliche interindividuelle Variationen vorhanden sind. Je höher das väterliche Engagement bei der Kinderbetreuung, desto höher war auch die eheliche Interaktion; zieht sich die Frau stärker in der frühen Betreuung zurück, so engagiert sich der Vater mehr (Belsky et al., 1984 a; Goldberg et al., 1985).

Die größere Rollendifferenzierung in häusliche und kindbezogene Tätigkeiten vs. außerhäusliche Erwerbstätigkeit hat negative emotionale Befindlichkeit vor allem der Frauen zur Folge (Cowan et al., 1985). Allerdings entwickeln Frauen im Vergleich zu ihren Männern angemessenere, an die veränderte Situation drei Monate nach der Geburt angepaßte Coping-Strategien: Männer zeigten zu dieser Zeit eher passive, ausweichende Strategien (Brüderl, 1982). In der gegenwärtigen gesellschaftlichen Situation sind offenbar bei den Vätern, besonders den Angehörigen der Mittelschicht, *größere Variationen in den Rollenbildern anzutreffen, sofern die Zeit kurz nach der Geburt angesprochen ist* (Fthenakis, 1985; Nickel & Köcher, 1986). Einige erste Ergebnisse zur Vaterbeteiligung lassen den Schluß zu, daß die Frauen, deren Männer stärker engagiert sind, höhere Zufriedenheit angeben (Nickel & Köcher, 1986; Belsky et al., 1984 a). Über die kognitive Verarbeitung der Situation durch die Väter liegen keine systematischen Befragungen vor. Ein wesentlicher Aspekt der Umstellung in der Partnerbeziehung betrifft die Aufnahme sexueller Kontakte nach der Geburt, wobei das teilweise veränderte Bedürfnis nach Zärtlichkeit bei der Partnerin und die Akzeptanz des Stillens durch den Mann eine wesentliche Rolle spielen. Neun Wochen nach der Geburt hatten 90 % der teilnehmenden Paare in der Studie von Entwisle & Doering (1981) wieder sexuelle Kontakte, nach Grossman et al. (1980) korreliert allerdings die sexuelle Zufriedenheit nicht mit der Zufriedenheit in der Ehe während dieser Zeit.

Mit der Herausforderung durch vielfache neue Informationen unterliegen auch die *emotionalen Erfahrungen der Eltern einem erheblichen Wandel.* Nach den ersten Wochen mit emotionaler Überwältigung, die sich teils in euphorischer, teils in depressiver Stimmung und Erschöpfung manifestiert, setzt nach Kennenlernen der Alltagsroutine mit einem Säugling ein *Ernüchterungsprozeß* ein. Die emotionale Befindlichkeit der Frauen in der Zeit vom zweiten bis zum sechsten Monat nach der Geburt wird bestimmt durch Merkmale des Kindes, durch die eheliche Rollentrennung und das Ausmaß der sozialen Unterstützung und Kommunikation. Schreiben die Eltern ihrem Kind ein schwieriges Temperament zu mit exzessivem Schreien, unregelmäßigen Rhythmen oder Verdauungsschwierigkeiten (kindliche Kolik), dann verstärken sich Unzufriedenheit und

Unsicherheit in der mütterlichen Rolle (Belsky, 1984; Donavan & Leavitt, 1985; Shereshefsky & Yarrow, 1973; Thomas & Chess, 1980). Ein sozial responsives, häufig lächelndes, gut gelauntes, regelmäßiges Kind belohnt und verstärkt mütterliche Zuwendung und geht mit hoher Zufriedenheit der Eltern in ihrer Elternschaft einher. Zahlreiche Arbeiten belegen, z. T. unabhängig von der erlebten Befriedigung durch den Umgang mit dem Kind, ein *erhebliches Absinken der ehelichen Zufriedenheit vom 2. bis 6. Monat,* und zwar stärker bei den Frauen als bei den Männern. Dies wird z. T. als Folge der romantischen Vorstellungen von der Geburt und nachfolgenden Familiensituation gesehen, die Paare vorher vertreten (Belsky et al., 1983; Belsky et al., 1984 a; Breen, 1975; Le Masters, 1957; Oakley, 1980; Reading & Amatea, 1986; Ryder, 1973; Waldron & Routh, 1980). Frauen erleben jetzt größere Belastung durch die Arbeitsteilung in der Partnerschaft als Männer (Brüderl, 1982; Cowan et al., 1985; McHale & Huston, 1985; Steffensmeier, 1982). Als weitere Hinweise auf emotionale Herausforderungen bei der ersten Einübung in die Elternschaft wurden für Frauen soziale Isolierung und Abhängigkeit vom Partner genannt (Lessing, 1982; Urdze & Rerrich, 1981). Männer empfinden die finanzielle Verantwortung für die Familie als Belastung, ebenso auch den Rückgang sexueller Aktivitäten in der Partnerschaft (Entwisle & Doering, 1981). Der Grad der subjektiv wahrgenommenen Schwierigkeiten beim Übergang zur Elternschaft, gemessen 4 Monate nach der Geburt, erfaßte Steffensmeier (1982) durch drei zusammengesetzte Merkmale, und zwar elterliche Verantwortung und Einschränkung, die empfundene Belohnung durch Elternschaft und eheliche Intimität bzw. Stabilität. Vor allem elterliche Verantwortung und Einschränkung bewährten sich in Regressionsanalysen als Indikatoren für die Schwierigkeit des Übergangs vier Monate nach der ersten Geburt. Je höher die Rollenklarheit und die antizipatorische Sozialisation war, desto weniger Schwierigkeiten erlebten die Paare.

Während dieser Zeit kognitiver Umorientierung und emotionaler Beanspruchung erfahren beide Eltern *starke Anstöße zur Veränderung ihres Selbstbildes.* Im wesentlichen bildet sich während dieser Zeit eine erste Vorstellung von sich selbst in der Ausübung der mütterlichen und väterlichen Rolle, die jedoch noch weitgehend instabil ist. Empirische Ergebnisse liefern Hinweise darauf, daß sich Frauen nun verstärkt mit der neuen Erfahrung der Mutterschaft auseinandersetzen.

Breen (1975) fand heraus, daß die nach kombinierten medizinisch-psychologischen Kriterien als »gut angepaßt« eingestuften Frauen sich drei Monate nach der ersten Geburt in einem Verfahren analog zu einem Kelly-grid als »ähnlich« im Vergleich zu ihrer eigenen Mutter, jedoch als »unähnlich« zu ihrem Ehemann beurteilten. Wurde die eigene Mutter als »schlechte Mutter« gesehen, so stuften sich die Frauen als unähnlich ein. Auch die Inhalte einer als »ideal« angesehenen Mutter haben sich nun in Richtung auf eine realistischere Einschätzung verschoben. Schlecht angepaßte Frauen idealisierten die Mutterrolle nach der Geburt weiter, d. h. sie nannten Kriterien wie »sich selbst aufgeben«, »eigene Gefühle zurückstellen«. Stereotype Überbetonung der Mutterrolle bzw. weiter andauernde Idealisierung der mütterlichen Rolle (das Bestreben, als Mutter perfekt zu sein, Mutterschaft als glücklichsten Lebensbereich anzusehen), hingen mit größeren Unsicherheitsgefühlen beim Füttern, Pflegen und mit ambivalenten Gefühlen gegenüber dem Kind zusammen. Diese emotionalen Merkmale werden als Hinweise auf geringes Selbstwertgefühl einer Frau angesehen, die die vielfältigen Rollen von Frauen in der heutigen Gesellschaft nur auf eine, nämlich die Mutterrolle, begrenzt (Niemelä, 1982 a, b).

Mehrere Studien verwenden Interviewdaten, Selbstbeurteilungen und Einstellungsmaße, um ein Sammelkonstrukt, und zwar die sog. *»Anpassung an die Mutterrolle/ Vaterrolle«* zu erfassen, das auch als *Umstellung des Selbstbildes* verstanden werden kann (Grossman et al., 1980; Shereshefsky & Yarrow, 1973). Nach den von Grossman und Mitarbeitern verwendeten globalen Anpassungskriterien ergab sich, daß das Angstniveau bei Erstgebärenden zwei Monate nach der Geburt am höchsten ausfiel, Depressivität war erheblich gesunken. Prädikatoren für günstige Anpassung der Frau an die

Mutterrolle zwei Monate nach der Geburt waren in dieser Studie hohes Wohlgefühl, niedrige Angst und Depressivität, gute allgemeine Lebensanpassung in der Schwangerschaft sowie gute Ehebeziehungen und geringes Angstniveau des Partners.

Bei Shereshefsky & Yarrow (1973) galten für Mütter eines sechs Monate alten Babies die folgenden, z. T. faktoriell abgesicherten Skalen als Kriterien für Anpassung an die Mutterrolle: weibliche Identifikation, Interesse an und Kontakt mit Kindern, gute Verarbeitung der Schwangerschaft, Akzeptieren des Säuglings und Individualsierung des Kindes.

Wenn der Vater eine gute Anpassung an die Vaterrolle zeigt, unterstützt er die Frau, die Mutterrolle in ihr Selbstbild zu integrieren (Entwisle & Doering, 1981; Oakley, 1980; Shereshefsky & Yarrow, 1973). Als weiteres Kriterium für die Anpassung an die Mutterrolle wählen mehrere Autoren eine *positive Einstellung zum Stillen, Stillen nach Verlangen und lange Stillzeit* (Entwisle & Doering, 1981; Leifer, 1980; Grossman et al., 1980). Die Überbetonung und einseitig positive Bewertung des Stillens vernachlässigt einige ungünstige Auswirkungen dieser Ernährungsweise auf die Arbeitsteilung der Partner, die Erschöpfung der Frauen u. ä., besonders dann, wenn nach Bedarf und nicht nach Zeitplan gestillt wird, wie es häufiger beim Stillen im Vergleich zur Flaschenfütterung auftritt. Obwohl die Erfahrung des Stillens als sehr intim und befriedigend erlebt wird, ist z. B. das Selbstbild der Mutter und die Entwicklung der Bindung sicher nicht allein durch diese Ernährung, sondern auch durch den ständigen Umgang und die Verantwortung für das kleine Wesen bedingt. In den ausschließlich amerikanischen Studien hatten fast alle Frauen mit 5 Monaten abgestillt. Dieses Ergebnis ist nicht auf die heutige Situation in der BRD übertragbar, die Bereitschaft zum Stillen und späteren Abstillen hat seit einigen Jahren stark zugenommen. Der Überblick über Indikatoren der Anpassung verdeutlicht, welche Faktoren die Herausbildung eines Selbstbildes als Mutter und als Vater günstig beeinflussen. Auch bei positiver Bewertung des Kindes und der Elternrollen kommen jedoch ambivalente Bewertungen noch häufig vor, die als Schwierigkeiten bei der Findung eines neuen Selbstverständnisses gedeutet werden können, z. B. Reizbarkeit und affektive Labilität (Grossman et al., 1980).

Entsprechend der Konstituierung ihres Selbstbildes als Vater oder Mutter *bilden die Eltern erste Kompetenzüberzeugungen und Selbstvertrauen als Vater und Mutter* aus. In welchem Ausmaß sie sich zutrauen, ihr Kind angemessen zu trösten, zu pflegen und anzuregen, hängt eng mit der physiologischen Ausstattung und dem Reaktionsstil des Kindes zusammen.

Empirisch wurde abgesichert, daß Mütter von Säuglingen mit Koliken im Alter von drei Monaten geringeres Vertrauen in ihre Fähigkeiten hatten und auch geringere Koordination beim Füttern zeigten, in vielen anderen Merkmalen unterschieden sie sich jedoch nicht von Müttern mit gesunden Kindern. Hohe Kompetenzüberzeugung und Selbstvertrauen können Eltern dann ausbilden, wenn sie ihr Kind als »bequemer«, »besser entwickelt« im Vergleich zu einem durchschnittlichen Baby einstufen (Breen, 1975). Umgekehrt zeigte sich bei Engfer (1986), wenn Mütter ihr Baby als »schwierig« i. S. von »schwer zu beruhigen«, »schreit viel« und »lehnt Körperkontakt ab« (Nicht-Schmuser) einstufen, dann zeigen sich bei der Mutter signifikant mehr Gefühle von Ärger, Frustration, nervöser Erschöpfung und Depression, ängstliche Überbehütung und Neigung zum Strafen.

Für einen solchen Zustand der Mutter, besonders für ihre Reaktionen auf kindliches Schreien, wurde das Konzept der *gelernten Hilflosigkeit* angewendet (Donavan & Leavitt, 1985). Hat die Mutter in ihren frühen Interaktionen mit ihrem Säugling erfahren, daß sie seine Schreisignale nicht effektiv beeinflussen kann, d. h. ihn nicht trösten kann, so sinkt ihre Motivation zu solchem elterlichen Verhalten und sie gerät in einen Zustand der Hilflosigkeit. Aus diesem folgt für spätere Interaktionen mit dem Kind eine Abnahme an Aufmerksamkeit, wie die Autoren versuchen, experimentell zu bele-

gen. Je globaler die Attribution von Hilflosigkeit bei der Mutter ausgeprägt ist, desto niedriger wird ihre Überzeugung von elterlicher Kompetenz ausfallen.
Wenn die körperlichen Nachwirkungen der Geburt abgeklungen sind, gewinnt die Frau wieder Kontrolle über ihren Körper. Sie wird weniger von autonomen biologischen Prozessen beeinflußt und kann zu einer vor der Schwangerschaft ausgebildeten, interindividuell verschieden ausgeprägten Überzeugung zurückkehren, ihren Alltag und Lebensstil selbst zu gestalten. Für den Partner kann diese Erfahrung der Normalisierung aus seiner Sicht ebenfalls damit verbunden sein, in stärkerem Maße als kurz vor oder nach der Geburt das Zusammenleben beeinflussen zu können. Als ein Bereich der neu gewonnenen Selbstbestimmung kann die Wiederaufnahme sexueller Kontakte der Partner gelten. Die Ernährung des Kindes kann die Frau insofern beeinflussen, als sie die Dauer des Stillens entscheidet und den Erfolg beim Stillen durch ihre Ernährung kontrolliert. Die aktive Sammlung von Informationen über Medien, Ärzte oder Personen im Freundeskreis kann ebenfalls als Versuch verstanden werden, Kontrolle zu gewinnen. Die Alltagssituationen mit dem Kind und in der Partnerschaft bieten nun zahlreiche Möglichkeiten für beide Eltern, Verhaltensstrategien in ihrer Wirkung auszuprobieren, und erste Routine zu entwickeln. Derartige Kontrollmöglichkeiten erfahren sie bei den täglichen Ritualen, z. B. wenn sie das Kind füttern, ins Bett bringen oder die Haushalts- und Freizeitaktivitäten miteinander regeln.

5.4 Phase der Gewöhnung (ca. 6. bis 12. Monat nach der Geburt)

Ungefähr ab dem 6. Lebensmonat des Kindes kann ein neuer kognitiv-emotionaler Zustand der Eltern postuliert werden. Die erhöhte psychische Beanspruchung durch die häusliche Situation in den ersten Monaten nach der Geburt weicht nun einer relativen Entspanntheit, Vertrautheit, stärkeren Sicherheit und Gewöhnung. Nach der Umstellung der Partnerschaft und dem Erproben zunächst ungewohnter elterlicher Verhaltensweisen gegenüber dem Kind stellt sich in der folgenden Zeit eine erste Routine und Regelmäßigkeit bei der Ausübung der Elternschaft ein. Die kindliche Entwicklung des Sozialverhaltens und der Lokomotion bieten globale Anhaltspunkte für eine zeitliche Einteilung: Die Bindungsforschung belegt für die zweite Hälfte des ersten Lebensjahres eine spezifische Bindung des Kindes zu den Eltern, wenn das Kind aufgrund seiner lokomotorischen Fähigkeiten selbst Nähe herstellen kann. In dieser Phase der Gewöhnung hat es eine deutliche Hierarchie von bevorzugten Personen erstellt, deren Nähe ihm als sichere Basis dient.
Sowohl die tendenziell *geringere kognitive Beanspruchung durch neue, für diese Zeit der Elternschaft relevante Informationen als auch eine zunehmende emotionale Vertrautheit mit dem Elternsein berechtigen dazu, diese Zeit als Gewöhnungsphase zu bezeichnen.* Die Anforderungen an Informationsverarbeitung und Wissensaufbau der Eltern bestehen während des zweiten Halbjahres nach der Geburt in der Regel weniger darin, daß sie völlig neue Erfahrungen mit dem Kind und den elterlichen Aufgaben zu verarbeiten haben, sondern verstärkt darin, *prinzipiell schon vorhandene Informationen zu elaborieren und zu verfestigen.* Das eigene Kind fordert zwar durch seinen Entwicklungsfortschritt in verschiedenen Bereichen kontinuierlich die Aufmerksamkeit der Eltern, diese haben sich allerdings an die Qualität dieser Beanspruchung gewöhnt und bewältigen sie weitgehend mit geringerem psychischen Energieaufwand. Die elterliche Vorstellung vom Kind umfaßt jetzt ein Bild vom eigenen Kind mit seinen individuellen

Gewohnheiten und typischen Verhaltensweisen; die Eltern haben daher einen ausgeprägten Erwartungshorizont für die möglichen Neuentwicklungen aufgebaut. Nach empirischen Studien nahmen die reinen Pflegetätigkeiten jetzt gegenüber Tätigkeiten wie Stimulieren und spezifischem Eingehen auf das Kind ab (Belsky et al., 1984 a). Bei den vielfältigen interindividuell sehr variierenden Familiensituationen können natürlich gravierende Veränderungen oder nicht-normative Lebensereignisse auftreten, die die oben genannten idealtypischen kognitiven Anforderungen erheblich modifizieren. Beispiele sind Wohnortveränderungen, wechselnde Betreuungsformen, Aufnahme der Erwerbstätigkeit, Krankheit des Kindes, Partnerkonflikte oder eine unerwartete neue Schwangerschaft. Auch unter solchen Bedingungen können die Eltern inzwischen auf ihre bisherigen Erfahrungen und bewährten Strategien im Umgang mit dem Kind zurückgreifen. Dabei bezieht sich die Gewöhnung an die Situation mit dem Kleinkind nicht so sehr darauf, daß Informationen über den motorischen, kognitiven, sprachlichen und sozialen Entwicklungsfortschritt des Kindes bekannt wären, sondern vielmehr auf die *Vertrautheit mit den individuellen Bedürfnissen, Merkmalen und Reaktionsweisen des eigenen Kindes.* Ich stütze mich hier zur Beschreibung der für die Eltern relevanten kindlichen Persönlichkeitsdimensionen wieder auf das Konstrukt »kindliches Temperament« (vgl. 5.3). Entscheidendes Kriterium ist dann, was erleben Eltern nach einem halben Jahr Erfahrung in der Elternschaft als schwierig, abweichend oder leicht und einfach an ihrem Kind. Nach empirischen Untersuchungen zeigen Väter und Mütter in ihren Urteilen über die Temperamentsdimensionen Aktivität, Regelmäßigkeit, vorherrschende Stimmung (Emotionalität), Aufmerksamkeitsspanne, Ablenkbarkeit und Anpassungsfähigkeit sowohl eine relativ hohe Übereinstimmung untereinander als auch Stabilität über kürzere Zeitintervalle (Korrelationen von .40 bis .70, vgl. Campos et al., 1983; Field & Greenberg, 1982) In der Temperamentsforschung deuten sich bestimmte, stabile *Kernvariablen des Temperaments* an (Matheny et al., 1984), die in diesem Zusammenhang als *Verfestigung des elterlichen Urteils, d. h. als kognitive Gewöhnung* interpretiert werden.

Vor allem die zusammengefaßten Einstufungen der Kinder nach wahrgenommener Schwierigkeit bzw. Einfachheit erwiesen sich in freien Beurteilungen der Eltern wie auch in Fragebögen mit 6 und 13 Monaten als stabil (Hubert & Wachs, 1985). Shereshefsky & Yarrow haben als Teilskalen des empirisch gewonnenen Faktors »mütterliche Anpassung« im 6. Lebensmonat das *Beachten der Individualität des Kindes* und Akzeptieren des Kindes mit seiner spezifischen Ausstattung nachgewiesen.

Die kognitive und emotionale Aufgabe der Eltern besteht nun darin, die erkannten individuellen Merkmale ihres Kindes zu differenzieren, im Verlauf zu beobachten und in ihrer Bedeutung für den weiteren Ausbau ihrer elterlichen Strategien zu erkennen. Diese kognitive Leistung in der Beurteilung des sich entwickelnden eigenen Kindes hängt eng mit den grundlegenden Bewertungen und der emotionalen Zufriedenheit als Mutter oder Vater zusammen. Unterschiedliche Reaktionsstile der Kinder, vor allem bei Extremvarianten wie hoher Anpassungsfähigkeit, Responsivität beim Beruhigen und positive Stimmung fördern deutlich verschiedene elterliche Verhaltensweisen, die nicht notwendig bewußt geplant sind. Seit Ainsworths grundlegenden Studien über die Qualität der Mutter-Kind-Bindung sind sowohl kindliche als auch mütterliche Beiträge zur Bindungsqualität nachgewiesen worden, z. B. in der deutschen Studie von Grossmann und Grossmann, die sowohl Feinfühligkeit der Mutter als auch Orientierungsfähigkeit des Säuglings bei der Geburt als wichtige Prädikatoren für Bindungssicherheit nachwiesen (K. Grossmann et al., 1985). Den deutlich transaktionalen Charakter der Eltern-Kind-Beziehung belegen auch die Ergebnisse von Heinicke und Mitarbeitern (1983). Prädiktoren für günstige Werte des Kindes im Bayley Test (wie

Zielgerichtetheit und Ausdauer) mit 12 Monaten waren hohe Anpassung und Kompetenzüberzeugung der Mutter in der Mitte der Schwangerschaft, ein sozial responsiver, wacher Säugling mit einem Monat und responsives mütterliches Verhalten sowie positiver Gefühlsausdruck gegenüber dem Kind mit sechs Monaten.

Genauere Verlaufsstudien bemühen sich weiter um eine *unterschiedliche Gewichtung des kindlichen und mütterlichen Beitrags zur Beziehungsqualität*. Einerseits demonstrieren die Ergebnisse einer interessanten Längsschnittstudie von Crockenberg & McCluskey (1986) das relativ größere Gewicht kindlicher Merkmale für die Veränderung des mütterlichen Umgangsstils. Die Feinfühligkeit der Mütter erwies sich hier vom 3. zum 12. Monat nicht als stabil für die Gesamtgruppe.

Mütter von Neugeborenen, die nach der Brazelton Neonatal Behavioral Assessment Scale als sehr reizbar eingestuft wurden, reagierten im dritten Lebensmonat noch sehr sensibel (kontingent) auf das Schreien ihrer Babies, mit 12 Monaten wurden sie jedoch als signifikant unsensibler in einer spezifischen Auswertung der »Fremden-Situation« nach Ainsworth eingestuft.

Die sehr komplexen Wechselwirkungen zwischen Kind- und Muttermerkmalen deuten in dieser Untersuchung darauf hin, daß die dauerhafte Beanspruchung der Mütter durch hohe Reizbarkeit bzw. schwieriges Temperament ihrer Kinder zu einer Verringerung der mütterlichen Feinfühligkeit bzw. zu größerer gelernter Hilflosigkeit mit einem Jahr führt und daß umgekehrt geringe kindliche Reizbarkeit und hohe soziale Reaktionsbereitschaft des Kindes zu mehr Stabilität der mütterlichen Feinfühligkeit beiträgt (Donavan & Leavitt, 1985). Ähnlich interpretiert Engfer ihre Ergebnisse zum Zeitpunkt von 4 Monaten, glaubt jedoch für spätere Zeitpunkte (18 Monate), eine kompensatorische Wirkung der mütterlichen Sensibilität bei ungünstigen Kindmerkmalen festgestellt zu haben. Andere Untersuchungen sehen dagegen in der mütterlichen Feinfühligkeit den wichtigeren Einflußfaktor auf die Entstehung einer bestimmten Mutter-Kind-Bindung.

Dies legt eine Längsschnittstudie nahe, in der die Bedingungen für die unterschiedliche Qualität der Mutter-Kind-Bindung nach Ainsworth-Kategorisierung in sichere, unsicher-vermeidende und unsicher-ablehnende Mutter-Kind-Beziehung im Alter von einem Jahr geprüft wurden. Belsky und Mitarbeiter belegten durch cross-lagged-panel-Analysen vom ersten, dritten und neunten Monat, daß jeweils mütterliches Engagment i. S. sensibler, respondenter Interaktion in stärkerem Maße mit geringem Schreien und Unruhe des Säuglings zu dem jeweils späteren Zeitpunkt zusammenhing als umgekehrt (neg. Korrelation). Weiter ergab sich, daß ein mittleres Maß an reziproker Interaktion, hier als Sensibilität/Feinfühligkeit der Mutter definiert, statistisch eng zusammenhing mit sicherer Bindung des Kindes in der standardisierten »Fremden Situation«, Überstimulation, d. h. zu wenig reziproke Interaktion mit ablehnendem Säuglingsverhalten. Diese Zusammenhänge über das Ausmaß mütterlicher Feinfühligkeit und Bindungssicherheit des Kindes erwiesen sich am prägnantesten zum Zeitpunkt, als das Kind 9 Monate alt war.

In diesem Zusammenhang kann dieses Ergebnis in Übereinstimmung mit den Autoren als Beleg für eine Stabilisierung gelten: »Möglicherweise wirkt sich hier ein Entwicklungsprozeß aus, nach dem die Neigung zu Überstimulation (mit der Folge einer vemeidenden Bindung), Unterstimulation (mit der Folge einer ablehnenden Bindung) und Sensitivität (Folge sichere Bindung) mit der Zeit deutlicher hervortritt, so daß im Alter von 9 Monaten Beziehungsmuster, die früher initiiert wurden, nun erst ausreichend etabliert und verfestigt sind, so daß sie zu statistisch signifikanten Ergebnissen führen« (Belsky et al., 1984 c, 725, Übers. vom Verf.). Im Hinblick auf das Geschlecht des Kindes kann auch ein Gewöhnungs- und Stabilisierungseffekt eintreten, da die Eltern sich bereits mit den kulturellen Erwartungen über die Erziehung eines Jungen oder Mädchens vertraut gemacht haben. Empirische Vergleiche zeigen teilweise verschiedene elterliche Verhaltensweisen gegenüber den Geschlechtern, die sich z. B. in der sprachlichen Interaktion zeigen (Zeits & Prince, 1982).

Informationen, die die Eltern über ihre Paarsituation zu verarbeiten haben, sind ähnlich wie die über das Kind nicht völlig neu in dieser Zeit. Auf der Basis der etablierten Aufteilung von Hausarbeit, Kinderpflege und Erwerbstätigkeit beginnen *die Partner nun, die Situation in ihrer Partnerschaft mit Kind erneut zu bewerten, abzuwägen und mit ihren bisherigen Zielen für das Familienleben in Übereinstimmung zu bringen.* Nach empirischen Vergleichen von Schwangerschaftszeit, drittem und neuntem Monat nach der Geburt, ergeben sich in der *subjektiven Einschätzung der Partnerschaft weniger Veränderungen in der zweiten Hälfte des ersten Lebensjahres des Kindes als in der Zeit davor*, soweit die Aspekte der Befriedigung, der Konflikte und Ambivalenzen und der Arbeitsteilung berücksichtigt werden (Belsky et al., 1983; Belsky et al., 1985). Gewöhnung kann vermutlich darin bestehen, daß Frauen und Männer bis zum Ende des 1. Jahres die Erfahrung einer traditionelleren Rollenaufteilung und veränderten Kommunikation fundiert beurteilen können. Sie haben Kenntnisse darüber gewonnen, daß beiden nun weniger gemeinsame Zeit zur Verfügung steht, daß die persönliche Freizeit abgenommen hat, die organisatorischen Aufgaben und die Zeit, die jeder mit dem Kind verbringt, dagegen angestiegen ist. Die subjektive Bewertung dieser Veränderung variiert sehr stark in Abhängigkeit von der Lebensplanung, der etablierten Arbeitsteilung, ökonomischen Bedingungen und dem gewählten Lebensstil der Partner. Urdze & Rerrich (1981) legten eine Klassifikation verschiedener Formen in der Ausübung der Mutterrolle vor, in die frühere Lebensplanung, aktuelle Berufs- und Familientätigkeit der Frau und deren Bewertung und Akzeptanz einbezogen wurden. Vergleichbare Klassifikationen müßten für die Ausübung der Vaterrolle erarbeitet werden, hier liegen nur vereinzelte Ergebnisse, hauptsächlich über traditionelle und nicht-traditionelle Vaterrollen vor (Entwisle & Doering, 1981; Fthenakis, 1985; Grossman et al., 1980).

Die emotionalen Aspekte einer Gewöhnungsphase beim Übergang zur Elternschaft bestehen in *einem Nachlassen der Anspannung, Nervosität, geringerem Streßempfinden, größerer Sicherheit und z. T. Vertrauen in die Bewältigung der aktuellen, nun abschätzbaren Situation.* Da die Eltern sehr unterschiedliche Informationen über die Persönlichkeitsmerkmale ihres Kindes und über die partnerschaftliche Arbeitsteilung haben, können auch sehr unterschiedliche Stimmungen vorherrschen. Nach den vorliegenden Längsschnittstudien, die Zeitpunkte bis zu einem Jahr nach der ersten Geburt einbeziehen, werden Varianten der Verarbeitung dieses Lebensübergangs jetzt wieder besonders deutlich. Engfer & Gavranidou (1986) fanden, daß die Einflüsse der Geburt auf das Wohlbefinden der Mütter bis zu 1 1/2 Jahren danach sehr verflacht sind. Ein Grund könnte darin gesehen werden, daß mit zunehmendem Abstand zur Schwangerschaft und dem unmittelbaren Geburtsereignis die Persönlichkeitsmerkmale der Partner, Aspekte des vorherigen Lebensstils, der Lebensplanung, Partnerschaftsmerkmale, Rollenbevorzugungen vor allem der Frauen, berufliches Engagement und Qualifikation beider Partner wieder an Bedeutung gewinnen, wie Grossman und Mitarbeiter (1980) argumentieren. In der zuletzt genannten umfangreichen Studie wird *die emotionale Situation der Partner am Ende des ersten Lebensjahres ihres Kindes als recht stabil beschrieben.*

Die Frauen gaben an, sich gesund und energisch zu fühlen, ihre Ängste und depressiven Stimmungen fielen zu diesem Zeitpunkt niedrig aus; insgesamt war das seelische Wohlbefinden hoch. Je größer die seelische Gesundheit des Partners, je geringer seine Ängstlichkeit und je besser seine Anpassung an die Vaterrolle eingestuft wurden, desto größer fiel sein Beitrag zur Stützung der Partnerin aus. Aufschlüsse über die Verarbeitung des Übergangs zur Elternschaft geben auch Vergleiche von erstmaligen mit mehrfachen Müttern. Erstmalige Mütter stufen ihre Babies im Vergleich zu mehrgebärenden Frauen am Anfang eher als »schwierig« i. S. von »fordern mehr Aufmerksamkeit« ein (Engfer, 1986).

Die Qualität der Partnerbeziehung und der Verlauf der Schwangerschaft erwiesen sich bei erstgebärenden Frauen als erheblich wichtiger für ihr Befinden im Vergleich zu mehrfachen Müttern, bei denen dauerhafte Persönlichkeitsmerkmale und die aktuelle soziale Situation ein größeres Gewicht für die emotionale Stimmung hatten, und zwar sowohl zwei Monate nach der Geburt als auch nach einem ganzen Jahr. In eher traditionellen Ehen fiel das Angstniveau der Frauen am Ende des ersten Jahres höher aus als in gleichberechtigten Ehen, die durch positiveres Schwangerschaftserleben und bessere Partnerbeziehungen gekennzeichnet waren. Ein höherer Prozentsatz von Frauen in diesen egalitären Partnerschaften arbeiten wieder, als die Kinder ein Jahr alt waren (Grossman et al., 1980). Je weiter also die Geburt zurückliegt, desto mehr steigt die Bedeutung differentieller Verarbeitung des Übergangs zur Elternschaft.

Die Ergebnisse mehrerer Untersuchungen deuten darauf hin, daß *das Selbstbild der Frauen und Männer gegen Ende des ersten Lebensjahres ihres Kindes sich insofern stabilisiert, als die Aktivitäten als Vater und Mutter nun als zum eigenen Selbstbild gehörig erlebt werden*. Mit v. Gennep (1969) und Oakley (1980) sind die Endphasen von Statusübergängen dadurch gekennzeichnet, daß der »Übergänger« den neu erworbenen Status in sein Selbstbild internalisiert. Oakley beschreibt diesen Zustand dadurch, daß die Person erkannt habe, *worin* die Situation verschieden ist und *warum* sie verschieden ist, d. h. der Situation wird eine neue Bedeutung zugeschrieben. Einzelne empirische Hinweise auf diesen komplexen Prozeß der Selbstbildänderung ergeben sich aus vorliegenden Studien. So stieg in der Sicht der Eltern der quantitative Anteil des Mutter- bzw. Vaterseins von der Schwangerschaft im sechsten Monat nach der Geburt im Verhältnis zu anderen Anteilen des Selbst, die in einer grafischen Veranschaulichung als »Kuchenstücke« eines kreisförmigen »Selbstkuchens« angegeben werden sollten. Gleichzeitig nahmen die Zahl der aufgezählten Aspekte des Selbst in dieser Zeit ab (Cowan et al., 1978; der Anteil des Eltern-Selbst nahm bei Erstelsten zu, der Anteil des Partner-/Liebhaber-Selbst dagegen ab im Vergleich zu Paaren ohne Kind (Cowan et al., 1985). Dies verdeutlicht die hervorragende Bedeutung des Mutter-/Vaterseins und die Reduktion der Vielfalt von sozialen Rollen oder Beziehungen, die Eltern kleiner Kinder erfahren. Auch Grossman und Mitarbeiter kommen aufgrund von Fragebogen- und Interview-Analysen zu dem Ergebnis, daß Frauen und Männer nun die Elternrollen in ihr Selbstbild und ihre Partnerschaft integriert haben, wobei es von einem komplexen Muster von Einflußgrößen abhängt, wie die Integration geleistet wird. Gute Anpassung der Frau an die Mutterrolle, definiert aus Befragungen und Beobachtungen durch emotionales Engagement gegenüber dem Kind, Feinfühligkeit für seine Bedürfnisse, hohe Kompetenzüberzeugung als Mutter, hingen auch hier mit günstigen Werten des Kindes im Bayley-Verfahren zusammen (Grossman et al., 1980). Zu einem stabilen Selbstbild als Mutter/Vater zählt auch, daß nun mehr Übereinstimmung zwischen sich selbst und den eigenen Eltern gesehen wird, das Ideal einer guten Mutter bzw. eines guten Vaters wird weniger stereotyp beschrieben (Cowan et al., 1978). Die ungünstige Wirkung einer Idealisierung der Mutterschaft bestätigt sich zu diesem Zeitpunkt. Frauen mit hohen Werten in Bems Femininitätsskalen zeigten eher geringe Qualität des Mutterverhaltens (Grossman et al., 1980). Das Selbstwertgefühl der Eltern veränderte sich in vorliegenden Studien nicht systematisch, es fanden sich sowohl Verringerungen als auch Zunahmen des Selbstwerts (Cowan et al., 1978; 1985; Leifer, 1980; Wolkind & Zajicek, 1981).

Es ist zu erwarten, daß mit zunehmender Stabilität der Vorstellung von sich als Mutter oder Vater das Vertrauen in die Fähigkeit, angemessen mit dem eigenen Kind umzugehen, steigt. Leider liegen keine empirischen Erhebungen hierzu vor. Differentielle Ausprägungen dieser Kompetenzüberzeugung hängen von Merkmalen des Kindes und der

Partnerschaft ab. Um differentielle Verläufe zu beschreiben, fehlen noch vergleichbare Längsschnittstudien. Im Kap. 5.3 wurden auf der Grundlage verschiedener Kombinationen kindlicher und mütterlicher Einflußgrößen auf die Mutter-Kind-Interaktion verschiedene Entwicklungswege skizziert, die aufgrund bisheriger empirischer Studien naheliegen. Ein Weg besteht in der allmählichen Verringerung mütterlicher Sensibilität durch ungünstige Kindmerkmale, ein anderer in der Kompensation ungünstiger Kindmerkmale durch eine hoch ausgeprägte mütterliche Sensibilität von Geburt an. Weitere Ressourcen der Mutter sind hohes Ausbildungsniveau, stabile Partnerschaft, hohes väterliches Engagement, ökonomische Sicherheit und soziale Unterstützung. Als Produkt dieser unterschiedlichen Einflußgrößen ergeben sich am Ende des ersten Lebensjahres des Kindes verschiedene Ausprägungen von mütterlichen und väterlichen Kompetenzgefühlen und unterschiedliche Überzeugungen, die Situation als Eltern selbst beeinflussen zu können. Verallgemeinernde Aussagen sind hierzu noch nicht möglich.

Damit endet die idealtypische Darstellung von Schritten des Übergangs zur Elternschaft. Theorien der Familienentwicklung haben weitere globale Stadien des Familienzyklus vorgeschlagen. Einige Querschnittvergleiche verschiedener Stadien haben ergeben, daß die ersten Schritte des Elternwerdens größere Umstellung erfordern als später folgende Schritte (Hoffman & Manis, 1978; Schneewind, 1983 a). Dies kann als Anhaltspunkt für die Konzeption von Interventionen zu diesem Lebensereignis und Statusübergang genommen werden (Kap. 7). Es sind jedoch neue Längsschnittstudien auch in der BRD erforderlich, um mögliche differentielle Verläufe des Elternwerdens zu prüfen.

5.5 Zusammenfassung der Schritte des Übergangs zur Elternschaft zu einem hypothetischen Verlaufsmodell

In den letzten beiden Kapiteln wurden insgesamt acht idealtypische Schritte des Übergangs zur Elternschaft dargestellt. Sie erstrecken sich über eine Zeitspanne vom Anfang der Schwangerschaft bis zum Ende des ersten Lebensjahres des Kindes; die Zeitangaben dienen dabei nur als grobe Orientierung. Die Schritte wurden im einzelnen als Verunsicherungsphase (bis zur 12. SSW), Anpassungsphase (ca. 12.–20. SSW), Konkretisierungsphase (20.–32. SSW), Antizipations- und Vorbereitungsphase (ca. 32.–40. SSW), Geburtsphase, Phase der Überwältigung und Erschöpfung (ca. 4–8 Wochen), Phase der Herausforderung und Umstellung (ca. 2.–6. Monat) und Gewöhnungsphase (ca. 6.–12. Monat nach der Geburt) bezeichnet. Als Grundlage für die geschilderte Abfolge der psychischen Verarbeitung dienen empirische Längsschnittstudien und z. T. querschnittliche Erhebungen über die Veränderungen verschiedener körperlicher, psychischer und sozialer Merkmale während dieses Segmentes im Lebenslauf von Frauen und Männern. Sie stammen meist aus dem englischen Sprachraum und beruhen weitgehend auf Mittelschichtstichproben. Jeder Schritt ist gekennzeichnet durch einen bestimmten kognitiv-emotionalen Zustand der werdenden bzw. neuen Eltern. Eine spezifische Kombination und Ausprägung psychischer Merkmale trägt zu dem jeweiligen Zustand bei, und zwar (1.) entweder hohe oder niedrige Anforderungen durch neue, für diesen Abschnitt des Übergangs relevante Informationen, (2.) Ängstlichkeit und Unsicherheit gegenüber emotionalem Wohlgefühl und Stabilität, (3.) ein stabiles vs. instabiles Selbstbild als werdende/neue Mutter bzw. Vater, sowie (4.) hohe vs. nied-

Abb. 1 Hypothetisches Verlaufsmodell des Übergangs zur Elternschaft

Merkmalsbereiche der psychischen Verarbeitung:

- geringe Bekanntheit der Information (Neuheit)
- geringe Sicherheit d. Bewertung (hohe Ängstlichkeit)
- unsicheres Selbstbild
- geringes Selbstvertrauen u. geringe Kontrollüberzeugung als Eltern

- Bekanntheit der Information
- relative Sicherhiet d. Bewertung (psych. u. körp. Wohlgefühl)
- stabiles Selbstbild
- hohes Selbstvertrauen u. hohe Kontrollüberzeugung als Eltern

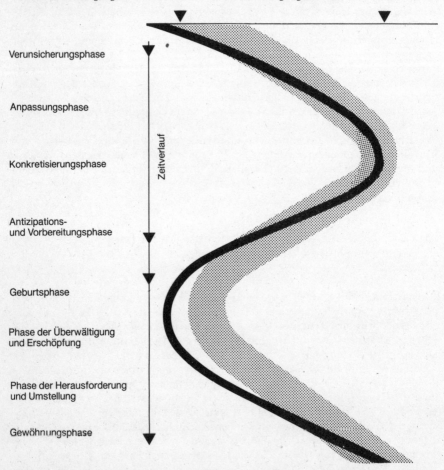

Verunsicherungsphase

Anpassungsphase

Konkretisierungsphase

Antizipations- und Vorbereitungsphase

Geburtsphase

Phase der Überwältigung und Erschöpfung

Phase der Herausforderung und Umstellung

Gewöhnungsphase

Zeitverlauf

In der Abbildung sind in vertikaler Linie die Phasen des Übergangs zur Elternschaft im zeitlichen Verlauf angegeben, auf der horizontalen Linie vier zusammengefaßte Merkmalsbereiche der psychischen Verarbeitung. Der linke Pol der Merkmalsausprägungen beinhaltet eine schwache Ausprägung der Merkmale, der rechte Pol eine hohe Ausprägung der Merkmale. Der breite, gepunktete Verlauf kennzeichnet die durchschnittliche Verarbeitung des Übergangs zur Elternschaft, die durchgezogene, schwarze Linie eine extreme Verarbeitung mit stärkerer Variation der Merkmalsausprägungen. Aus der Abbildung wird deutlich, daß sich eine durchschnittliche und eine extreme Verarbeitung des Übergangs zur Elternschaft besonders in den Anfangsphasen der Schwangerschaft und den ersten Phasen nach der Geburt unterscheiden.

rige Überzeugungen von der eigenen elterlichen Kompetenz und eine situativ stark oder schwach ausgeprägte Kontrollüberzeugung.

Geht man von den skizzierten kognitiv-emotionalen Zuständen aus, so läßt sich der Verlauf des Übergangs in zwei ähnlichen Zyklen der psychischen Verarbeitung zusammenfassen, von denen der erste während der Schwangerschaft und der zweite nach der Geburt durchlaufen wird. Die Verarbeitung beginnt jeweils mit der Aufnahme zahlreicher neuer, für diese Phase unmittelbar relevanter Informationen auf unterschiedlichen Ebenen, begleitet von Gefühlen der Verunsicherung und Ängsten, Erleben von relativ geringer Kontrollle und einem instabilen Selbstbild. Es folgen Schritte der Verarbeitung, in denen prinzipiell vertraute Informationen eher elaboriert und differenziert werden, wobei Gefühle des emotionalen Wohlbefindens, ein stabilisiertes Selbstbild als werdende/neue Eltern, größeres Vertrauen in die eigenen Kompetenzen und die Überzeugung, die Situation selbst beeinflussen zu können, auftreten.

In der Abbildung 1 ist dieser idealtypische Verlauf graphisch veranschaulicht, wobei in sehr vereinfachender Weise die vier Merkmalsbereiche jeweils als bipolare Merkmale mit zwei extremen Ausprägungen zusammengefaßt wurden. Interindividuelle Unterschiede in der Art der Verarbeitung des Übergangs zur Elternschaft ließen sich in diesem hypothetischen Verlaufsmodell sowohl durch zeitliche Verschiebungen, d. h. durch Verkürzung bzw. Verlängerung einzelner Verarbeitung, als auch durch die Intensität, in der die beschriebenen Merkmalsbereiche bei der Frau oder dem Mann ausgeprägt sind, abbilden. In der Graphik sind die zuletzt genannten möglichen Variationen durch einen breit gekennzeichneten mittleren Kurvenverlauf und einen schmal markierten, extremeren Verlauf angedeutet. Das Modell kann als Heuristik für die Einordnung vorhandener Studien und als Orientierung für zukünftige Untersuchungen dienen.

6. Besonderheiten des Übergangs zur Elternschaft

Abweichungen von einer Verarbeitung des Übergangs zur Elternschaft unter normalen Bedingungen, wie sie in den Kapiteln vier und fünf dargestellt wurde, können durch unterschiedliche Einflußgrößen verursacht werden. Bedingungen für Besonderheiten beim Elternwerden lassen sich einerseits danach ordnen, *zu welchem Zeitpunkt sie im Verlauf des Übergangs auftreten,* d. h. ob sie bereits vor Beginn der Schwangerschaft, während der Schwangerschaft, bei der Geburt oder erst in der frühen Elternschaft auftreten. Andererseits können Abweichungen danach klassifiziert werden, ob sie *Merkmale und Prozesse auf körperlicher, psychischer oder sozialer Ebene* betreffen. Körperliche Besonderheiten können z. B. durch Merkmale oder Risiken der Frau (mehrfache Fehlgeburten, bestimmte Krankheiten, z. B. Diabetis), des Mannes (Bluterkrankheit) oder des Kindes (Zwillingsschwangerschaften) hervorgerufen werden. Psychische und soziale Besonderheiten entstehen z. B. durch die Lebensgeschichte, Persönlichkeitsmerkmale der Partner oder durch eine fehlende Partnerschaft bei alleinerziehenden Frauen. Aus Raumgründen ist es hier nicht möglich, einen vollständigen Überblick über alle Besonderheiten des Beginns der Elternschaft zu geben. Der interessierte Leser kann sich anhand des genannten Zeitrasters und der drei Ebenen mögliche Besonderheiten selbst ableiten. Anstelle eines Überblicks wird für zwei spezielle Fälle des Übergangs zur Elternschaft paradigmatisch entwickelt, wie Abweichungen in der Verarbeitung des Elternwerdens unter Bezug auf das vorn entwickelte Verlaufsmodell rekonstruiert werden können, und zwar Besonderheiten im Timing der ersten Geburt und Besonderheiten durch eine Frühgeburt.

6.1 Besonderheiten durch das Timing der ersten Geburt: nicht altersgemäße Übergänge zur Elternschaft

Veränderungen in den emotionalen und kognitiven Zuständen einer durchschnittlichen Verarbeitung des Übergangs zur Elternschaft können dadurch zustande kommen, daß der Übergang zu einem Zeitpunkt im Lebenslauf der Partner stattfindet, der sich stark vom Altersdurchschnitt aller Paare unterscheidet. In westlichen Gesellschaften existieren relativ umschriebene *Altersnormen über die sozialen Lebensfahrpläne.* Mitglieder der amerikanischen Gesellschaft stimmen z. B. relativ hoch in ihren Meinungen darin überein, *wann ein Übergang zur Ehe und zur Elternschaft altersangemessen sei* (Neugarten et al., 1978). Weiter konnte nachgewiesen werden, daß Alterszwänge für die Ereignisse im Familienzyklus stärker ausgeprägt sind als für Ereignisse in anderen Lebensbereichen (Hagestad & Neugarten, 1985). Die Wahrnehmung von derartigen Alterszwängen schafft beim einzelnen einen Entscheidungsdruck (Atchley, 1975). Neugarten & Datan (1979) haben für die Beurteilung der Altersangemessenheit von Lebensereignissen die Kategorien »on time« und »off time« eingeführt. Ein Übergang zur Elternschaft, der im allgemeinen sozialen Urteil und in der subjektiven Einschätzung als altersgemäß beurteilt wird, entspräche einem *normativen Lebensereignis,* ein nicht altersgemäßer Übergang einem *nicht normativen Lebensereignis* (Parke & Tinsley,

1984; vgl. auch Kap. 1.2). Altersnormen bilden ein System sozialer Kontrolle, aus dem sich beim Individuum Folgen für die Selbsteinschätzung und das Selbstwertgefühl ergeben (Neugarten & Datan, 1979).

Durch das Timing bedingte, nicht-normative Übergänge zur Elternschaft liegen sowohl bei *sehr früher Elternschaft* im Jugendalter als auch bei *sehr später Elternschaft* vor. Für beide Fälle läßt sich aus den Forschungsergebnissen über Altersnormen die Hypothese ableiten, daß sie im Vergleich zu altersgemäßen Übergängen in anderer Weise psychisch verarbeitet werden und z. T. mit erhöhten Schwierigkeiten verbunden sind. Sehr frühe und sehr späte Elternschaft implizieren jedoch völlig verschiedene Probleme und Risiken, sie müssen daher getrennt behandelt werden. Es können *keine verbindlichen Altersnormen*, nach denen Frauen oder Männer eindeutig als frühe oder späte Eltern einzustufen sind, erstellt werden. Gründe dafür liegen erstens in den *historischen Veränderungen im Alter bei der ersten Geburt*. In der Bundesrepublik Deutschland ist das durchschnittliche Alter der Frauen bei Geburt des ersten Kindes angestiegen, es lag 1986 bei 26,37 Jahren. In den USA blieb das durchschnittliche Alter bei der ersten Geburt von 1900 bis 1975 relativ konstant zwischen 22 und 23 Jahren, seit 1975 steigt es leicht an (nach Bloom, 1984; Glick, 1978; Parke & Tinsley, 1984). Außerdem hat sich in den USA die Streuung für das Alter bei der ersten Geburt verbreitet, es wird sowohl von einer Zunahme der Schwangerschaften unter 20 Jahren als auch derjenigen über 30 Jahren ausgegangen (Bloom, 1984; Marks, 1980; Parke & Tinsley, 1984). Für die BRD waren mir leider keine Angaben über die Veränderung der Variationen im Alter der Frauen bei der ersten Geburt zugänglich[1], vermutlich nimmt die Streubreite hier weniger zu.

Das Timing der ersten Geburt wird entscheidend durch die Verbreitung von Empfängnisverhütungsmethoden beeinflußt. Das zeigte sich auch in der Studie von Daniels & Weingarten (1982): Während für die Kohorte der 1930 in den USA Geborenen die erste Geburt mit 20 bis 22 Jahren (14 Monate nach Eheschließung) normativ war, traf für die Kohorte von 1950 eine relativ spätere Elternschaft mit programmiertem Aufschub bis zu durchschnittlich 31 Jahren (4 Jahre nach Eheschließung) zu. Aus den statistischen Angaben wird deutlich, daß *das Timing der Elternschaft weitgehend über das Alter der Mutter definiert wird*, das Alter des Vaters bei der Geburt seines ersten Kindes ist in den Statistiken der BRD nicht erfaßt. In der Regel sind die Väter ca. 2 bis 3 Jahre älter als die Mütter. Ein zweiter Grund für fehlende Altersnormen liegt in den großen Variationen zwischen verschiedenen Sozialschichten und Milieus einer Gesellschaft, es ist hier eher von *schichtspezifischen Altersnormen* auszugehen. Empirisch wurde der Einfluß mehrerer Faktoren auf den Zeitpunkt der ersten Geburt nachgewiesen. Neben der historischen Zeit (Kohorte) und den sozioökonomischen Hintergrundvariablen (ethnische Zugehörigkeit, Schicht, Religion) hatte die »individuelle Partnerschaftzeit«, d. h. Dauer der Partnerschaft, den größten Einfluß auf den Zeitpunkt (Roosa et al., 1982; Teachman & Polonko, 1986). Im folgenden soll geprüft werden, *welche Konsequenzen* sich aus der unterschiedlichen zeitlichen Plazierung des Übergangs im Lebenslauf der Frauen und Männer ergeben, d. h. wie sich die biologischen, psychologischen und sozialen Bedingungen bei Beginn einer sehr frühen oder einer sehr späten ersten Schwangerschaft unterscheiden. Weiter soll anhand der vorläufigen Ergebnisse analysiert werden, wie die psychische Verarbeitung in verschiedenen zeitlichen Abschnitten des Elternwerdens durch diese unterschiedlichen Ausgangsbedingungen beeinflußt

---

[1] Aus den Fruchtbarkeitstabellen des Statistischen Bundesamtes ist nur das durchschnittliche Alter bei der ersten Geburt zu entnehmen, nicht die Streuung des Alters. Die Modalwerte für das Alter der Mütter bei allen Geburten (unabhängig von der Parität) lagen 1960 bis 1970 zwischen 23 und 27 Jahren, 1982 bis 1986 zwischen 25 und 29 Jahren.

wird. Hierbei können die Phasen der Verarbeitung, die in dem Verlaufsmodell über den durchschnittlichen Übergang zur Elternschaft vorn beschrieben wurden, als Heuristik dienen.

6.1.1 Elternschaft im Jugendalter

Jugendliche Eltern gelten sowohl in der deutschen als auch in der umfangreichen amerikanischen Literatur als Problemgruppe. Dazu muß einschränkend bemerkt werden, daß Schwangerschaften und Schwangerschaftsabbrüche bei Jugendlichen in der BRD und anderen westeuropäischen Ländern ein sehr viel geringeres, weil selteneres Problem als in den USA darstellen. Dies wird auf die unterschiedliche ethnische Zusammensetzung der Gesellschaften – die Mehrzahl der amerikanischen jugendlichen Schwangeren sind Schwarze – und auf die in der BRD weiterentwickelte Sexualerziehung und Familienplanung zurückgeführt. Die empirischen Kenntnisse sind zusätzlich dadurch eingeschränkt, daß wesentlich *mehr Informationen über jugendliche Mütter und ihre Kinder* vorliegen. Die Partnerschaften von Teenagern sind in der Regel wenig stabil, über die jugendlichen Väter liegen nur wenige Untersuchungen vor (Parke & Tinsley, 1984).

Als *frühe Eltern* gelten in der deutschen Literatur Paare, bei denen *die Frau unter 18 Jahren* alt, d. h. im rechtlichen Sinne minderjährig ist; in den USA sind die unter 19jährigen gemeint (McCluskey et al., 1983; Rogel & Peterson, 1984; Schöfer, 1980). Die Altersgruppe von 12 bis 19 Jahren wird für bestimmte Fragen noch differenziert (Brooks-Gunn & Furstenberg, 1986; McCluskey et al., 1983). Während die Geburtenrate in der Gesamtbevölkerung aller westlichen Länder sinkt, ist in den USA die Rate der Geburten von 15- bis 19jährigen weniger gesunken, die Geburten bei Mädchen unter 15 Jahren blieben von 1970 bis 1982 konstant (s. Brooks-Gunn & Furstenberg, 1986; Rogel & Peterson, 1984). Frühe Geburten bei 12- bis 19jährigen Müttern machen in den USA 16–17 % und bei unter 20jährigen Müttern 20 % aus (Brooks-Gunn & Furstenberg, 1986; McCluskey et al., 1984; Rogel & Peterson, 1984). In der BRD lag der Anteil der Geburten von minderjährigen Müttern im Jahre 1978 bei 7 % der Neugeborenen (Schöfer, 1980); es werden *sinkende Geburten- und steigende Abtreibungsraten* bei jugendlichen Müttern berichtet (Lohmüller & Schmidt-Tannwald, 1981; Wenderlein, 1978).

Jugendliche Eltern unterscheiden sich in den körperlichen Ausgangsbedingungen und in ihrer psychischen und sozialen Lebenssituation bei Beginn der ersten Schwangerschaft deutlich von erwachsenen Paaren. Es bestehen *größere medizinische Risiken,* zu denen eine schlechtere Ernährung, ungünstiges Gesundheitsverhalten (Rauchen, Trinken) und erhöhte Risiken in der Schwangerschaft (Anämie, Hypokaliämie, Schwangerschaftsgestosen, Hypovitaminosen) sowie mehr Geburtskomplikationen (Mißverhältnis von Becken der Mutter und Kopf des Kindes, Komplikationen bei der Nachgeburt, höhere Zahl an Kaiserschnitt- und Zangengeburten, höhere Zahl an Frühgeburten) und eine höhere perinatale Sterblichkeit (hauptsächlich wegen geringem Geburtsgewicht) der Kinder von jugendlichen Müttern zählen. Durch gute medizinische und psychosoziale Betreuung können diese Risiken erheblich gesenkt werden (Brooks-Gunn & Furstenberg, 1986; DFG, 1977; McCluskey et al., 1983; Parke & Tinsley, 1984; Schöfer, 1980; Wenderlein, 1978). Auch in *psychologischen Merkmalen* unterscheiden sich jugendliche Mütter von älteren Müttern. Eine deutsche Studie ergab höhere Neurotizismuswerte (im MPI) und eine geringere Bildung der unter 20jährigen Schwangeren im Vergleich zu älteren werdenden Müttern (Wenderlein, 1978). Geht man von psychoanalytischen und kognitiven Entwicklungstheorien aus, dann fallen bei jugendlichen Eltern die Entwicklungsaufgaben für das Jugendalter (u. a. Loslösung von den Eltern, Geschlechtsrollenfindung, Aufbau einer Partnerschaft, Beendigung der Ausbildung) mit den Herausforderungen durch die erste Elternschaft zusammen. Aufgrund der vermehrten Anforderungen können jugendliche Eltern überfordert und in ihrer eigenen Entwicklung beeinträchtigt sein. Insbesondere wurden Hypothesen über den niedrigeren Stand ihrer kognitiven Fähigkeiten und ihrer Persönlichkeitsentwicklung erstellt. Da Denkprozesse nach der Theorie von Piaget im frühen Jugendalter noch überwiegend auf dem konkret-operationalen Niveau ablaufen, sind Einsichten in die komplexen physiologischen Prozesse bei Empfängnis und Schwangerschaft nur begrenzt vorhanden. Der nachgewiesene Zusammenhang zwischen niedrigem kognitivem Entwicklungsniveau und geringer Kenntnis und Praktizierung von Verhütungsmethoden wird so interpretiert, daß alle Arten von Geburtenkontrolle ein gewisses Ausmaß an formalem Denken erfordern (Marks, 1980; McCluskey et al., 1983; Rogel & Peterson, 1984; Wenderlein, 1978). Solange formale Denkprozesse noch nicht stabilisiert sind, können Wirklichkeit und Möglichkeit noch nicht getrennt werden und die langfristigen Folgen von Elternschaft schwer abgeschätzt werden. Die besondere Form des jugendlichen Egozentrismus (i. S. von Elkind, vgl. McCluskey et al., 1983; Rogel & Peterson, 1984) mit einer Zentrierung auf das eigene Erleben und der Neigung zur Selbstüberschätzung erschweren den kognitiven Prozeß der Individuierung des Kindes während der Schwangerschaft und nach der Geburt sowie die Aufnahme einer Beziehung zum Kind. Auch die Zeit zur Entwicklung einer persönlichen Identität i. S. Eriksons ist verkürzt, die Entwicklungsstufe der Intimität wird nur als körperliche, selten als psychische Intimität erreicht, und es erfolgt eine vorschnelle Übernahme der Mutterschaft (Vaterschaft) als soziale Rolle.

Die Ausgangssituation für eine Elternschaft im Jugendalter wird wesentlich durch die *geringe Geplantheit und z. T. geringere Erwünschtheit dieser Schwangerschaften* bestimmt. In der Literatur finden sich übereinstimmende Angaben über die hohe Rate von ca. 80 % ungeplanten und unerwünschten Schwangerschaften (Brooks-Gunn & Furstenberg, 1986; McCluskey et al., 1983; Parke & Tinsley, 1984; Wenderlein, 1978). Eine neuere deutsche Repräsentativbefragung ergab, daß $1/4$ der Jungen und Mädchen beim ersten Geschlechtsverkehr keinerlei oder sehr unsichere Verhütungsmittel benutzen; besonders Frühbeginner (unter 16 Jahren) haben ein schlechtes Kontrazeptionsverhalten. Mit zunehmend häufigerem Geschlechtsverkehr wird auf sichere Verhütungsmethoden (Pille) übergegangen (Urdze & Schmid-Tannwald, 1982; Schmid-Tannwald & Urdze, 1983). Die komplexen psychodynamischen Prozesse beim Kinderwunsch wurden in Kap. 4.3 diskutiert. Aus psychoanalytischer Sicht wurden die unerwünschten Schwangerschaften als Form der Austragung von unbewußten Konflikten der jugendlichen Mütter analysiert (Merz, 1979). Wenn man berücksichtigt, daß hohe Geplantheit eines Kindes mit mehreren nachfolgenden Merkmalen wie geringer Komplikationsrate, stabileren Beziehungen, günstigen mütterlichen und väterlichen Einstellungen zum Kind und günstiger Entwicklung des Kindes verbunden ist, so erhält dieser Aspekt ein besonderes Gewicht für konkrete Beratung von schwangeren Jugendlichen (Grossman et al., 1980; Doering & Entwisle, 1981). Die sozialen Lebensbedingungen der jugendlichen Eltern verstärken die genannten psychischen Defizite. Jugendliche Schwangere sind zu 60 % nicht verheiratet, $1/3$ heiratet während der ersten Schwangerschaft (sog. Mußehen). Die im Jugendalter geschlossenen Ehen sind wenig stabil, sie haben eine hohe Scheidungs- und Wiederverheiratungsquote (Furstenberg in McCluskey et al., 1983; Parke & Tinsley, 1984; Wenderlein, 1978). Schwangere Mädchen müssen die Schule unterbrechen, beide Partner haben häufig ihre Ausbildung noch nicht abgeschlossen, die Ausbildungsziele der jungen Mütter sind niedriger, das Paar hat ein sehr niedriges Einkommen (Fthenakis, 1985). Frühe Elternschaft wird als *akzelerierter Rollenübergang* im persönlichen, sozialen und finanziellen Bereich angesehen. Insgesamt kann den entwicklungspsychologischen und soziologischen Studien zur jugendlichen Elternschaft entnommen werden, daß sich die noch geringen psychischen und sozialen Ressourcen bei Beginn der Schwangerschaft auch auf die weiteren Zeitabschnitte des Übergangs zur Elternschaft auswirken.

Bei den geschilderten Ausgangsbedingungen ist zu vermuten, daß jugendliche Mütter und Väter einen überdurchschnittlich hohen Grad an *emotionaler und kognitiver Verunsicherung* zu Beginn der Schwangerschaft erfahren, der auch länger als bei älteren Paaren anhalten kann. Aufgrund der geringen Geplantheit sind sie von den körperlichen Anzeichen der Schwangerschaft überrascht, neigen dazu, diese fehlzuinterpretieren (Miller, 1978) und erst Kindesbewegungen als Schwangerschaftszeichen anzusehen (Wenderlein, 1978). Sie stehen unter verschärftem Entscheidungsdruck, ob sie das Kind austragen wollen und sind besonders in der frühen Zeit auf freundschaftliche, familiäre und fachliche Unterstützung angewiesen (Marks, 1980, Schöfer, 1980). Einzelfallstudien und Analysen von Abtreibungsentscheidungen bei jugendlichen Frauen belegen die verstärkte Verunsicherung aufgrund nicht gelöster psychodynamischer Konflikte (Merz, 1979). Die Jugendlichen, die sich für eine Aufrechterhaltung der Schwangerschaft entscheiden, müssen im weiteren Verlauf kognitive Rechtfertigungen und einen starken Einstellungswechsel vornehmen, um zu einer emotionalen Akzeptierung der Schwangerschaft ab der 12. SSW zu gelangen. Brooks-Gunn & Furstenberg (1986) berichten aus amerikanischen Studien eine hohe Akzeptanz in der fortgeschrittenen Schwangerschaft. Die unterschiedlichen Ergebnisse über Entscheidungskonflikte jugendlicher Schwangerer können in bezug auf das Verlaufsmodell so interpretiert werden, daß die psychische Verarbeitung mindestens in den beiden frühen Phasen extremer verläuft, d. h. daß sie zunächst größere Zweifel und Unsicherheit und danach verstärkte kognitive und emotionale Anpassungsstrategien entwickeln als ältere Paare.

Während der mittleren Schwangerschaft sind bei jugendlichen Müttern Probleme mit dem veränderten Körperbild zu erwarten. Aus der entwicklungspsychologischen Erforschung der Identitätsbildung, vor allem des Körperbildes bei Jugendlichen ist bekannt, daß sie sich in ihrer äußerlichen Erscheinung noch recht unsicher sind. Die Veränderungen des Körperbildes durch die fortschreitende Schwangerschaft verschärfen diese Unsicherheit, kann das Selbstwertgefühl mindern und den Aufbau eines Selbstbildes als schwangere Frau erschweren. Ab der Mitte der Schwangerschaft weicht die Jugendliche in ihrer äußeren Erscheinung immer mehr von den Altersgleichen ab. Bei starker sozialer Stigmatisierung der nicht altersgemäßen Schwangerschaft erfährt die Frau bzw. das Paar keine Unterstützung bei der positiven Umdeutung dieses körperlichen Prozesses. Akzeptieren der Partner und die Familie das veränderte Körperbild und die neue Lebenssituation, so kann eine Isolierung von den Altersgleichen kompensiert werden. Soziale Unterstützung gilt hier als kritische Variable (Brooks-Gunn & Furstenberg, 1986). Eine Konkretisierung des Kindes bei Beginn der Kindesbewegungen wird wegen der weniger positiven Bewertungen der Schwangerschaft und der eingeschränkten kognitiven Fähigkeiten der jugendlichen Mütter erschwert. Bei jugendlichen Müttern wurden sehr vage Vorstellungen vom eigenen Kind vor der Geburt nachgewiesen (vgl. Rogel & Peterson, 1984).

Nach einer deutschen Befragung zeigen Schwangere unter 20 Jahren eine schwächer ausgeprägte Antizipations- und Vorbereitungsphase unmittelbar vor der Geburt als 21- bis 30jährige. Jugendliche nehmen auch seltener fachärztliche Betreuung in Anspruch, besuchen signifikant seltener Geburtsvorbereitungskurse und lehnen eine psychologische Vorbereitung auf die Geburt ab. Informationen über die Geburt bezeichnen sie als »angstverstärkend« (Wenderlein, 1978). Über das Geburtserleben jugendlicher Eltern liegen keine Untersuchungen vor. Bei erhöhten Geburtsrisiken (s. vorn) ist zu erwarten, daß die Geburt wenig positiv erlebt wird. Aufgrund der unstabilen Partnerschaften ist vermutlich der Vater seltener bei der Geburt anwesend; jugendliche Väter brechen häufig den Kontakt zu ihrem Kind ab (Fthenakis, 1985). Jüngere Frauen geben kürzere Erholungszeiten nach der Geburt an und wollen am frühesten entlassen werden (Wenderlein, 1978).

Empirische Ergebnisse erbrachten einige *Unterschiede zwischen Frauen mit frühem und mit altersgemäßem Timing nach der ersten Geburt, und zwar in kognitiven Merkmalen, im Kindkonzept und in der Mutter-Kind-Interaktion.* Frauen mit früher ersten Geburt (hier durchschnittlich 16,7 Jahre) hatten im Vergleich zu solchen mit altersgemäßer erster Geburt (Durchschnitt 20,6 Jahre) und zu kinderlosen Frauen eine geringer ausgeprägte internale Kontrollüberzeugung (McLaughlin & Micklin, 1983). Dieses Ergebnis läßt vermuten, daß die weiteren ungünstigen Entwicklungschancen der jugendlichen Mütter auch damit zusammenhängen, daß sie ein geringeres Vertrauen haben, die eigene Entwicklung beeinflussen zu können. Empirisch ließ sich nachweisen, daß das Vertrauen in die elterliche Kompetenz größer ist, wenn die Mutter mit dem Vater des ersten Kindes verheiratet ist (Brooks-Gunn & Furstenberg, 1986). Jugendliche Mütter haben weiter unrealistische Erwartungen an kindliche Entwicklungsfortschritte. Vor allem erwarten sie kognitive, sprachliche und soziale Fähigkeiten zu spät. Sie haben weniger Wissen über die sog. Meilensteine der kindlichen Entwicklung (a. a. O.).

Einige Studien konnten ungünstige Mutter-Kind-Ineraktionen bei jugendlichen Müttern nachweisen. Ragozin und Mitarbeiter (1982) untersuchten den Zusammenhang zwischen dem Alter der Mütter (von 16 bis 38 Jahren) und der Art und Weise ihrer Rollenausübung und Zufriedenheit mit der elterlichen Rolle. Bei jüngeren erstmaligen Müttern fand sich eine geringere elterliche Verantwortung (mehr Abwesenheit vom Kind) und geringere Zufriedenheit mit der Rolle nach einem Monat Elternschaft und ein ungünstigeres Interaktionsverhalten gegenüber dem Kind vier Monate nach der Geburt. Als Kriterien für ungünstiges Verhalten galten hier eine geringere Feinfühligkeit für die Signale des Babies, ein weniger ausgeprägtes Anregungsverhalten und schwächere emotionale Reaktionen. Die Ergebnisse traten deutlicher zutage bei termingerecht geborenen Babies. In dieselbe Richtung weisen die Ergebnisse aus drei Studien über das Alter der Mütter bei der ersten Geburt und das mütterliche Interaktionsverhalten, allerdings bei Kindern zwischen 3 und 7 Jahren, die nicht nur Erstgeborene waren (Conger et al., 1984). Je jünger hier die Mütter bei der ersten Geburt waren, desto weniger positives, emotional unterstützendes Erziehungsverhalten und desto mehr negatives Verhalten wie Kritik, körperliche Strafen zeigten sie in den Beobachtungssituationen. Als wichtigste vermittelnde Variable stellte sich in diesen Untersuchungen der *kumulierte Streß* heraus, den die Mutter durch die frühe Geburt erfährt. Auch andere Studien belegten mehr körperliche Strafen in der Erziehung von jugendlichen Müttern (Brooks-Gunn & Furstenberg, 1986).

Allerdings liegen auch widersprechende Ergebnisse über die Auswirkungen eines niedrigen mütterlichen Alters vor. Eine aufwendige Studie mit ausschließlich ersten Kindern überprüfte die Einflüsse auf das Vorbereitungsniveau, die Verhaltensausstattung des Kindes nach der Geburt und die Qualität der Mutter-Kind-Ineraktionen mit einem, zwei und drei Monaten nach der Geburt bei Müttern zwischen 15 und 32 Jahren. Mit Hilfe von Strukturgleichungsmodellen ergab sich, daß der sozioökonomische Status den größten Einfluß auf die genannten Variablen hatte; je niedriger er ausfiel, desto negativer war die Wirkung. Dagegen hing geringes mütterliches Alter dann, wenn es vom Einfluß der Sozialschicht bereinigt war, mit besserer pränataler Versorgung und besseren Werten in den Brazelton-Maßen der Neugeborenen und besserer Qualität der Mutter-Kind-Interaktion zusammen. Insgesamt geben die Autoren zu, daß ihr Strukturmodell nicht gut an ihre Daten angepaßt war, so daß die Interpretationen schwierig sind (Roosa et al., 1982). Eine Schlußfolgerung kann aus beiden genannten Studien und der Befragung von Wenderlein (1978) gezogen werden, daß nämlich *nicht das Alter der Mutter als solches, sondern das Alter in Koppelung mit kumuliertem Streß oder mit der Sozialschicht die genannten ungünstigen Auswirkungen hat.* Roosa und Mitarbeiter (1982) stellen dem allgemeinen Stereotyp über Elternschaft im Jugendalter aufgrund ihrer Ergebnisse eine andere Interpretation entgegen: Junge Mütter haben nach ihrer Auffassung günstige »reproduktive Voraussetzungen« bei der Geburt, einen besseren Status ihrer Neugeborenen, mehr Enthusiasmus und Energie, um günstige Entwicklungsbedingungen für ihr Kind zu schaffen. Dies könnte besonders dann erreicht werden, wenn die negative Wirkung einer niedrigen sozioökonomischen Schicht ausgeglichen werden kann. Ergebnisse über die langfristigen Entwicklungen von Kindern jugendlicher Mütter sprechen allerdings nicht für eine so optimistische Sicht. Der Überblick von Brooks-Gunn & Furstenberg (1986), der sich im wesentlichen auf die typischen jugendlichen amerikanischen Mütter bezieht (schwarze, städtische Bevölkerung mit niedriger Bildung und niedriger Sozialschicht), kommt zu dem Ergebnis, daß die Kinder dieser Mütter geringere kognitive Fähigkeiten und Schulleistungen und mehr Verhaltensprobleme aufweisen. Für die größeren Probleme der jugendlichen Mütter in der Interaktion mit dem Säugling spricht auch das Ergebnis, daß sie *zum größten Teil Alleinerziehende* sind. Wenn ein Partner vorhanden ist, sind die Beziehungen durch eine sehr traditionelle Geschlechtsrollenaufteilung gekennzeichnet (Parke & Tinsley, 1983). Entsprechend war in der Studie von Daniels & Weingarten (1982) bei jungen Eltern häufiger das Muster einer sukzessiven Abfolge von familiärem und beruflichem Engagement der Frauen vertreten. Aus den genannten Ergebnissen ist anzunehmen, daß die unerwartete und ungewohnte Erstelternschaft bei jugendlichen Müttern eine stärkere Herausforderung und Umstellung auf elterliche Tätigkeiten beinhaltet, zu größerer Rollenunzufriedenheit und langfristigen Beeinträchtigungen der Kinder führt.

6.1.2 Späte Elternschaft

Die Möglichkeiten zur zeitlichen Planung einer Elternschaft hat zwar schon immer bestanden, eine Planung wurde jedoch durch die Verbreitung von oralen Verhütungsmethoden und die Legalisierung von Abtreibungen sehr verbessert. *Späte Elternschaft kann nicht durch verbindliche Altersangaben festgelegt werden.* In der amerikanischen Literatur wird z. T. dann von späten Eltern gesprochen, wenn die Frau über 35 Jahre alt ist (Eichholz & Offerman-Zuckerberg, 1980); Daniels & Weingarten (1982) beschrieben die sehr späte Elternschaft mit 40 Jahren (häufig nach einer Sterilitätsbehandlung) durch ein Timing-Szenario der »Entscheidung unter Druck«, das von einem Szenario des »programmierten Aufschubs« mit einer ersten Geburt um 30 Jahre und einem Szenario des »natürlichen Ideals« mit einer ersten Geburt um 20 Jahre abgegrenzt wurde. Die Altersgrenze von 35 Jahren bei der Konzeption kann für die heutige Situation in der BRD insofern übernommen werden, als von seiten der genetischen Beratungsstellen ab diesem Alter zusätzliche pränatale diagnostische Methoden, nämlich die Amniozentese, zur Abklärung von altersbedingten Risiken empfohlen wird. Damit liegt eine medizinisch-technologische Altersangabe vor. Sie bietet jedoch nur eine grobe Orientierung und ist von zahlreichen Faktoren abhängig (s. Kap. 4, Box 3, S. 82). Statt von einer genauen Altersangabe solllte besser von der *aufgeschobenen Elternschaft* gesprochen werden, d. h. von der Neigung einer Kohorte von Frauen im Vergleich zu anderen Kohorten, die erste Geburt auf einen späteren Zeitpunkt im Lebenslauf zu verschieben (Beck-Gernsheim, 1984; Bloom, 1984). Auch die Definition der aufgeschobenen Elternschaft ist ungenau, da Frauen ihre erste Geburt konkret ab der Menarche hinausschieben und sich zunehmend mehr Frauen für Kinderlosigkeit entscheiden[2]. Einen Hinweis auf den Trend zum Aufschieben der ersten Geburt in der BRD gibt die Vergrößerung des Abstandes zwischen Erstheirat und erster Geburt. Aufgeschobene Elternschaft ist ein relatives Phänomen, es trifft für alle Altersgruppen zu (Bloom, 1984). Konkrete Zahlenangaben über die Anzahl von Frauen, die ihre erste Geburt in einem bestimmten Alter haben, sind in der BRD nicht verfügbar. Als Ursachen für das neue Phänomen der späten Elternschaft werden biologische (Sinken der Empfängnisfähigkeit der Frauen ab 30 Jahren), psychologische (Wertewandel bezüglich des Kinderwunsches), soziale (Berufstätigkeit der Frauen) und ökonomische Ursachen genannt (Bloom, 1984; Wilkie, 1981). In Deutschland liegen keine empirischen Studien über späte Elternschaft vor, einige systematische Vergleiche früher und später Mütter bzw. Eltern stammen aus den USA. Aufgrund der Ähnlichkeit in ethnischen, sozialen und psychischen Merkmalen später Eltern in den beiden Ländern sind diese Ergebnisse in viel stärkerem Maße auf die BRD übertragbar als diejenigen über jugendliche Eltern.

Die Ausgangsbedingungen von Paaren mit aufgeschobener, später Elternschaft sind recht einheitlich und gut beschrieben (Beck-Gernsheim, 1984; Bloom, 1984; Daniels & Weingarten, 1982; Eichhorn & Offerman-Zuckerberg, 1980; Parke & Tinsley, 1984). Auf biologischer Ebene muß vor allem der Alterungsprozeß der Frau berücksichtigt werden, der mit verstärkten Risiken für genetische Fehlbildungen des Kindes (vor allem Trisomie 21) mit höherer Fehlgeburtenrate, mehr Gestosen (mit den Hauptsymptomen Ödeme, Proteinurie und Hypertonie) in der Schwangerschaft verbunden ist. Auf psychologischer Ebene werden die i. A. größere emotionale Reife und fortgeschrittene Individuation der älteren Mutter, insbesondere die mehrfachen Bindungs- und Trennungserfahrungen und die Lösung von ihrer eigenen Mutter betont (Eichholz & Offerman-Zuckerberg, 1980). Wenn beide Partner die Entwicklungsaufgaben bis ins Erwachsenenalter (Identitätsentwicklung, Intimität in einer Partnerschaft, Berufswahl) bewältigt haben, werden ihnen günstige Voraussetzungen für die Elternschaft zugesprochen. Empirische Studien zeigen, daß späte Mütter eine längere Ausbildung und qualifiziertere Berufe haben und eher aus intakten Elternhäusern mit wenigen Geschwistern stammen (Bloom, 1984; Wilkie, 1981). Besonders die überdurchschnittlich gut ausgebildeten Karrierefrauen schieben die erste Geburt auf, bis sie ausreichende berufliche Erfahrung, Stabilität in der Partnerschaft und ein höheres Einkommen erreicht haben (Beck-Gernsheim, 1984). Daniels & Weingarten (1982) sprechen von einem Timing-Szenario des geplanten Aufschubs bei Frauen ab 30 Jahren. Übereinstimmend wird als Ausgangsbedingung ein *hoher Kinderwunsch später Eltern* genannt (Bloom, 1984; Daniels & Weingarten, 1982; Wilkie, 1981). Der Wunsch nach einem eigenen Kind wird bei älteren Frauen als späte Wirkung der kulturellen Norm der Mutterschaft angesehen (Eichholz & Offerman-Zuckerberg, 1980; Rothman, 1986). Nachdem sie Bedürfnisse nach Selbstverwirklichung im Beruf befriedigen konnten, erwarten sie nun eine persönliche Bereicherung durch ein Kind (Nerdinger

---

[2] Bevölkerungswissenschaftler weisen auf das Problem hin, daß aufgeschobene Elternschaft empirisch schwer von Kinderlosigkeit zu unterscheiden ist.

et. al., 1984; Spieß et al., 1984). In einer Stichprobe von sehr späten Eltern um 40 Jahre mit vorübergehender Unfruchtbarkeit und ungewollt langem Aufschub trat die Mehrzahl der Schwangerschaften überraschend ein (Daniels & Weingarten, 1982). Die sozialen Ausgangsbedingungen später Eltern sind günstig. Sie leben häufig in stabilen Partnerschaften mit geringer Scheidungsrate und haben aufgrund der längeren Ausbildung und Berufserfahrung berufliche Sicherheit und einen höheren Lebensstandard als frühe und altersgemäße Ersteltern erreicht. Späte Mutterschaft muß allerdings nicht mit langer ehelicher Bindung einhergehen, bei unsicheren Partnerschaften wird erst während der Schwangerschaft eine feste Bindung eingegangen. Eine spezielle Gruppe von späten Eltern stellen emanzipierte Frauen dar, die ihr Kind geplant allein ohne Partner aufziehen.

Die psychischen und sozialen Ausgangsbedingungen für die Verarbeitung einer späten Elternschaft werden überwiegend günstig beurteilt. Heute bestehen Möglichkeiten zur medizinischen Abklärung der erhöhten biologischen Risiken. Es wäre daher zu erwarten, daß späte Eltern bei Eintreten der Schwangerschaft weniger verunsichert sind als frühe und altersgemäße Schwangere. Trotz der großen Erwünschtheit des Kindes äußern jedoch ältere Mütter *höhere Ängste und Sorgen über die Gesundheit des Kindes zu Beginn der Schwangerschaft,* die aus dem Wissen über die erhöhten Risiken resultieren (Rothman, 1986). Späte Mütter werden von Frauenärzten als Risikoschwangere behandelt, aufgrund ihrer meist höheren Bildung bemühen sich diese Paare allerdings um gute medizinische Betreuung. Die heute verfügbaren diagnostischen Methoden wie Ultraschall und besonders die Amniozentese (und Chorionbiopsie) können einige Unsicherheiten und Risiken zwar soweit beseitigen, als mit ihrer Hilfe bestimmte kindliche Fehlbildungen erkannt werden können. Die Durchführung der diagnostischen Fruchtwasserpunktion und -untersuchung (bzw. des extraembryonalen Gewebes) selbst, die für sich auch einige Risiken beinhaltet, ruft bei den Frauen aber auch erhebliche Skepsis und Ängste vor dem Eingriff und vor einer dadurch ausgelösten Fehlgeburt aus. Die Untersuchung wird von einigen Frauen, für die sie indiziert wäre, abgelehnt (Daniels & Weingarten, 1982; Rothman, 1986; s. Kap. 4.6). Die sich über Wochen hinziehende Analyse läßt die Paare bis zum Ergebnis der zytologischen Untersuchungen im unklaren. Während der gesamten Wartezeit sind die Ängste über eine mögliche Erkrankung des Kindes sehr hoch. Besondere Ängste bestehen bei Paaren mit langer Unfruchtbarkeit (Daniels & Weingarten, 1982; Eichholz & Offerman-Zuckerberg, 1980; Rothman, 1986). Bisherige Ergebnisse deuten darauf hin, daß ältere Paare eine *verlängerte Phase der Verunsicherung* mit großen Ängsten über das Kind durchmachen und *die Schwangerschaft später als Paare mit einer altersgemäßen ersten Geburt akzeptieren und sich an diese anpassen.* Darunter ist vor allem zu verstehen, daß die Frau sich verstärkt als Schwangere und als zukünftige Mutter sieht und anstelle von Sorgen um die Gesundheit und Entwicklung des Kindes positive Vorstellungen über ihr Kind entwickelt. Diese Hypothesen werden zur Zeit am Psychologischen Institut Heidelberg geprüft (Fischer-Winkler & Lichter, in Vorb.; Lukas, 1977). Bei späten Eltern bezieht sich die längere Verunsicherung aber nicht wie bei den Jugendlichen auf grundsätzliche Zweifel an der Schwangerschaft als solcher, sondern auf vermehrte Ängste um die gesunde Entwicklung des Kindes und einen günstigen Verlauf von Schwangerschaft und Geburt. Das Ergebnis der Amniozentese wird nach amerikanischen Studien von den Paaren als Kriterium für das Akzeptieren der Schwangerschaft genommen (Daniels & Weingarten, 1982; Rothman, 1986).

Diejenigen Paare, die nach Durchführung der Amniozentese die Nachricht über keinen Befund, also keine nachweisbaren Behinderungen des Kindes erhalten, erfahren starke Erleichterung und konkretisieren in ihren Gedanken und Gefühlen nun verstärkt das erwartete Kind, dessen Geschlecht sie schon erfahren können. Die wenigen Paare mit einem positiven Befund, der Fehlbildungen des Kindes bestätigt, werden endgültig vor die schwierige Entscheidung gestellt, ob sie in diesem fortgeschrittenen Stadium der Schwangerschaft (bis 24. SSW p. m.) eine Abtreibung vornehmen lassen oder ob sie sich ein Leben als Eltern eines behinderten Kindes vorstellen können (vgl. Kap. 4.5 und 4.6). Nachdem die Mütter Kindesbewegungen spüren, mehrfach die Herztöne ihres Kindes gehört und es im Ultraschallbild gesehen haben, wird eine Entscheidung für einen Abbruch erheblich erschwert. Ältere Paare, die diese Form der vorgeburtlichen Diagnostik ablehnen, müssen die Wahrscheinlichkeit von Risiken auch kognitiv und emotional verarbeiten, hierüber liegen keine Studien vor. Im Falle eines günstigen Ergebnisses der diagnostischen Fruchtwasseruntersuchung wird sich der erhöhte Kinderwunsch der älteren Paare dahingehend auswirken, daß sie eine intensive Antizipation und Vorbereitung auf die Geburt und auf den Umgang mit dem Neugeborenen betreiben. Späte Eltern antizipieren schon spezifisch ein Mädchen oder einen Jungen und wählen früher Namen für das Kind aus. Damit wird ein Merkmal eines spezifischen, individuellen Kindkonzeptes hervorgehoben und die Bindung zu dem Kind vor der Geburt akzeleriert (Daniels & Weingarten, 1982).

Untersuchungen über unterschiedliche Geburtsverarbeitungen später Eltern liegen nicht vor. Daniels und Weingarten fanden bei ihrer Stichprobe von 13 sehr späten Eltern, daß diese den Geburtsprozeß selbst nicht in dem Ausmaß als Höhepunkt erlebten wie Paare im Alter von 30 Jahren. Sie fanden bei 40jährigen erstmaligen Müttern eine hohe Zahl an Kaiserschnittgeburten, kein Vater war bei der Geburt anwesend. Nach der Statistik treten bei Frauen über 30 Jahren mehr medizinische Risiken während des Geburtsprozesses und beim Neugeborenen auf, die »reproduktive Mortalitätsrate« ist stark erhöht (Bloom, 1984). Aufgrund des höheren Sozialstatus haben späte Eltern jedoch bessere medizinische und psychologische Versorgung. Die älteren Paare sind also häufiger mit medizinischen Eingriffen bei der Geburt konfrontiert, dadurch ist wiederum die Phase der Erschöpfung nach der Geburt für die Frau verstärkt und eventuell verlängert (s. Kap. 5.2; Oakley, 1980).

Für die Zeit vom ersten bis zum vierten Monat nach der Geburt liegen klare Ergebnisse über die Einstellungen und den Umgang später Mütter mit ihren Babies vor. Die Phase der Herausforderung und Umstellung auf konkrete elterliche Tätigkeiten ab dem zweiten und dritten Lebensmonat des Kindes wird ebenso eindeutig geschildert. Trotz hohem Kinderwunsch und Freude über ein gesundes Baby berichten ältere Frauen mit langer Berufstätigkeit, daß sie größere Schwierigkeiten und ambivalente Gefühle bei der Umstellung auf die Versorgung eines Säuglings und die damit verbundene Beschränkung auf die häusliche Umgebung haben (Eichhorn & Offerman-Zuckerberg, 1980). Durch den langen Aufschub der ersten Geburt haben sich Gewohnheiten verfestigt, die Änderung des Alltags durch das Kind konnte nur bei der Hälfte der sehr späten Mütter bei Daniels & Weingarten (1982) als »bereichernde Ergänzung« zur Berufstätigkeit gesehen werden. Für die andere Hälfte bedeutete die Ankunft des Kindes einen »neuen Anfang«, bei einigen eine dauerhafte Spannungs- und Überlastungssituation. Ältere Paare entscheiden sich aufgrund ihrer Vorgeschichte häufiger für einen Lebensstil, bei dem die Frauen die familiären Aufgaben der Versorgung des Kindes und die Berufstätigkeit gleichzeitig bewältigen, jüngere Eltern wählten im Gegensatz dazu eher das sukzessive Muster. Ältere Mütter haben mehr Rollenverpflichtungen außerhalb der Familien (Parke & Tinsley, 1984). Aufgrund ihrer finanziellen Möglichkeiten nehmen sie mehr professionelle Fremdbetreuung ihres Babies in Anspruch (Kinderfrauen, Tagespflegestellen), die Kinder werden besser versorgt (Bloom, 1984). Die Beteiligung des Vaters hängt stark davon ab, wie wichtig für ihn der

Beruf ist. Parke & Tinsley (1984) erschließen aus der größeren Sicherheit im Beruf mehr Engagement der älteren Väter bei der Kinderbetreuung. Systematische Studien über die Vaterbeteiligung bei späten Eltern liegen nicht vor. Trotz ihrer mehrfachen Rollen waren späte Mütter zufriedener über das Kind einen Monat nach der Geburt. Die vorn erwähnte Studie von Ragozin und Mitarbeitern (1982) ergab eine lineare Beziehung zwischen Alter und Rollenzufriedenheit sowie mütterlichem Verhalten. Als das Kind vier Monate alt war, zeigten die älteren Mütter mehr Verantwortung für das Baby, sie reagierten feinfühliger auf die Signale des Kindes und regten es mehr an als jüngere Mütter. Späte erstmalige Mütter kritisieren und strafen ihre Kinder auch seltener, wenn diese älter sind und unterstützen sie emotional stärker (Conger et al., 1984). Sie haben hohe Ansprüche an die Ausübung ihrer Mutterrolle (Daniels & Weingarten, 1982). Insgesamt wird berichtet, daß ältere Mütter ein Familienklima herstellen, das für die psychische Entwicklung des Kindes »gesünder« ist (Wielkie, 1981). Die langfristige Gewöhnung an die neue Situation hängt bei spätem Timing der Elternschaft ebenso wie bei durchschnittlichem Timing von den Merkmalen des Kindes, den elterlichen Persönlichkeiten und der partnerschaftlichen Arbeitsteilung ab.

6.2 Besonderheiten durch eine Frühgeburt

Der Übergang zur Elternschaft wird durch eine zu frühe Geburt in besonderer Weise erschwert. Häufig ist die zu frühe Geburt mit weiteren Risikofaktoren wie niedrigem Geburtsgewicht, jugendlichem Alter der Mutter oder niedriger Sozialschicht verbunden (s. 6.1.1). Verfrühte Geburten erfordern von den Eltern emotionale und kognitive Leistungen, die erheblich von denjenigen bei einer termingerechten Geburt abweichen und die die Eltern-Kind-Beziehung langfristig beeinträchtigen können (Field, 1983; Gorski, 1984; Steinhausen, 1976). Unter *frühgeborenen Kindern*[3] versteht man heute Kinder, die bei ihrer Geburt entweder ein *Geburtsgewicht unter 2500 g* haben, die *vor dem Ende der 37. SSW (p. m.) geboren werden,* Kinder, die *beide Kriterien* erfüllen oder solche, die bereits intrauterine Mangelentwicklungen aufweisen (Pschyrembel & Dudenhausen, 1986; Rauh, 1984). Die beiden biologischen Bedingungen, das sog. Gestationsalter und das Geburtsgewicht des Kindes wurden in ihrer Bedeutung für die spätere körperliche und psychische Entwicklung unterschiedlich bewertet: das Geburtsgewicht ist für die reinen Überlebenschancen maßgeblich, das Gestationsalter hat auf die psychische, besonders kognitive Entwicklung den größeren Einfluß zu (Rauh, 1984). Weitere Reifekriterien beziehen sich auf die Körperproportionen der Neugeborenen. Nach Statistiken liegt die Vorkommenshäufigkeit von Schwangerschaften mit weniger als 37 Wochen in der BRD zwischen 5 und 8 %; 5,3–6 % der Kinder wiegen bei der Geburt unter 2500 g (Pschyrembel & Dudenhausen; Rauh, 1984). Ungefähr die Hälfte der Frühgeburten treten unerwartet ein, die Gründe können selten geklärt werden (Pschyrembel & Dudenhausen, 1986). Danach kann man grob schätzen, daß *zwei bis drei von Hundert Paaren durch eine frühe Geburt überrascht werden.*

---

[3] Nach WHO-Bestimmungen haben frühgeborene Kinder (preterm infants) eine Gestationszeit von weniger als 37 vollendeten Wochen, ausgetragene Kinder (term infants) zwischen 38 und 42 Wochen und übertragene Kinder (postterm infants) eine Gestationszeit von über 42 vollendeten Wochen.

In diesem Abschnitt soll diskutiert werden, welche Folgen sich daraus für das Erleben und Verhalten der Eltern ergeben und wie sie die abweichenden Bedingungen der Geburt und das erhöhte Risiko ihres Kindes psychisch verarbeiten. Derartige Überlegungen verlangen einen Perspektivenwechsel bei der Auswertung der Literatur. Die inzwischen zahlreichen Veröffentlichungen über Frühgeburten und Risikokinder beziehen sich überwiegend auf die Entwicklungschancen und -verzögerungen dieser Risikokinder. Hierzu liegen zwar mehrere Längsschnittstudien vor, aber aufgrund der schnellen Fortschritte der Neonatalogie und aufgrund der großen Variationen in den Beeinträchtigungen dieser Kinder sind die bisherigen Kenntnisse noch ungenau. Einen guten Überblick über den Stand der Forschung geben Kopp (1983) und Rauh (1984). Die psychischen Prozesse der Eltern sind allerdings weniger systematisch erforscht (s. in Gall et al., 1984). Aus den vorliegenden Arbeiten läßt sich mindestens eine Folgerung für die Elternschaft bei Frühgeburten ziehen: *Der Beitrag der Eltern und der weiteren Umwelt zur Optimierung der Entwicklung von überlebenden frühgeborenen Kindern ist langfristig gesehen sehr groß.* Durch feinfühliges Verhalten und realistische subjektive Entwicklungstheorien können die Eltern viel zur Kompensation der biologischen Risiken beitragen, ungünstige soziale Risikofaktoren wie niedrige Sozialschicht, geringe Bildung und Intelligenz der Mutter wirken sich langfristig benachteiligend aus (Field et al., 1980; Rauh, 1984; Sameroff & Chandler, 1975; Steinhausen, 1976). Das in den Kapiteln 4 und 5 ausgeführte Phasenmodell dient im folgenden als Heuristik: Im Vergleich zu den darin beschriebenen typischen Schritten, in denen Eltern von termingerecht geborenen Kindern den Übergang zur Elternschaft verarbeiten, wird hier versucht, *den zeitlichen Verlauf der Verarbeitung einer frühen Geburt zu skizzieren.* Das Konzept von Verarbeitungsphasen kann dazu dienen, unterschiedliche, in der Literatur beschriebene psychische Prozesse nach Merkmalsbereichen zu ordnen, die bei der Verarbeitung einer Frühgeburt relevant sind. Es soll gefragt werden, welche Kognitionen und Gefühle bei den Eltern in bestimmten Zeitabschnitten vorherrschen, welches Konzept vom eigenen Kind sie entwickelt haben, wie das Selbstbild der werdenden Mutter bzw. des werdenden Vaters zu dieser Zeit beschrieben werden kann und wie groß ihr Vertrauen in ihre Kompetenz als Eltern ist. Es zeigt sich, daß diese Merkmale auch in der Literatur über Frühgeborene relevant sind.

Abweichungen von der psychischen Verarbeitung beim »normalen« Übergang zur Elternschaft können frühestens dann bemerkt werden, wenn die Eltern von dem Risiko für eine Frühgeburt schon während der Schwangerschaft erfahren oder wenn die Geburt bereits stattgefunden hat. Körpersignale wie vorzeitige Wehen oder vorbereitende Informationen des Arztes können nach der Einteilung des Verlaufsmodells während der Konkretisierungsphase (ca. 20.–32. SSW) oder während der Antizipations- und Vorbereitungsphase auftreten. Bei rechtzeitigen Hinweisen auf eine zu erwartende Frühgeburt können sich die Eltern z. T. kognitiv und emotional auf eine überraschende Geburt einstellen und ein frühgeborenes Kind antizipieren. Viele Hinweise auf das Risiko einer Frühgeburt während der Schwangerschaft werden jedoch erst rückblickend, nachdem die frühe Geburt stattfand, als solche gedeutet.

Vor allem für *unerwartete Frühgeburten* wäre also zu fragen, *welche psychischen Prozesse werden durch die vorverlegte Geburt verkürzt?* Was fehlt den werdenden Eltern an kognitiven und emotionalen Erfahrungen aufgrund des nicht normativen Ereignisses? Besteht die Notwendigkeit, daß sie diese Erfahrungen nachholen, wann und in welcher Weise geschieht dies? Wie wird der kognitive Bruch von dem erwarteten, termingerechten Kind zu dem realen, frühgeborenen Kind erlebt? Aus den verfügbaren Arbeiten lassen sich zu diesen Fragen nur vorläufige Antworten formulieren. Über die zeitliche Abfolge von kognitiven und emotionalen Prozessen bei den Eltern geben nur wenige Untersuchungen direkt Auskunft, andere lassen Schlußfolgerungen darüber zu.

Je nachdem, wie weit der Zeitpunkt der Geburt vorverlegt ist, sind die psychischen Prozesse der Konkretisierungsphase (vgl. 4.6) und diejenigen der Antizipations- und Vorbereitungsphase (4.7) verkürzt. Der kognitive Erwartungshorizont der Eltern wird bei Beginn der Geburt durchbrochen. Sie gehen davon aus, daß ihnen noch mindestens soundso viele Wochen bis zum errechneten Geburtstermin bleiben, auch wenn dieser mit einem Spielraum von +/− 10 Tagen angegeben wird. Diese Zeitperspektive wird von den Frauen häufig als Freiraum erlebt, in dem sie die unmittelbare Zukunft spielerisch antizipieren und sich noch einmal vor den Anstrengungen der Geburt und der Versorgung des Neugeborenen erholen und zurückziehen können. Diese Pufferzeit wird radikal verkürzt, eine enorme *kognitive Umstellung* ist erforderlich (Goldberg & Di-Vitto, 1983). Äußere Bedingungen können den erlebten Bruch verstärken, z. B. kann die Frau noch bis zum letzten Tag vor der Geburt erwerbstätig sein, wenn die Geburt mehr als sechs Wochen verfrüht eintritt. Damit ist die emotionale und handelnde Vorbereitung auf die Geburt (Einüben konkreter Atemtechniken oder Entspannungsmethoden) und auf das Kind (Vorbereitung der Wohnung, der Ausstattung für das Neugeborene) nicht immer abgeschlossen. Daraus könnte ein geringeres Kompetenzvertrauen in die Bewältigung der Geburt und der frühen Zeit mit dem Kind resultieren. Auch *die emotionale Antizipation der Geburt und des Kindes wird verkürzt* (Steinhausen, 1976). Aufgrund der erst langfristig erwarteten Geburt dürften nach vorliegenden Studien (5.1) konkrete Geburtsängste noch nicht so ausgeprägt sein. Folgt man der Theorie, nach der antizipatorische Ängste die Bewältigungsmöglichkeiten von kritischen Ereignissen erhöhen (Janis in Entwisle & Doering, 1981), so könnte sich dies negativ als *unangenehme Überraschung und als Schock bei Beginn der Geburt* auswirken. Die gegenteilige These würde besagen, daß die Frau *unvorbelasteter* ist, da ihr allgemeines Angstniveau noch niedriger ist und sich der Angst-Spannungs-Schmerz-Zirkel noch nicht so stark aufgebaut hat (vgl. Kap. 5.1). In jedem Fall haben beide Eltern noch nicht den Zustand der konkreten, oft freudigen Erwartung des Kindes erreicht, den ich als *innere Bereitschaft zur Geburt und zur körperlichen Trennung vom Kind* bezeichnet habe.

Ein weiterer Aspekt der kognitiv-emotionalen Antizipation müßte ebenfalls verkürzt sein, und zwar die Entwicklung eines Konzeptes vom Kind. Aufgrund der bisherigen Erfahrungen wird das Kind vermutlich schon als *eigenständiges Wesen* getrennt vom Selbst der Frau gesehen. Jedoch werden viele Frauen das Kind noch nicht so konkret antizipieren, daß sie ihm die Merkmale eines spezifischen erwünschten (oder bekannten) Geschlechts, Absichten, Befürfnisse und erste Temperamentseigenschaften in stabiler Weise zuschreiben. Sie werden sich das Kind noch wenig in konkreten Situationen unmittelbar nach der Geburt und mit einem erwarteten Aussehen, einem bestimmten Blick und mit Bewegungen vorstellen, vermutlich haben sie sich auch noch nicht endgültig für einen (oder zwei) Namen entschieden. Die verkürzte Schwangerschaftszeit bei einer Frühgeburt müßte sich in einem weniger differenzierten und weniger konkreten Kindkonzept als bei Frauen mit termingerechten Geburten auswirken. Viele Forschungsergebnisse weisen darauf hin, daß *das Kind nicht mit seinem tatsächlichen unreifen Aussehen nach der Geburt und mit den körperlichen Stigmata der Intensivtherapie erwartet wird,* sondern daß die Eltern in ihren Vorstellungen eher ein ausgetragenes, gesundes Neugeborenes antizipieren (Steinhausen, 1976; Goldberg & Di-Vitto, 1983). Komplementär zu dem Kindkonzept müßte sich auch ihr Selbstbild als Mutter auf einem Stand befinden, auf dem noch Vorstellungen von sich selbst als schwangere Frau dominieren und das Bild von sich als zukünftige Mutter noch kaum durch konkrete Vorstellungen über mütterliche Tätigkeiten, Kompetenzvertrauen und Verantwortungsgefühle als Mutter erweitert wurde.

Die unerwartet frühe Geburt selbst ist für die Mutter und den Vater in den meisten Fällen ein *Schockerlebnis*, das mehrere Ereignisse nach sich zieht, und zwar die *Trennung vom Kind*, die *Angst um sein Überleben und seine zukünftige Gesundheit und Entwicklung*, und die *Erfahrung, Opfer einer aggressiven medizinischen Technologie und Pflege zu sein*. Eine rasche Entwicklung der Technologie in den Frühgeborenen- und Intensivstationen hat zu einer Senkung der Mortalitäts- und Morbiditätsrate auch bei extremen Frühgeburten geführt[4]. Inzwischen werden jedoch die negativen psychischen Folgen dieser neuen medizinischen Möglichkeiten erkannt und in Ansätzen erforscht (Kopp, 1983; Call et al., 1984; Smeriglio, 1981; Steinhausen, 1976). In einer englischen Studie, allerdings nur mit Angehörigen niedriger Sozialschichten, kamen von 52 Frühgeburten ca. die Hälfte mit Kaiserschnitt und Zangeneinsatz zur Welt, die andere Hälfte durch vaginale Entbindung. Eine frühe und gleichzeitig durch Kaiserschnitt vorgenommene erste Geburt kann in einigen Fällen erwartet werden, tritt sie unerwartet ein, so ist diese Erfahrung mit großer Wahrscheinlichkeit traumatisierend für die Frau (Rosenblatt & Redshaw, 1984). Das frühgeborene Kind wird in der Regel sofort von der Mutter getrennt, da es wegen Komplikationen auf der Intensivstation für Neugeborene behandelt werden muß. Die *erste Begegnung mit dem Kind* ist häufig durch den Einsatz zahlreicher medizinischer Instrumente beeinträchtigt. Erleichternde Maßnahmen können darin bestehen, daß den Eltern als erstes ein Foto des Kindes nach der Geburt gegeben wird oder daß die erste Begegnung mit medizinischer und psychologischer Beratung verbunden wird (Rosenblatt & Redshaw, 1984; Zeskind, 1984). Der Anblick eines zu früh geborenen Babies ist für die Eltern oft erschreckend, sein Aussehen weicht je nach Zustand, Gewicht und Reife sehr von dem eines ausgetragenen Babies ab. Sein Gesicht ist weniger rund und entspricht weniger dem Kindchenschema (Goldberg & Di-Vitto, 1983). Dadurch ist der *Eindruck von Fremdheit gegenüber dem Kind* stärker als bei einer normalen Geburt (Pederson et al., im Druck). Der erste Kontakt mit dem Kind findet häufig zeitlich verzögert und nur eingeschränkt statt. In der oben genannten Studie sahen die Hälfte der Frauen ihr Baby bis zu zwei Stunden nach der Geburt, die andere Hälfte im Laufe des ersten Tages nach der Geburt. Der Anteil der Väter, die das Kind früh sahen und es auch danach regelmäßig besuchten, war immer niedriger als der der Mütter (Rosenblatt & Redshaw, 1984).

Die überstürzten Ereignisse, denen die Eltern so unerwartet ausgesetzt sind, rufen bei beiden Partnern *Gefühle von großer Enttäuschung, z. T. von Schuld und Scham* über die verkürzte Schwangerschaft hervor. Anstelle von Freude und Glück über ein gesundes Baby bei einer normalen Geburt erleben die Eltern *Angst und Unsicherheit um das Überleben des Kindes, Enttäuschung und Ärger über die Trennung* (Pederson et al., im Druck; Yogman, 1984). Steinhausen (1976) hat daher in einem Modell über die Aufgaben, die

---

[4] Die Entwicklungsprognosen Frühgeborener haben sich in den 80er Jahren sehr verbessert. Von den frühgeborenen Kindern unter 750 g überleben heute 35 %, von denjenigen über 1500 g überleben 90 % (Gorski, 1984). Aus dem Überblick von Goldberg & Di-Vitto (1983) geht hervor, daß 74 % der überlebenden Kinder mit einem Geburtsgewicht zwischen 750 und 1500 g, d. h. aus der Gruppe der sehr gefährdeten Babies, eine völlig normale Entwicklung haben, nur 11 % hatten ernsthafte Behinderungen (geistige Behinderungen, zerebrale Lähmungen) und 15 % leichte Behinderungen. Rauh (1984) verweist darüber hinaus auf Ergebnisse, nach denen 81 % der überlebenden Kinder unter 800 g mit einem Gestationsalter unter 26 Wochen keine erkennbaren Handikaps mit 6 Monaten bis zu 3 Jahren zeigten. Insgesamt muß die Gruppe der frühgeborenen Kinder zwar als gefährdet gelten, soweit ihre psychische Entwicklung angesprochen ist, für den Einzelfall sind jedoch keine Aussagen möglich.

Eltern nach einer Frühgeburt zu bewältigen haben, zwei von vier Aufgaben formuliert, welche eher auf die frühe Zeit nach der Geburt zutreffen: Die Überwindung der Enttäuschung, keinen gesunden Säugling geboren zu haben und die Angst vor einem möglichen Verlust des Kindes. Die erste Begegnung mit dem frühgeborenen Kind bewirkt bei beiden Eltern einen Zustand starker psychischer Belastung, man kann darin eine besondere kognitive und emotionale Herausforderung an die Eltern sehen, die neue Kräfte bei ihnen mobilisieren kann, wenn sie entsprechende soziale Unterstützung erhalten (Seashore, 1981; Yogman, 1981). In diesem Sinne könnte die erste Begegnung ein bedeutsames Ereignis beim Übergang zur Elternschaft darstellen, auch wenn die Hypothese einer »sensiblen Phase« i. S. von Klaus & Kennell (1976) heute nicht mehr empirisch haltbar ist und zusätzlich zum frühen Kontakt ein komplexes Muster von Einflußgrößen für eine günstige Entwicklung der Eltern-Kind-Beziehung verantwortlich gemacht wird (vgl. 5.1).
Mehrere Ereignisse und Bedingungen weisen darauf hin, daß die nach der Geburt folgende *Phase der Überwältigung und Erschöpfung bei Eltern von frühgeborenen Kindern stärker ausgeprägt ist und länger andauert* als bei Eltern von termingerecht geborenen Kindern. Der dieser Phase entsprechende psychische Zustand dauert vor allem bei der Mutter bis zum Zeitpunkt der Entlassung des Kindes aus dem Krankenhaus und bis zum Beginn der selbständigen Versorgung des Kindes an. Er kann sich im Einzelfall über Monate erstrecken und sogar über den errechneten regulären Geburtstermin des Kindes ausdehnen (Yogman, 1984). Die Mütter sind nach einer Frühgeburt oft körperlich sehr erschöpft und mitgenommen, sie werden z. T. medikamentös behandelt (s. Kaiserschnitte). Wenn die Frau sich körperlich erholt hat, *kehrt sie zunächst ohne Kind in die Wohnung zurück.* Paare mit frühgeborenen Kindern erhalten unter diesen Umständen nicht die üblichen Glückwünsche, Geschenke und Feiern, die als Informationen aus der Umwelt den Übergang erleichtern. *Ihnen fehlen die beschriebenen Übergangsriten der Wiedereingliederung von Mutter und Kind in die soziale Gemeinschaft* (Gorski, 1984; v. Gennep, 1960; s. Kap. 1.2 und 5.2). Darüber hinaus werden die Eltern *mit extrem belastenden Informationen über die Gefährdung und medizinische Behandlung ihres Säuglings in den Intensivstationen konfrontiert.* Ihre Erfahrungen während dieser Zeit sind im wesentlichen durch die regelmäßigen Besuche des Kindes im Krankenhaus bestimmt. Sie unternehmen die ersten Versuche, das Kind unter extremen Bedingungen zu pflegen, zu ernähren, zärtlich zu ihm zu sein und erleben die wiederkehrenden Trennungen. Während für die Mutter regelmäßige tägliche, z. T. zweimalige Besuche registriert wurden, besuchen die Väter ihr frühgeborenes Kind im Durchschnitt seltener (Rosenblatt & Redshaw, 1984). Die Väter von frühgeborenen Kindern übernehmen dagegen häufiger verschiedene Aufgaben zur sozialen Unterstützung der Frau (Yogman, 1984). Im Krankenhaus lernen die Eltern mehrere als aggressiv bezeichnete medizinische Eingriffe an ihrem Kind kennen (Blutentnahme, künstliche Ernährung, Anschluß von Überwachungsdrähten, Tropf an Armen und Beinen u. ä.). In der schriftlichen Befragung der Londoner Studie empfanden allerdings nur knapp die Hälfte der Mütter diese technischen Eingriffe an ihrem Baby als beunruhigend, sie trösteten sich offenbar mit der Notwendigkeit der Maßnahmen für das Überleben des Kindes. Diese Haltung könnte im Sinne der Autoren auch als Verleugnung von elementaren Gefühlen des Mitgefühls, Schmerzes, der Trauer und Hilflosigkeit interpretiert werden. Das mütterliche Verhalten zu ihren frühgeborenen Kindern während der Krankenhausbesuche hängt stark von ihren Einstellungen und günstigen bzw. ungünstigen Bedingungen der eigenen Lebensgeschichte ab. Marton und Mitarbeiter (1981) konnten bei sehr aktiven Müttern sensiblere Verhaltensweisen gegenüber ihren Säuglingen nachweisen als bei wenig aktiven Müttern.

Der emotionale Zustand der Mütter und nachweislich auch der Väter in den ersten Wochen ist durch *extreme emotionale Labilisierung, intensive depressive Gefühle, Trauer, Hilflosigkeit und Verzweiflung gekennzeichnet,* die von *psychosomatischen Symptomen* begleitet werden. Beide Eltern erleben in dieser Zeit mehr Depression, Angst und emotionale Beunruhigung als Eltern von ausgetragenen Neugeborenen, die Frauen weinen häufig beim Interview, während die Väter der Frühgeborenen eher Schwierigkeiten haben, Gefühle der Trauer und Furcht auszudrücken (Goldberg & Di-Vitto, 1983; Pederson et al., im Druck; Yogman, 1984). Je nach Zustand des Kindes können diese Gefühle stärker oder schwächer ausgeprägt sein, sie schwanken mit dem Wohlbefinden und den Entwicklungschancen des Kindes. Die Situation, ohne Kind allein zu Hause zu sein, wird als sehr konfliktreich empfunden, die Frauen fühlen sich noch halb schwanger und warten intensiv auf das Kind (Gorski, 1984). Für diese Periode des Elternwerdens bei frühgeborenen Kindern ist das theoretische Konzept der *gelernten Hilflosigkeit* sehr treffend. Angesichts der extremen Ökologie und des zahlreichen Personals im Krankenhaus erleben sich die Eltern als unbedeutend, inkompetent und überflüssig. Da beide Eltern bei der Intensivbetreuung des Kindes wenig Gelegenheit haben, das Kind zu pflegen oder zu ernähren, können sie *während der Hospitalisierung kein Vertrauen in ihre elterliche Kompetenz aufbauen* (Goldberg & Di-Vitto, 1983). Die Möglichkeiten zum Stillen sind je nach Zustand des Kindes eingeschränkt oder erschwert, das Kind erlernt im Krankenhaus ein anderes Saugverhalten, das auch späteres Stillen und darauf begründbare Erfolgserlebnisse der Mutter erschwert. Das Selbstvertrauen der Mütter in ihre Pflegetätigkeiten ließ sich durch Kontakte mit dem Kind verbessern. Mütter von Frühgeborenen, die in der ersten Woche nach der Geburt den Kontakt zu ihrem Kind ablehnten, hatten gegenüber einer Gruppe von Müttern mit frühem Kontakt direkt vor der Entlassung ihres Babies geringeres Selbstvertrauen, zeigten einen weniger feinfühligen Umgang mit dem Kind und die Frühgeborenen wiesen im Alter von drei Monaten bessere Werte in Entwicklungstests auf (Seashore, 1981; Seashore et al., 1973). Durch zusätzliche wöchentliche Treffen mit Beratungspersonal während der Hospitalisierung veränderte sich die Wahrnehmung des eigenen Kindes, erfaßt mit den Skalen von Broussard & Hartner (1970). Eine so betreute Gruppe von Eltern wies sechs Monate nach der Entlassung im Vergleich zu einer Kontrollgruppe *negativere, d. h. realistischere Einschätzungen ihres Kindes auf, gab aber eine günstigere Prognose* für die Gesundheit und kognitive Entwicklung ihres Kindes ab (Zeskind & Iacino, 1984).

Über das *Konzept vom Kind,* das Eltern von Frühgeborenen haben, liegen einige wenige empirische Hinweise vor. In der Londoner Studie mit 52 Frühgeborenen wurde erfaßt, *wie die Mütter die Gefühle und Bedürfnisse ihres Kindes interpretieren.* Überraschend für die künstliche Situation ergab sich ein Bild, wonach 60 % der Mütter glaubten, das Kind fühle sich im Brutkasten warm und behaglich, 25 % hielten es für einsam, 17 % glaubten, es fühle sich unbehaglich und 10 % glaubten, es mache ihm nichts aus. Eltern nehmen den Brutkasten als eine Barriere für die Kontaktaufnahme zum Kind wahr, sie zögern, es zu streicheln und zu liebkosen. Dafür ist die geringe Vertrautheit mit der Situation verantwortlich, $^2/_3$ der Mütter hatten noch nie einen Brutkasten gesehen. Erstaunlicherweise gaben 39 % dieser Mütter an, ihr Kind sei »überhaupt nicht krank« bzw. 33 % »nicht sehr krank«, nur 12 % hielten es für »ziemlich krank« und 16 % für »sehr krank«. Dieses Urteil stimmt nur bei der Hälfte der Mütter mit dem des Arztes überein (Rosenblatt und Redshaw, 1984).

Entsprechend der Verarbeitung des Übergangs zur Elternschaft bei termingerecht geborenen Kindern kann vom Zeitpunkt der Krankenhausentlassung des frühgeborenen Kindes an eine *Phase der Herausforderung und Umstellung* postuliert werden. Aufgrund mehrerer erschwerender Umstände kann man davon ausgehen, daß *die Herausforderung durch elterliche Tätigkeiten bei frühgeborenen Kindern höher sind*. Die Gründe dafür liegen einerseits in der physiologischen Ausstattung und den geringeren Kompetenzen dieser Kinder, und andererseits in den Rückmeldungen, die die Eltern dadurch vom Kind erhalten, daß ihre elterlichen Bemühungen häufig geringere Erfolge aufweisen. Ihre wichtigsten *Informationen beziehen die Eltern nun direkt von dem eigenen Kind in der häuslichen Umgebung*. Die Verhaltensweise von frühgeborenen Kindern zwischen zwei und sechs Monaten nach ihrer Geburt sind in der Literatur gut beschrieben. Allerdings müßten die Altersangaben für bestimmte Kompetenzen »nach der Geburt« mehreren Forschern zufolge durch das »Konzeptionsalter« korrigiert werden (Goldberg & Di-Vitto, 1983; Rauh, 1984). Frühgeborene Kinder weisen eine vermutlich biologisch begründete *geringere Periodizität und Regelmäßigkeit* in ihrem Verhalten und in ihren sozialen Interaktionen auf (Field, 1983; Goldberg & Di-Vitto, 1983; Lester et al., 1985). Sie quengeln und schreien mehr, reagieren schwächer, d. h. ihre Informationsverarbeitung von auditiven und visuellen (nicht taktilen) Reizen ist langsamer und sie sind schwerer zu beruhigen (Friedman et al., 1981; Frodi, 1985; Rauh, 1984). Ihr Verhalten unterscheidet sich signifikant von dem der ausgetragenen Säuglinge: Sie initiieren weniger Interaktionen, sondern sind eher passive Empfänger von sozialen Anregungen. Vor allem Kinder mit dem Atemnot-Syndrom reagieren mit vier Monaten weniger, haben ein weniger entwickeltes Repertoire an Vokalisierungen und Lächeln, zeigen seltener ein glückliches oder interessiertes Gesicht, dafür häufiger ein trauriges Gesicht und weisen bei negativen Affekten stärkere autonome physiologische Reaktionen auf. Daraus schließt Field (1983), daß sie nur begrenzte Fähigkeiten zur Verarbeitung von Informationen und zur Regulation von Erregung haben und häufigere Pausen benötigen. Die Autorin entwirft auf dem Hintergrund ihrer eigenen und anderer Forschungsergebnisse der Arbeitsgruppe um Brazelton ein für elterliche Aufgaben relevantes Modell. Danach unterscheidet sich die *Aktivationsbreite der frühgeborenen Säuglinge* von derjenigen der termingerecht und der übertragenen Kinder insofern, als sie eine höhere Aufmerksamkeitsschwelle und eine niedrigere Aversionsschwelle aufweisen, d. h. ihr Aktivationsband ist schmaler. *Frühgeborene Kinder sind daher nur für mittlere Stimulationen empfänglich,* zu geringe Stimulation erregt ihre Aufmerksamkeit nicht, bei zu starker Stimulation wenden sie den Blick ab und werden unaufmerksam (Field, 1983).

Diese geringeren Kompetenzen der Frühgeborenen erfordern erheblich differenziertere Interaktionsstrategien der Mütter bei den täglichen Pflege- und Spielaktivitäten mit dem Kind. Sie müssen den Zustand ihrer Kinder *sensibler diagnostizieren* und *die Modulation ihrer Stimulation feiner abstimmen*. Dem entspricht ein weiteres Ergebnis von Field, daß Mütter von Frühgeborenen *harmonischer mit dem Kind umgehen können*, wenn sie dazu durch Training systematisch unterstützt werden. Besonders wesentlich für Trainingsansätze ist die neue Erkenntnis, daß dem Säugling in der sozialen Interaktion mit den Bezugspersonen Gelegenheit geboten werden muß, Stimulation zu kontrollieren, so daß er zuviel Stimulation reduzieren oder ausblenden kann, was für ihn ebenso wesentlich ist wie die Fähigkeit, Stimulation (wie Lächeln des Erwachsenen) zu produzieren (Gunnar, Kommentar zu Field, 1983). Nicht alle Studien belegen Unterschiede der Mütter im Umgang mit dem Kind. Leifer & Mitarbeiter (1972) konnten einen Monat nach der Entlassung nur geringe Unterschiede im distalen Kontakt (ansehen, lächeln, reden/singen) von Müttern mit frühgeborenen und termingerecht Geborenen feststellen, und zwar selteneres Anlächeln und geringeres Ausmaß an Körperkontakt bei Müttern von Frühgeborenen. Obwohl die Väter insgesamt weniger Pflegetätigkeiten übernehmen als die Mütter, konnte doch nachgewiesen werden, daß Väter von Frühgeborenen im Alter von 5 und 18 Monaten im Vergleich zu termingerechten Babies mehr Pflegeaktivitäten übernehmen, und zwar einschließlich solcher traditionell weiblicher Aufgaben wie »zum Arzt gehen«, »das Kind nachts trösten, wenn es weint«.

Interessante Ergebnisse über die enge Verbindung von kindlichen Merkmalen und elterlichem Verhalten liegen über das Schreien des Säuglings vor, besonders über den *Signalcharakter und die Wahrnehmung des Schreiens*. Mehrere Ergebnisse sprechen dafür, daß Frühgeborene häufiger mit Schreien reagieren, daß ihr Schreien eine höhere Tonlage hat und als schriller und aversiver wahrgenommen wird (Donavan & Leavitt, 1985). Friedman und Mitarbeiter (1982) konnten dieses Beurteilungsmuster aber nur bei einigen der relativ gesunden Frühgeborenen mit niedrigem Risiko feststellen. Eltern zeigen beim Schreien von frühgeborenen Kindern stärkere autonome Reaktionen (Blutdruck, Leitfähigkeit der Haut, Herzschlag), sie berichten auch stärkere Gefühle der Aversion und des Ärgers als beim Schreien von ausgetragenen Kindern und geben an, weniger Lust zu haben, mit dem Säugling umzugehen und sich mehr durch ihn gestört zu fühlen (Frodi, 1985; Murray, 1985). Über die rein akustischen Merkmale des Schreiens hinaus *beeinflussen kognitive Merkmale die Wahrnehmungsqualität des Schreiens*. Dafür sprechen kulturelle Unterschiede in den Reaktionen auf das Schreien. Weiße Nordamerikanerinnen beurteilten das Schreien von zwei Tage alten Risikokindern im Vergleich zu ausgetragenen Kindern eher als »beunruhigend«, »dringend«, »alarmierend« und »krank klingend«, es ruft bei ihnen eher Verhaltensimpulse wie »das Kind aufnehmen«, »füttern«, »mit ihm schmusen« hervor und weniger die Verhaltensweisen »Schnuller geben« oder »abwarten« als bei schwarzen Amerikanerinnen (Zeskind, 1985). Frühgeborenen Kindern werden vor allem aufgrund ihres Schreiens häufiger die Merkmale des »schwierigen Temperaments« zugeschrieben (vgl. Kap. 5.3). Diesen Beschreibungen auf der Basis objektiver Forschungsmethoden entsprechen die *subjektiven elterlichen Wahrnehmungen und Kognitionen über Frühgeborene*. Stern & Hildebrandt (1986) konnten ein *Frühgeborenenstereotyp* nachweisen, das wie eine sich selbst erfüllende Prophezeiung wirkt. Vier bis fünf Monate alte, normale Säuglinge, die vom Versuchsleiter als »frühgeboren« bezeichnet wurden, wurden von Müttern als kleiner, weniger hübsch, mit zarterem Gesicht wahrgenommen. Die Mütter mochten Frühgeborene weniger leiden als termingerecht Geborene. Den Kognitionen entsprechend unterschied sich auch das Verhalten der Mütter: Sie berührten das Frühgeborene weniger und gaben ihm weniger anspruchsvolles Spielzeug. Das Konzept von ihrem realen Kind (vgl. Kap. 6.2), das Eltern aufgrund ihrer Erfahrungen jetzt aufbauen, wird im wesentlichen durch die *Gefährdung des Kindes* und durch die *Sorge um seine angemessene Entwicklung* geprägt. Bestimmte Bereiche des *kindlichen Temperaments werden bedeutend wie die Beruhigbarkeit, Regelmäßigkeit, vorherrschende Stimmung und die Art des Schreiens*. Demgegenüber treten andere Merkmale eines Kindkonzeptes, z. B. das *Geschlecht* des Kindes, in den ersten Monaten vermutlich eher in den Hintergrund.

Den beschriebenen Kognitionen über das Kind entsprechen *typische emotionale Zustände*, die für Eltern mit frühgeborenen Kindern in den ersten Wochen und Monaten zu Hause kennzeichnend sind. Die Sorgen über das reine Überleben des Kindes treten zwar in den Hintergrund, die Eltern empfinden aber eine *größere Verantwortung* für ihre frühgeborenen Kinder und erleben immer noch *mehr Ängste* über seine Entwicklung als Eltern von termingerecht geborenen Kindern (Gorski, 1984). Da das Baby mehr Aufmerksamkeit verlangt, sind die Eltern *angespannter, konzentrierter auf das Kind*, sie fühlen sich eher *unsicher* über den angemessenen Umgang mit dem Kind, sie sind *hilfsbedürftiger für medizinische Maßnahmen und psychologische Beratung und mehr auf soziale Unterstützung angewiesen*. In bestimmten Situationen wie bei starkem, anhaltenden Schreien können die Eltern *Hilflosigkeit* empfinden (Donavan & Leavitt, 1985; Murray, 1985). In diesem Zustand kann sich *Ärger und Aggression auf das Kind* anstauen, der jedoch unter den gegebenen Bedingungen nicht geäußert werden darf (Lamb & Easterbrooks, 1981). Nachweislich findet sich unter frühgeborenen Kindern eine höhere Rate von Kindesmißhandlungen (Engfer, 1986 a).

Eine angemessene Betreuung des Kindes erfordert mehr Aufmerksamkeit, eine sensiblere Beobachtung und Stimulation des Kindes, die Eltern haben größere Schwierigkeiten, das Kind zu beruhigen, zu pflegen und zu füttern. Sie schreiben sich geringere elterliche Kompetenzen zu. Es ist daher plausibel, wenn einige Studien die *große Relevanz von sozioökonomischen Faktoren und persönlichen Ressourcen der Mutter* (Bildung, Intelligenz) für die günstige Entwicklung der frühgeborenen Kindner nachweisen konnten (Field et al., 1980; Rostocker Längsschnittstudie in Rauh, 1984). Die Wechselwirkung von kindlichen und elterlichen Risikofaktoren wird für das Zustandekommen unterschiedlich gravierender »reproduktiver Beeinträchtigungen« besonders betont (Sameroff & Chandler, 1975; Sameroff & Seifer, 1983).

Für die Entwicklung eines *Selbstbildes als neue Eltern* folgt daraus, daß die Mutter und der Vater sich zu dieser Zeit als unterschiedlich von anderen neuen Eltern wahrnehmen werden, nämlich als *Mutter bzw. Vater eines frühgeborenen Kindes mit einem gewissen Risiko*. In ihrem Konzept von Elternschaft tritt das Merkmal der *elterlichen Verantwortung* besonders in den Vordergrund. Die Individualisierung des Mutter- bzw. Vaterbildes wird sich überwiegend darauf beziehen, *welche besonderen Bedürfnisse ihr Kind hat* und in welcher spezifischen Weise sie als Eltern darauf eingehen können (Goldberg & Di-Vitto, 1983). Aus den Merkmalen und Beeinträchtigungen des Kindes ergeben sich also insgesamt erhöhte Anforderungen an elterliche Tätigkeiten, so daß die These gerechtfertigt ist, daß Paare mit frühgeborenen Kindern eine *verstärkte Phase der Herausforderung und Umstellung* i. S. des Verlaufsmodells zum Übergang zur Elternschaft durchmachen.

Die weitere Entwicklung der Elternschaft von frühgeborenen Kindern läßt kaum Verallgemeinerungen zu, da große Unterschiede in dem Risikostatus, den Behandlungsmethoden, der Aufenthaltsdauer in verschiedenen Stationen des Krankenhauses und im Umgang der Eltern mit dem Kind bestehen. Daher ist schwer abzuschätzen, ab wann erstmalige Eltern von Frühgeborenen in ein *Stadium der Gewöhnung an die Elternschaft* eintreten (vgl. 5.4). Um zu beurteilen, ob ein solcher Zustand der Gewöhnung vorliegt, müßten Kriterien dafür gesammelt werden, daß die neuen Eltern das Kind aus ihrer subjektiven Sicht nicht mehr als besonders gefährdet wahrnehmen; d. h. wann beginnen sie, die Entwicklung ihres Kindes als annähernd normal wahrzunehmen? Steinhausen (1976) hat in seinem Modell zwei Aufgaben der Eltern von Frühgeborenen formuliert, die sie nach meinem Eindruck später im Verlaufe des Übergangs zu bewältigen haben, und zwar *die Aufgabe, die besonderen Bedürfnisse ihres Kindes als vorübergehend zu betrachten* und *die Aufgabe, eine »normale« Beziehung zu ihrem Kind aufzubauen*. Je nach dem Risiko des Kindes und dem Grad der subjektiven Besorgnis werden die Eltern diese beiden Aufgaben zu verschiedenen Zeitpunkten bewältigen. Nach vorliegenden Forschungsergebnissen unterscheidet sich der Umgangsstil von Müttern mit frühgeborenen Kindern bis weit in das erste Lebensjahr hinein, z. T. noch im zweiten Lebensjahr signifikant von den Interaktionen, die Mütter mit termingerechten Kindern ausgebildet haben, selbst wenn eine Korrektur nach dem Gestationsalter vorgenommen wird. Die langfristig geringere Responsivität des Säuglings, der weniger vokalisiert, weniger spielt, reizbarer ist, sich aber mehr umschaut, ruft bei der Mutter *ein höheres Aktivitätsniveau in der Pflege und zärtlichen Stimulation des Kindes* hervor, sie halten sich näher bei dem Kind auf und bieten ihm mehr Spielzeuge an

(Goldberg & Di-Vitto, 1983). Dies wird z. T. als *überprotektives Verhalten* beschrieben (Crawford, 1982; Crnic et al., 1985).
Je älter die Kinder werden, desto mehr ähneln sie in ihrem Verhalten ausgetragenen Kindern. Leider liegen keine Ergebnisse darüber vor, wie die Kognitionen der Eltern über die Fähigkeiten ihrer frühgeborenen Kinder sich gegen Ende des ersten Lebensjahres verändern. Es wäre relevant zu wissen, ab wann Eltern glauben, daß ihr Kind nun gegenüber termingerecht geborenen Kindern »aufgeholt hat«. Objektive wissenschaftliche Vergleiche von spezifischen kognitiven Funktionen der Frühgeborenen ergaben komplexe Zusammenhänge zwischen dem Einfluß des chronologischen Alters, des Gestations- und Konzeptionsalters, die zu *unterschiedlichen »Aufholzeiten« je nach Leistungsbereich führen (Kraemer et al, 1985). In ihrer sozialemotionalen Entwicklung, speziell in ihrem Bindungsverhalten,* das häufig als wichtiger Indikator für die Qualität der Mutter-Kind-Beziehung genommen wird, *unterscheiden sich Frühgeborene nicht von ausgetragenen Kindern,* soweit dies mit der Methode nach Ainsworth am Ende des ersten Lebensjahres erfaßt wurde (vgl. 5.4; Frodi & Thompson, 1985; Goldberg et al., 1986). Auf die zahlreichen neuen, z. T. widersprüchlichen Ergebnisse über mögliche langfristige Entwicklungsvorteile oder -verzögerungen der Frühgeborenen kann hier nicht eingegangen werden (vgl. Kopp, 1983; Rauh, 1984). Es ist auch ungeklärt, ob sich die subjektiven Entwicklungstheorien der Eltern im Einzelfall mit den objektiven Befunden der Wissenschaftler auch bei günstigen Entwicklungsprognosen decken. Als Beispiel hierfür kann ein Fall von extrem überbehütenden elterlichen Einstellungen gelten, den Gorski (1984) anführt: Die Mutter eines gesunden, kräftigen Jugendlichen versuchte mit allen Mitteln, den Eintritt ihres Sohnes in eine Football-Trainingsmannschaft zu verhindern. Als Begründung für ihre Weigerung gab sie gegenüber dem Arzt an: »Aber er war doch ein Frühchen!«

7. Psychologische Hilfen beim Übergang zur Elternschaft

Zu allen historischen Zeiten und in allen Kulturen hat es unterschiedlich ausgearbeitete medizinische, psychologische und soziale Maßnahmen gegeben, um vor allem den Frauen, aber auch den Männern und dem Paar gemeinsam die Schwangerschaft, erste Geburt und den Beginn der Elternschaft zu erleichtern. Die Existenz der zahlreichen Unterstützungsformen erklärt sich dadurch, daß die erste Geburt – in etwas geringerem Maße auch spätere Geburten – als körperliche und seelische Belastungssituation betrachtet wurde, in der die Frau vor allem ärztliche Hilfe braucht. Solange eine rein medizinische Sicht der Schwangerschaft und ersten Geburt vorherrschte, konnte sich die Vorstellung nicht durchsetzen, daß die Frau und der Mann selbst Fähigkeiten zur Bewältigung dieser Situation erwerben können. In neuerer Zeit vertreten sowohl Experten als auch betroffene Eltern die Auffassung, daß die erste Geburt auch ein psychosoziales Ereignis ist. Viele Probleme, für die früher Hebammen, Ärzte und andere Berufsgruppen zuständig waren, lassen sich heute zumindest teilweise mit Theorien und Techniken der Psychologie neu formulieren und lösen. Innerhalb der Entwicklungspsychologie wurden in jüngster Zeit Vorschläge für Interventionen bei entwicklungsbezogenen Entscheidungen und Handlungen während der gesamten Lebensspanne ausgearbeitet. Es wird entweder von *Entwicklungsinterventionen* gesprochen (Brandtstädter, 1985), von *Kompetenzerhöhungen bei Personen*, die dazu führen sollen, kritische Lebensereignisse und Übergänge im Lebenslauf besser bewältigen zu können (Danish & D'Augelli, 1981; Filipp & Gräser, 1982), oder auch von *primärer und sekundärer Prävention zur Elternschaft* (Brandtstädter, 1982 b).

An dieser Stelle kann nur ein knapper Überblick über verschiedene Beratungen, unterstützende Methoden und hilfreiche Techniken zum Übergang zur Elternschaft gegeben werden, die aus psychologischer Sicht wichtig sind. Auf eine Diskussion der Terminologie, der theoretischen Grundlagen, der wissenschaftstheoretischen Probleme bei der Begründung von Normen, der Schwierigkeiten von empirisch begründeten Prognosen sowie von Evaluationen muß hier verzichtet werden (vgl. Brandtstädter, 1982 a, b; 1985). Dieser Abschnitt hat vielmehr das Ziel, die in der Praxis und in der Literatur vorliegenden, nur z. T. auf empirischen Untersuchungen beruhenden unterstützenden Maßnahmen zu verschiedenen Zeitabschnitten des Elternwerdens aufzuzählen. In der BRD sind die psychologischen Interventionen in ein größeres Versorgungssystem eingebettet, das medizinische Betreuung (Schwangerenvorsorge, Geburtshilfe, Betreuung und Vorsorge für das Kind), sozialpolitische und soziale Unterstützungen (teils auf Bundes-, teils auf Länderebene) sowie steuerliche Vergünstigungen für Eltern umfaßt.

Der Ausdruck »*Psychologische Hilfen beim Übergang zur Elternschaft*« soll hier (1) als Sammelbegriff für alle im engeren Sinne auf Konzepten und Methoden der Psychologie beruhenden Maßnahmen verwendet werden, und (2) für solche Maßnahmen, die sich mit Hilfe psychologischer Konzepte rekonstruieren lassen. Dann sind auch Beratungsgespräche mit verschiedenen professionellen Gruppen wie Ärzten, Hebammen, Beratern der Gemeinden und Kirchen sowie informelle Gespräche mit befreundeten werdenden oder neuen Eltern als psychologische Hilfen einzubeziehen. Allerdings können diese Beratungen in Grenzgebieten hier nicht ausgeführt werden. Nach Ergebnissen der Gemeindepsychiatrie können Gespräche mit Laienhelfern und Selbsthilfegruppen ähnliche Wirkungen haben wie mit professionellen Helfern. Die im psychiatrischen Bereich auftretenden Probleme der Laienhilfe und Selbsthilfegruppen (vgl. Keupp & Rerrich, 1982) sind für das eher positiv gesehene Lebensereignis erste Geburt weniger relevant. Die psychologischen Hilfen können in ein zweidimensionales Gliederungssystem eingeordnet werden, in dem in horizontaler Richtung nach dem zeitlichen Ablauf, in vertikaler Richtung nach den Gruppen unterschieden wird, für die die helfenden Maßnahmen indiziert sind, und zwar nach Hilfen für alle werdenden Eltern und solchen, die für bestimmte Risikogruppen zusätzlich eingesetzt werden. Weiter kann zwischen institutionalisierten Hilfsmaßnahmen und informeller Unterstützung bzw. Selbsthilfegruppen unterschieden werden. Die Tabelle 7 (S. 138/139) gibt einen Überblick über die psychologischen Hilfen, die anschließend im Text aufgeführt werden.

Lange vor Beginn der ersten Schwangerschaft bereiten familiäre Sozialisationsprozesse auf die erste Geburt und Elternschaft vor. Pädagogische Interventionen wie *Sexualkunde, Sexualberatung und Familienplanung* geben einen Anstoß zur Klärung des Kinderwunsches, auch wenn dieser eine sehr komplexe Entscheidung beinhaltet (vgl. 4.2). Auch die medizinische *genetische Beratung* für Partner, die ein erhöhtes familiäres oder altersbedingtes Risiko haben, kann bereits vor Eintreten einer Schwangerschaft durchgeführt werden (Kessler, 1984).

Während der frühen Zeit der Schwangerschaft, die in dem Verlaufsmodell als Verunsicherungsphase (bis zur 12. SSW) und als Anpassungsphase (bis zur 20. SSW) beschrieben wurden, sind die ärztliche Schwangerschaftsvorsorge und die Schwangerschaftskonfliktberatung an verschiedenen Familienberatungsstellen (der Kommunen, Kirchen oder Vereine wie Pro Familia) institutionalisiert. *Psychologische Hilfen einer ärztlichen Beratung* bestehen darin, daß der Arzt zusätzlich zu diagnostischen Untersuchungen und ärztlichen Maßnahmen über körperliche Prozesse während der Schwangerschaft informiert, das Gesundheitsverhalten der Partner auf die Schwangerschaft orientiert und Verhaltensregeln zur Besserung möglicher Beschwerden angibt. Einen besonderen, auch psychologisch relevanten Status haben die pränatalen diagnostischen Verfahren, die schon früh in der Schwangerschaft eingesetzt werden wie Ultraschalluntersuchungen, Amniozentese und neuerdings Chorionbiopsie, die allerdings jeweils unterschiedliche Indikationen haben und bei verschiedenen Gruppen von Frauen angewendet werden. Diese diagnostischen Verfahren können die Einstellung der Frau und ihres Partners zur Schwangerschaft und zu dem sich entwickelnden Kind entscheidend beeinflussen, da sie Informationen über die intrauterine Entwicklung des Kindes (Ultraschall) und über den Ausschluß bestimmter genetisch bedingter Krankheiten liefern können (Amniozentese und Chorionbiopsie) (vgl. Kap. 4.4). Die *Schwangerschaftskonfliktberatung* bietet Hilfen an, um den Kinderwunsch zu klären und im Falle einer Abtreibungsentscheidung über nötige Schritte zu informieren. Bei klar positivem Kinderwunsch erhalten die Paare eine Beratung sowohl über mögliche *unspezifische soziale Hilfen* (z. B. Wohngeld, Sozialhilfe) als auch über *spezifische soziale Hilfen* für die werdende Mutter wie Mutterschaftsgeld, Erziehungsgeld, Erziehungsurlaub und Mutter-Kind-Programme des Bundes und der Länder.

Informelle Hilfen in der frühen Schwangerschaftszeit erhalten Paare durch Gespräche im Freundeskreis, in der Nachbarschaft und Familie. Für Frauen spielen andere vertraute Frauen, die gerade schwanger sind oder eine Geburt hinter sich haben, eine zentrale Rolle. Aufgrund der Ähnlichkeit der allgemeinen Situation beider Frauen werden spezifische Meinungen und Verhaltensweisen (z. B. bezüglich Stillen und Rooming-in) eher übernommen; dies ist mit dem Prinzip des Lernens am Modell erklärbar.

In der fortgeschrittenen mittleren Schwangerschaft wird die ärztliche Vorsorge fortge-

Tab. 7: Psychologische Hilfen beim Übergang zur Elternschaft

indizierte Gruppe	frühe Schwangerschaft	mittlere und späte Schwangerschaft	Geburt	Zeit unmittelbar nach der Geburt	frühe Elternschaft
für alle Paare/Frauen					
institutionelle Hilfen	Schwangerschaftsvorsorge	Schwangerschaftsvorsorge	Überwachung und Unterstützung der Geburt	Anleitung zum Stillen und zur Säuglingspflege	ärztliche Vorsorgeuntersuchung
		Schwangerschaftsgymnastik	Kontaktperson(en)	rooming-in	Beratung durch den Kinderarzt
		Säuglingspflege	Partneranwesenheit	ärztliche Vorsorgeuntersuchung; Demonstration des Verhaltensinventars des neugeborenen eigenen Kindes	psychologische Diagnostik und Elternberatung; präventives Elterntraining; Elternbildung; Elternbriefe
		Geburtsvorbereitungskurse	Organisation der Klinikumgebung: – familienzentrierte Geburt – Kontaktperiode mit Neugeborenem		
		Kontakte zum Krankenhaus, zur Hebamme			
informelle Hilfen	Lernen am Modell	Schwangerengruppen	eher bei Hausgeburt:	Führen eines „Baby-Buches"	Eltern- und Babygruppen
	unterstützende Gespräche	Schwangerschaftsbegleitung	Kontaktpersonen familiäre und Partnerunterstützung	familiäre Unterstützung	Stillgruppen
		Stillgruppen		Haushaltshilfe	Elternbildung in Medien

für Risikogruppen	zusätzlich zu oben:		Unterstützung des ersten Kontaktes zum Kind	Entwicklungs-diagnostik
– Eltern mit körperlichen Risiken	genetische Beratung	ärztliche Beratung	Vor- und Nachbetreuung der Geburt	Beratung und therap. Unterstützung für Eltern von Risikokindern	Frühförderung Elterntraining
– Kinder mit körperlichen Risiken	Schwangerschaftskonfliktberatung	ärztliche Beratung		Interventionsprogramme für Eltern und Kinder mit bestimmten Risiken	Beratung durch Kinderärzte, Krankengymnastinnen
– Eltern mit psychischen und sozialen Risiken	psychotherapeutische Betreuung Krisenintervention	psychotherapeutische Betreuung Krisenintervention		z. B. für Kinder mit niedrigem Geburtsgewicht	psychologische Entwicklungsberatung Selbsthilfegruppen von Eltern, deren Kinder best. Störungen haben

In horizontaler Richtung ist der zeitliche Verlauf des Übergangs zur Elternschaft eingeteilt, in vertikaler Richtung werden im oberen Teil Maßnahmen für alle Paare bzw. Frauen, im unteren Teil zusätzliche Maßnahmen bei Risikogruppen angeführt.

setzt. Bei älteren Paaren hat die Mitteilung des Ergebnisses der pränatalen diagnostischen Untersuchungen des Fruchtwassers (Amniozentese) eine deutliche Interventionswirkung (vgl. Kap. 4). Ab der Mitte der Schwangerschaft kommen als neue unterstützende Interventionen *Schwangerschaftsgymnastik* und Kurse über *Säuglingspflege* hinzu, die von verschiedenen Trägern wie Krankenhäusern, Gemeinden angeboten werden.

Je nach Planung nehmen viele Paare auch ab der Mitte der Schwangerschaft an Kursen zur *Geburtsvorbereitung* teil. In Schwangerschaftsgymnastik-Kursen erhalten die Frauen Informationen und erlernen konkrete Übungen zur körperlichen Vorbereitung auf die Geburt und die Nachgeburtszeit. Programme über Säuglingspflege haben das Ziel, Eltern auf den Umgang mit dem Kind, seine körperliche und seelische Entwicklung, auf Erkrankungen und Vorsorgemaßnahmen vorzubereiten. Geburtsvorbereitungskurse im engeren Sinne beinhalten mehrere psychologische Methoden zur besseren Bewältigung dieses angstbesetzten Ereignisses. Es liegen unterschiedliche Konzepte der Geburtsvorbereitung vor, die unter den Stichworten »*natürliche Geburt*« oder »*psychoprophylaktische Geburtsvorbereitung*« zusammengefaßt werden. Die Kurse verfolgen das Ziel, Informationen über Schwangerschaft, Geburt und Stillen zu vermitteln, Ängste zu reduzieren, eine emotionale und kognitive Bereitschaft zum Gebären zu schaffen. Techniken zur Bewältigung der Anforderungen im Geburtsablauf zu erlernen und den Partner auf unterstützende Maßnahmen bei der Geburt vorzubereiten. Die verschiedenen Programme gehen auf mehrere Pioniere der geburtserleichternden Methoden zurück, im wesentlichen auf G. Dick-Read in England, Pavlow und Mitarbeiter in der Sowjetunion und Lamaze und Mitarbeiter in Frankreich (Kitzinger, 1980). An konkreten Techniken werden vor allem *Methoden der progressiven Muskelentspannung, kontrollierte, rhythmische Atemübungen und z. T. Massagetechniken* vermittelt (s. z. B. Ewy & Ewy, 1970; Lukesch, 1981; Mitchell, 1971). Die einzelnen Techniken können auf das Modell des klassischen Konditionierens und auf kognitive Lernprozesse wie Umdeuten von Schmerzen und Problemlösestrategien zurückgeführt werden. Programme zur Geburtsvorbereitung werden von verschiedenen Institutionen angeboten, von Krankenhäusern, Entbindungsheimen, dem Roten Kreuz oder von freien Hebammen. Die Grenzen zwischen institutionalisierten und freien Gruppen sind hier fließend. Evaluationen der Geburtsvorbereitungskurse wiesen sehr unterschiedliche Ergebnisse nach, die vor allem davon abhingen, welche Variablen als Kriterien gewählt wurden. Häufig erwies es sich als schwierig, Kontrollgruppen aufzustellen. Eindeutig zeigte sich, daß die *Dauer der Geburt* kein Kriterium für wirksame Geburtsvorbereitung ist. Ebensowenig ergaben sich Zusammenhänge zur Medikation oder zum Neugeborenenstatus (Wolkind & Zajicek, 1981). Mehrere Ergebnisse sprechen jedoch dafür, daß Geburtsvorbereitung (i. S. der Lamaze-Methode) zu einer positiven Bewertung der Geburtserfahrung führt (Entwisle & Doering, 1981; Wolkind & Zajicek, 1981).

Parallel zu den institutionalisierten Kursen gibt es heute verschiedene *informelle Schwangerengruppen*. Hier findet ein Erfahrungsaustausch statt, es wird Informationsmaterial weitergegeben und organisatorische Hilfe angeboten. Die positive Wirkung von sozialen Stützsystemen in der Schwangerschaft auf eine Verringerung der Geburtskomplikationen konnte empirisch nachgewiesen werden, wobei allerdings das Aufsuchen solcher Gruppen wiederum bestimmte persönliche Kompetenzen voraussetzt (Abernathy, 1973; Nuckolls et al., 1972). In der Literatur wird eine informelle Form der psychologischen Unterstützung erwähnt, die sich als sehr wirksam erwiesen hat: Den schwangeren Frauen wird vom Krankenhaus ein Medizinstudent bzw. -studentin oder ein anderer teilweise geschulter Mitarbeiter zugeteilt, der sie *durch die*

Schwangerschaft begleitet, d. h. in regelmäßigen Abständen Gespräche mit ihnen führt. Bei dieser Art der Betreuung hatten die Frauen weniger Angst vor der Geburt und brauchten weniger Medikamente (Leifer, 1980; Wolkind & Zajicek, 1981). Eine spezifische Variante von informellen Gruppen sind die *Stillgruppen,* die sich nach Anregungen der internationalen Organisation La Leche League (Liga für die Milch) gebildet haben. Sie verbreiten Informationen über Vorteile und Möglichkeiten des Stillens, geben praktische Maßnahmen für die Ernährung und Körperpflege im Zusammenhang mit Stillen während der Schwangerschaft und helfen bei Problemen mit der Ernährung des Kindes nach der Geburt (vgl. Keller & Spiegel, 1981).
Explizit psychologische Intervention für Frauen mit psychosozialen Risiken stellen verschiedene *therapeutische Hilfen während der Schwangerschaft* dar. Überwiegend wird die Position vertreten, daß Frauen während der ersten Schwangerschaft eher eine unterstützende Therapie als eine intensive Therapie benötigen (Bibring et al., 1961; Shereshefsky & Yarrow, 1973). In dem Längsschnittprojekt von Shereshefsky & Yarrow wurden drei verschiedene Beratungsmethoden ab dem 2./3. Schwangerschaftsmonat ausprobiert, allerdings nur an kleinen Stichproben von insgesamt 28 Frauen: 1. eine *allgemeine Schwangerenberatung* mit dem Ziel, emotional auf die Mutterschaft vorzubereiten und die Frau in dieser Entwicklungskrise zu unterstützen, 2. in einer *psychodynamisch-interpretierenden Beratung* sollten die Gefühle und Objektbeziehungen der Frau geklärt werden und 3. wurde in einem *antizipatorischen Streßbewältigungsprogramm* beabsichtigt, psychologisch auf den zukünftigen Streß durch Schwangerschaft, Geburt und die Anwesenheit eines Säuglings vorzubereiten. Vergleiche der Beratungsgruppe (alle drei Methoden) mit der Kontrollgruppe ergaben, daß die beratenen Frauen in vier Kriteriumvariablen überlegen waren. Sie hatten eine klarere Vorstellung von sich selbst als Mutter (vgl. Kap. 4.2), sie sahen sich stärker in einer sich entwickelnden Familie, hatten positivere Geburts- und Entbindungserfahrungen und hielten nach der Geburt eine positivere Beziehung zu dem Partner aufrecht als die Kontrollgruppe. Bei Vergleichen der drei Beratungsmethoden untereinander erwies sich die antizipatorische Streßbewältigung als wirkungsvollste Methode im Hinblick auf die kombinierten Ergebnisvariablen »weibliche Identifikation und mütterliches Verhalten« und »Selbstsicherheit der Frau« im ersten halben Jahr nach der Geburt. Bei der Evaluation von Therapie- und Beratungsformen muß jedoch immer berücksichtigt werden, daß durch die Selbstselektion der Teilnehmer/-innen weitere unkontrollierte Merkmale Einfluß haben.
In der vorn geschilderten Antizipations- und Vorbereitungsphase werden die Paare bzw. die Frauen verstärkt aufgefordert, *Kontakte zu dem Krankenhaus, Entbindungsheim oder zu der Hebamme und dem betreuenden Arzt aufzunehmen.* Bei vielen Kliniken schließt dies einen Besuch des Kreißsaales bzw. Entbindungsraumes ein. Die räumliche Orientierung und besonders der Kontakt zur Hebamme kann Vertrauen und Selbstsicherheit für die erwartete unbekannte Geburtssituation schaffen.
Welche *Interventionen während der Geburt* als unterstützend wahrgenommen werden, hängt zum großen Teil von den situativen Bedingungen, d. h. nach Garbarino von der »Ökologie« der Geburt ab. Dies kann bei einer Hausgeburt, einer ambulanten Geburt, einer traditionellen Geburt oder einer geplanten/ungeplanten Kaiserschnittgeburt unterschiedlich sein. Neben personenbezogenen Inerventionen i. S. von Filipp & Gräser (1982) sind hier kontextorientierte Interventionen relevant, d.h. die Geburtsbedingungen sollten so gestaltet werden, daß die Geburt zu einem persönlichen, partnerschaftlichen Ereignis werden kann. Dafür bieten alternative Geburtssituationen wie Hausgeburt oder ambulante Geburt mehr Spielraum. Zahlreiche medizinische Eingriffe wie Geburtseinleitung, die interne Überwachung des Kindes, Wehenschreiber

u. a. werden als einschränkend erlebt (Davies-Osterkamp & Beckmann, 1982, s. Kap. 5.2). Eine Geburtsvorbereitung und die *Anwesenheit des Partners oder mindestens einer unterstützenden Person* führen zu einer geringeren Medikation bei der Frau, d. h. zu einem höheren Wachheitszustand bei der Geburt und einer höheren Qualität des Geburtserlebnisses (Doering et al., 1980; Wolkind & Zajicek, 1981). Allerdings bereitete weder die Teilnahme an Geburtsvorbereitungskursen noch die Teilnahme an der Geburt selbst die Väter auf die spätere Umstellung in der allgemeinen Lebenssituation mit einem Baby (z. B. im Alter von drei Monaten) vor (Wente & Crockenberg, 1976). Zahlreiche Verfechter einer natürlichen Geburt haben darauf hingearbeitet, daß den Eltern unmittelbar nach der Entbindung eine *ruhige Zeit allein mit dem Kind* ermöglicht wird. Diese Zeit der ersten Begegnung mit dem neugeborenen eigenen Kind wird als psychologisch relevanter Schritt im Aufbau einer Beziehung angesehen (vgl. die Diskussion der »sensiblen Phase« in 5.1). Es wurde häufig argumentiert, daß dies eine zentrale Komponente für eine familienzentrierte Geburt darstellt (Garbarino, 1980; Klaus & Kennell, 1976). Frühzeitige Interventionen nach der Geburt unterscheiden sich in dem Zeitpunkt, wann der Kontakt nach der Geburt beginnt, der Dauer des Kontaktes, der Art der Interaktion während des frühen Kontaktes (Stillen), dem Ort, an dem er stattfindet und nach den anwesenden Personen (Vater, Schwester). Die Effekte wurden nach der Häufigkeit bestimmter Variabler zu späteren Zeitpunkten überprüft, z. B. dem en-face-Blickkontakt, Reden mit dem Kind, Zärtlichkeiten, Lächeln, Nähe zum Kind und sehr häufig mit der Dauer des Stillens, der Gewichtszunahme des Kindes und der Häufigkeit von Infektionen (Trause, 1981). Die Befunde über die Auswirkung früher Kontakte sind bisher nicht eindeutig (Goldberg, 1983; Myers, 1984). Auch wenn eine sog. sensible Phase nicht nachgewiesen werden konnte, so hat diese These doch zu einer großen Veränderung der Geburtsbedingungen geführt.

Zum Aufbau einer Mutter-Kind-Beziehung in der frühesten Zeit nach der Geburt wird in Krankenhäusern heute häufig das *Rooming-in* durchgeführt, bei dem die Mutter das Neugeborene entweder immer oder zeitweise tagsüber, z. T. auch nachts bei sich im Zimmer hat. Andere Organisationsformen in Säuglingsstationen sind das Compartment-System, bei dem Säugling und Wöchnerin in benachbarten Zimmern untergebracht sind oder die traditionelle Trennung, bei der das Kind in regelmäßigen Abständen zur Mutter zum Stillen gebracht wird. Nach Auffassung zahlreicher Experten und Eltern soll während des Aufenthaltes im Krankenhaus das Kennenlernen des Babies gefördert werden, bei seiner Pflege und besonders beim Stillen erhält die Muter Anleitungen von Schwestern oder Hebammen. Eine neue deutsche Studie konnte die Vorteile des Rooming-in nicht nachweisen.

Hier wurde eine Stichprobe von Rooming-in-Müttern mit solchen aus einer traditionellen Entbindungsstation, bei der das Kind allerdings auch 5 Stunden am Tag bei der Mutter verbrachte, verglichen. Es ergaben sich am sechsten Tag keine Unterschiede in einer Reihe von mütterlichen Einstellungen und sechs Wochen nach der Geburt keine Unterschiede in der mütterlichen Sensibilität und ihrem Kontaktbedürfnis zum Kind (Meier, 1983).

Wie auch andere Interventionen (Geburtsvorbereitungskurse, »programmierter«, früher Kontakt nach der Geburt) ist das Rooming-in nicht als isolierte Einflußgröße auf die mütterlichen Einstellungen und Verhaltensweisen zu sehen, sondern eingebettet in einen Komplex von Persönlichkeitsmerkmalen und Lebensbedingungen der Eltern. Trotz kritischer Studien sollte für die Praxis mit Eltern die Richtlinie gelten, daß Rooming-in in keinem Fall ungünstige Folgen gezeigt hat und von den Eltern positiv erlebt wird, wenn sie die Dauer des täglichen Rooming-in mitbestimmen können.
Eine neue frühe Intervention geht auf Säuglingsforscher wie Brazelton zurück, der

herausfand, daß *die Anwesenheit der Eltern bei der Untersuchung ihres Neugeborenen mit einem speziellen Verhaltensinventar (z. B. von Brazelton)* in den ersten Tagen nach der Geburt automatisch eine Intervention für die Eltern darstellt (Brazelton, 1984). Mehrere Studien haben inzwischen nachgewiesen, daß je umfangreicher die Einbeziehung der Eltern in diese Untersuchung ist (schriftliche Informationen über das Untersuchungsergebnis, passive Beobachtung der Untersuchung oder aktive eigene Durchführung unter Anleitung), desto mehr anregende, emotional expressive und sensible Verhaltensweisen zeigen die Mütter einen Monat später ihrem Baby gegenüber, desto zufriedener und selbstsicherer sind sie und desto mehr beteiligen sich auch die Väter (Myers, 1982; Worobey & Belsky, 1982). Die Studien könnten als Anregung genommen werden, die Eltern sowohl in die normalen Vorsorgeuntersuchungen als auch in differenzierte entwicklungspsychologische oder neurologisch-pädiatrische Untersuchungen ihrer Kinder einzubeziehen. Es ist nachgewiesen worden, daß Eltern dadurch für die Fähigkeiten ihrer Babies sensibilisiert werden (Brazelton et al., 1987). Auch Maßnahmen, die sich für spezielle Gruppen von behinderten Kindern als hilfreich erwiesen haben, könnten ebenso für gesunde Kinder genutzt werden. Eine Schärfung der elterlichen Beobachtung kann z. B. durch ein »Babybuch« erreicht werden, in das die Eltern auffällige Ereignisse und Entwicklungsfortschritte ihrer Kinder eintragen. *Informelle Hilfe* wird besonders wesentlich bei der Rückkehr in die häusliche Wohnung (vgl. Erschöpfungsphase 5.2). Organisatorische Hilfe im Haushalt und psychologische Unterstützung kann das Paar von der Familie oder durch eine bezahlte Wochenbetthilfe bzw. Haushaltshilfe erhalten, die bei einer Hausgeburt durch die Krankenkasse finanziert wird.

Zahlreiche Maßnahmen bis zu systematischen Interventionsprogrammen wurden für *Risikogruppen von Eltern und Kindern* erstellt, z. B. für Eltern mit körperlichen Krankheiten, psychisch belastete Eltern, Eltern in Krisensituationen, für Eltern mit Zwillingsgeburten, bei der Geburt von behinderten Kindern oder frühgeborenen Kindern (Moxley-Haegert & Serbin, 1983; Prinz in Brack, 1986). Bereits bei dem ersten Kontakt mit einem frühgeborenen Kind werden Eltern in einigen Institutionen von Experten betreut (vgl. Kap. 6.2). In der frühen Zeit nach der Geburt ist das Hauptziel von Beratungen, diese Eltern bei der emotionalen Verarbeitung dieses Traumas zu unterstützen und über das Risiko oder die Behinderung des Kindes aufzuklären (Darling, 1983; Gorski, 1984; Steinhausen, 1976). Weiter verfolgen frühe Interventionsprogramme die Ziele, daß die Eltern den Zustand und die Signale des Säuglings besser verstehen, prompt und angemessen reagieren, dieses Verhalten von der Krankenhaussituation auf die häusliche Umgebung übertragen und so mehr Freude am Kind entwickeln. Ein danach aufgebautes 7-Tage-Programm mit vier späteren Trainingssitzungen zu Hause erbrachte eine bessere Anpassung i. S. von größerer Zufriedenheit mit der Mutterrolle und höherem Selbstvertrauen der Mütter und günstigeren Temperamentseinschätzungen ihrer Kinder bei der Interventionsgruppe gegenüber einer Kontrollgruppe von ebenfalls untergewichtigen Kindern sechs Monate nach der Entlassung. Bei Müttern ausgetragener Kinder war hier allerdings die mütterliche Anpassung noch höher ausgeprägt (Nurcombe et al., 1984). Insgesamt wird berichtet, daß derartige frühe Interventionen zunächst stärker auf die mütterlichen Kompetenzen wirken und seltener Auswirkungen auf kindliche Entwicklung nachgewiesen werden konnten (Barrera et al., 1986; Rauh, 1984).

Die Anforderungen während der frühen Elternschaft wurden als Phase der Herausforderung und Umstellung beschrieben (Kap. 5.3). In dieser Zeit nehmen die *Kinderärzte* eine wichtige Rolle ein, sie sind sogar die meist genannte Person, die bei Beratungen in Anspruch genommen wird (nach Lüscher et al., 1982). Da Eltern beim ersten Kind häufig unsicher sind und erst allmählich Vertrauen in ihre elterlichen Kompetenzen aufbauen, ist eine lockere, kontinuierliche Beratung und Betreuung auch für Fragen der Verhaltensentwicklung des Kindes wesentlich. Der einzige institutionalisierte Kontakt ist hier immer noch der Kinderarztbesuch, der mindestens im Rahmen der Vorsorgeuntersuchungen und bei Krankheiten des Kindes stattfindet. Über ärztliche Diagnostik und Behandlung hinaus könnte bei diesen Arztbesuchen eine Unterstützung der Eltern durch einen Kinderpsychologen eingerichtet werden. Zahlreiche relevante Informationen über förderliches elterliches Verhalten bei dem je individuellen Kind ließen sich in einem solchen persönlichen Gespräch weitergeben. Eine *psychologische Elternberatung* wird in der BRD zur Zeit sehr breit durch verschiedene Formen der *Elternbildung* und des *präventiven Elterntrainings* angestrebt. Diese Ansätze verfolgen das Ziel, elterliches Wissen über die durchschnittliche körperliche und seelische Entwicklung des Säuglings und Kleinkindes zu verbessern, auf Probleme und Besonderheiten aufmerksam zu machen. Bertram (1979) unterscheidet in seinem Überblick informative Elternbildung (durch Medien), institutionelle Elternbildung vorwiegend durch Kirchen und Verbände und funktionelles, d. h. hier problembezogenes Elterntraining. Präventives Elterntraining wird gerechtfertigt durch Untersuchungen, die eine relativ hohe Prävalenz von ernsthaften psychischen Störungen bei Kindern (zwischen 4 und 25 %) und ein hohes Beratungsbedürfnis bei den Eltern feststellten (Lüthi & Vuille, 1980).

Eine Form stellen die von der Mental-Health-Bewegung angeregten *Elternbriefe* dar, die in der BRD seit ca. 1974 allen neuen Eltern in vorgesehenen Abständen von den Kommunen oder anderen Trägern zugeschickt werden. Die Briefe behandeln wesentliche Themen der kindlichen Entwicklung bis zum 4. Lebensjahr und Aufgaben und Probleme der Eltern bei der Pflege und Erziehung der Kinder. Es liegen verschiedene Versionen der Elternbriefe vor, die sich in den Schwerpunkten und der übergeordneten Zielsetzung je nach Träger unterscheiden (Lüscher et al., 1979). Eine Rezeptionsanalyse der Elternbriefe in verschiedenen Städten der BRD kam zu dem Ergebnis, daß Elternbriefe als Informationsmedium neben Büchern bereits an zweiter Stelle nach dem Kinderarzt genutzt werden, daß 91 % der Mütter und 75 % der Väter sie lesen, darüber diskutieren und sie hoch schätzten. Dies spricht dafür, eine gut veständliche, an Alltagssituationen der Familie anknüpfende, schriftliche Information über wesentliche Meilensteine der kindlichen Entwicklung und auftretende Erziehungsschwierigkeiten der Eltern auszubauen (Lüscher et al., 1982).

Die *psychologischen Hilfen für Eltern mit Kindern von Risikogruppen* können sehr viel gezielter ansetzen als breit gestreute, präventive Elternbildung. Rauh (1985) betont die enge *Verknüpfung von systematischer Entwicklungsdiagnostik bei Risikokindern und Frühförderung*. Ein wesentliches Prinzip der Frühförderung von behinderten und sozial benachteiligten Kindern liegt darin, die elterlichen Kompetenzen in die Richtung zu fördern, angemessen und im einzelnen Fall entwicklungsfördernd auf ihr Kind einzugehen (Rauh, 1985). Ausgangspunkte können sowohl die elterlichen Kognitionen über ihr Kind als auch ihre konkreten Verhaltensweisen darstellen. Frühförderung wird nach verschiedenen Programmen durchgeführt, die bisher hauptsächlich in den USA erprobt wurden. Sie können entweder in Zentren (Kinderkliniken) oder in der häuslichen Umgebung durchgeführt werden (Beller, 1979). Einige systematische, meist verhaltenstherapeutisch orientierte Programme für Kinder in den ersten Lebensjahren laufen darauf hinaus, die Eltern als Kotherapeuten einzusetzen (Brack in Brack, 1986; Innerhofer & Warnke, 1980). Andere Programme wollen eine Unterstützung der Eltern dadurch erreichen, daß sie bei der kognitiven und emotionalen Verarbeitung der Behinderung des eigenen Kindes unterstützen (Prinz in Brack, 1986). Aufgrund der zahlreichen neuen Studien über Risikokinder und Risikoeltern und Frühförderung ist zu erwarten, daß in der nächsten Zukunft mehr fundierte Kenntnisse in einem Bereich vorliegen, in dem Psychologen sehr eng mit anderen Berufsgruppen wie Kinderärzten oder Krankengymastinnen zusammenarbeiten müssen.

Aus einem Überblick über die in der Literatur erwähnten und die in der Praxis heute üblichen Unterstützungsformen kann man zu dem Schluß kommen, daß für die Paare, bei denen zunächst kein besonderes Risiko vorliegt, mehr explizite psychologische Hilfen während der Schwangerschaft und zur Vorbereitung auf die Geburt angeboten werden. Die Geburt selbst wird als der Höhepunkt beim Übergang zur Elternschaft betrachtet. Für die schwierige Zeit mit dem Baby zu Hause gibt es kaum institutionalisierte, systematische psychologische Hilfen, obwohl gerade diese Zeit für die neuen Eltern eine besondere Anstrengung und Herausforderung darstellt (vgl. 5.2 u. 5.3). Zukünftige Maßnahmen sollten danach ausgerichtet werden, institutionalisierte Hilfen auch für das erste halbe Jahr nach der Geburt auszuarbeiten. Bei der Weiterentwicklung und Evaluation von psychologischen Hilfen und Interventionen kann das Verlaufsmodell, das die Verarbeitung der Elternschft in zeitlichen Schritten beschreibt (Kap. 5.7), als Strukturierungshilfe zugrunde gelegt werden. Es müßte dann spezifiziert werden, welche psychischen Prozesse durch die einzelnen Maßnahmen gefördert werden sollen und mit Hilfe welcher Methoden dies erreicht werden kann.

Literatur

Abernathy, V. D.: Social and network and response to the marital role. Inernational Journal of Sociology of the Family, 1973, *3*, 86–92.
Ainsworth, M. D. S., Blehar, M. C., Waters, E. & Wall, S.: Patterns of attachment. Hillsdale, N. J.: Erlbaum, 1978.
Aldous, J.: Family careers. New York: Wiley, 1978.
Allemann-Tschopp, A.: Die Bedeutung des ersten Kindes für die Geschlechtsrollendifferenzierung – eine explorative Studie zur Gewinnung von Untersuchungshypothesen. In A. Degenhardt & H. M. Trautner (Hrsg.), Geschlechtstypisches Verhalten. München: Beck, 1979, 102–121.
Anderson, St. A., Russel, C. S. & Schumm, W. R.: Percieved marital quality and family life-cycle categories: A further analysis. Journal of Marriage and the Family, 1983, 45, 127–139.
Arbeit, S. A.: A study of women during their first pregnancy. Unveröffentlichte Dissertation, Yale University, 1975.
Arditti, R., Klein, R. D. & Minden, Sh. (Hrsg.): Retortenmütter. Frauen in den Labors der Menschenzüchter. Reinbek bei Hamburg: Rowohlt, 1985.
Ariès, Ph.: Geschichte der Kindheit. München: Hanser, 1975.
Atchley, R. L.: The life course, age grading and age-linked demands for decision making. In N. Datan & L. H. Ginsberg (Hrsg.), Life-span developmental psychology. Normative life crisis. New York: Academic Press, 1975, 261–278.
Badinter, E.: Die Mutterliebe. München: Piper, 1980.
Badinter, E.: La nouvelle mère androgyne. Paper Presented at the 7th Meetings of the Inernational Society for Behavorial Development, Tours, France, 1985.
Ballou, J. W.: The Psychology of Pregnancy. Lexington, Mass.: Lexington Books, 1978.
Baltes, P. B.: Life-Span developmenatl Psychology: Some converging observations on history and theory. In P. B. Baltes & O. G. Brim (Hrsg.), Life-span development and behavior (Vol. 2). New York: Academic Press, 1979, 255–279.
Baltes, P. B. & Reese, H. W.: The life-span perspective in developmental psychology. In M. H. Bornstein & M. E. Lamb (Hrsg.), Developmental Psychology: An advanced testbook. Hillsdale, N. J.: Erlbaum 1984, 493–512.
Baltes, P. B., Reese, H. W. & Lipitt, L. D.: Life-span developmental psychology. Annual Review of Psychology, 1980, *31*, 65–110.
Barrera, M. E., Rozenbaum, P. L. & Cunningham, C. L.: Early home intervention with low – birth – weight infants and their parents. Child Development, 1986, 57, 20–33.
Bartoszyk, J. & Nickel, H.: Die Teilnahme an Säuglingspflegekursen und das Betreuungsverhalten von Vätern in den ersten Lebenswochen des Kindes. Praxis der Kinderpsychologie und Kinderpsychiatrie, 1986, *35*, 254–260.
Bates, J. E.: The concept of difficult temperament. Merrill Palmer Quartly, 1980, *26*, 299–319.
Beck-Gernsheim, E.: Vom Geburtenrückgang zur neuen Mütterlichkeit. Frankfurt a. M.: Fischer Taschenbuch, 1984.
Beck-Gernsheim, E.: Wieviel Mutter braucht das Kind? Geburtenrückgang und der Wandel in der Erziehungsarbeit: Plädoyer für eine neue Forschungsperspektive. Vorabdruck aus St. Hradil (Hrsg.), Sozialstruktur im Umbruch. Opladen: Leske, 1985.
Beck-Gernsheim, E. & Ostner, I.: Der Gegensatz von Beruf und Hausarbeit als Konstitutionsbedingungen weiblichen Arbeitsvermögens. In U. Beck & M. Bräter (Hrsg.), Die soziale Konstitution der Berufe: Materialien zu einer subjektbezogenen Theorie der Berufe. Frankfurt a. M.: Campus, 1977, 26–33.
Beckmann, D.: Grundlagen der Medizinischen Psychologie, Göttingen: Vandenhoeck & Ruprecht, 1984 a.
Beckmann, D.: Psychologische Medizin. In H. E. Lück, R. Miller & W. Reckling (Hrsg.), Geschichte der Psychologie. München: Urban & Schwarzenberg, 1984 b, 201–210.
Beller, K.: Early intervention programs. In J. Osofsky (Hrsg.), Handbook of infant development. New York: Wiley, 1979, 852–894.
Belsky, J.: Early Human experience: A Family Perspective. Developmental Psychology, 1981, *17*, 3–23.

Belsky, J.: The determinants of parenting: A process model. Child Development, 1984, 55, 83–96.
Belsky, J.: Exploring individual differences in marital change across the transition to parenthood: The role of violated expectations. Journal of Marriage and the Family, 1985, 47, 1037–1044.
Belsky, J., Spanier, B. & Rovine, M.: Stability and change in marriage across the transition to parenthood. Journal of Marriage and the Family, 1983, 45, 567–578.
Belsky, J., Gilstrap, B. & Rovine, M.: The Pennsylvania Infant and Family Development Project I: Stability and change in mother-infant and father-infant interaction in a family setting at one, three, and nine months. Child Development, 1984 a, 55, 692–705.
Belsky, J., Taylor, D. G., & Rovine, M.: The Pennsylvanie Infant and Family Development Project II: The development of reciprocal interaction in the mother-infant dyad. Child Development, 1984 b, 55, 706–717.
Belsky, J., Rovine, M. & Taylor, D. G.: The Pennsylvania Infant and Family Development Project III: The origins of individual differences in infant-mother-attachment: Maternal and infant contribution. Child Development, 1984 c, 55, 718–728.
Belsky, J., Lang, M. E. & Rovine, M.: Stability and change in marriage across the transition to parenthood: A second study. Journal of Marriage and the Family, 1985, 47, 855–865.
Belsky, J. & Russel, R. A.: Marital and parent-child relationship in family of origin and marital change following the birth of a baby: A retrospective analysis. Child Development, 1985, 56, 342–349.
Benedek, Th.: Die Funktion des Sexualapparates und ihre Störungen. In F. Alexander & Th. Benedek, Psychosomatische Medizin. Berlin: de Gruyter, 1951, 170–210.
Benedek, Th.: The organization of the reproductive drive. The International Journal of Psychoanalysis, 1960, 1–15.
Benedek, Th.: Parenthood during the life cycle. In E. Y. Anthony & Th. Benedek (Hrsg.), Parenthood. Its psychology and psychopathology. Boston: Little, Brown & Co, 1970, 185–208.
Berg, D.: Schwangerschaftsberatung und Perinatalogie. Stuttgart: Thieme, 1976.
Berg, J. H, van den: Metabletica. Über die Wandlung des Menschen. Grundlinien einer historischen Psychologie. Göttingen: Vandenhoeck & Ruprecht, 1960.
Bertalanffy, L. von: General systems theory. New York: Braziller, 1973.
Bertram, H.: Elternbildung: Aktuelle Formen und Probleme der Verbreitung von Sozialisationswissen in der Bundesrepublik Deutschland. In K. Lüscher (Hrsg.), Sozialpolitik für das Kind. Stuttgart, Klett-Cotta 1979, 97–112.
Bibring, G. L.: Some considerations of the psychological process in pregnancy. The Psychoanalytic Study of the Child, 1959, 14, 113–121.
Bibring, G. L., Dwyer, T. F., Huntington, D. S. & Valenstein, A. F.: A Study of the psychological process in pregnancy and of the earliest mother-child relationship. The Psychoanalytic Study of the Child, 1961, 16, 9–72.
Bibring, G. L. & Valenstein, A. F.: Psychological aspects of pregnancy. Clinical Obstetrical Gynecology, 1976, 19, 258–371.
Biller, H. B.: Fatherhood: Implications for child and adult development. In B. B. Wolman (Hrsg.), Handbook of Developmental Psychology. Englewood Cliffs, N. J.: Prentice Halls, 1982, 702–725.
Blankertz, H.: Die Geschichte der Pädagogik, Wetzlar: Büchse der Pandora, 1982.
Bloom, D. E.: Delayed childbearing in the United States. Population Research and Policy Review, 1984, 3, 103–129.
Blum, B. L. (Hrsg.): Psychological aspects of pregnancy, birthing and bonding. New York: Human science press, 1980.
Bölter, D.: Stimmungsverlauf im Wochenbett. Vortrag auf der Tagung der Gesellschaft für Medizinische Psychologie, Heidelberg, 1984.
Borstelmann, L, J.: Children before psychology: Ideas about children from antiquity to the late 1800s. In P. H. Mussen (Hrsg.), Handbook of Child Psychology (Vol. 1, 4. Aufl.), History, Theory and Methods. New York: Wiley 1983, 3–40.
Boukydis, C. F. Z.: Perception of infant crying as an interpersonal event. In B. M. Lester & C. F. Z. Boukydis (Hrsg.), Infant crying. Theoretical and research perspectives. New York: Plenum Press, 1985, 187–215.
Bowes, W. A., Brackbill. Y., Conway, E. & Steinschneider, A.: The effects of obstetrical medication on fetus and infant. Monographs of the Society for Research in Child Development, 1970, 35, No. 4.
Bowlby, J.: Binding. Eine Analyse der Mutter-Kind-Beziehung. München: Kindler, 1975.
Bowlby, J.: Trennung. Psychische Schäden als Folge der Trennung von Mutter und Kind. München: Kindler, 1976.

Bowlby, J.: Caring for the young: Influences on development. In R. S. Cohen, B. J. Cohler & S. H. Weissmann (Hrsg.), Parenthood. A psychodynamic perspective. New York: Guilford Press, 1984 a, 269–284.
Bowlby, J.: Verlust. Frankfurt a. M.: Fischer Taschenbuch, 1984 b.
Brack, U. B. (Hrsg.): Frühdiagnostik und Frühtherapie. München: Urban & Schwarzenberg, 1986.
Brandtstädter, J.: Kern- und Leitbegriffe psychologischer Prävention. In J. Brandtstädter & A. von Eye (Hrsg.), Psychologische Prävention. Grundlagen, Programme, Methoden. Bern: Huber, 1982, 81–115.
Brandtstädter, J.: Personal and social control over development: Some implications of an action perspective in life-span developmental psychology. In P. B. Baltes & O. G. Brim Jr. (Hrsg.), Life-span development and behavior (Vol. 6), New York: Academic Press, 1984, 2–32.
Brandtstädter, J.: Personale Entwicklungskontrolle und entwicklungsregulatives Handeln: Überlegungen und Befunde zu einem vernachlässigten Forschungsthema. Zeitschrift für Entwicklungspsychologie und Pädagogische Psychologie, 1986, *18*, 316–334.
Brazelton, T. B.: Parental perceptions of infant manipulations: Effects on parents of inclusion in our research. In V. L. Smeriglio (Hrsg.), Newborns and parents. Hillsdale, N. J.: Erlbaum, 1981, 117–124.
Brazelton, T. B.: Why early intervention. In J. D. Call, E. Galenson & R. L. Tyson (Hrsg.), Frontiers of infant psychiatry. New York: Basic Books, 1984, 267–275.
Brazelton, T B., Koslowski, B. & Main, M.: The origins of reciprocity: The early mother-infant-interaction. In M. Lewis & L. Rosenblum (Hrsg.), The effect of the infant on its caregiver. New York: Wiley, 1974, 49–76.
Brazelton, T. B. & Nugent, J. K.: Neonatal Assessment as an intervention. In H. Rauh & H. Ch. Steinhausen (Hrsg.), Psychobiology and early development. Amsterdam; North Holland, 1987, 215–229.
Breen, D.: The birth of a first child. London: Tavistock Publications, 1975.
Bretherton, J.: Attachment theory: Retrospect and prospect. In J. Bretherton & E. Waters (Hrsg.), Growing points of attachment. Monographs of the Society for Research in Child Development, 1985, *50*, No. 209, 3–39.
Bretherton, I. & Waters, E.: Growing points of attachment. Theory and research. Monographs of the Society for Research in Child Development, 1985, *50*, No. 209.
Brim, O. G. & Ryff, C. D.: On the properties of life events. In P. B. Baltes & O. G. Brim, jr. (Hrsg.), Life span development and behavior (Vol. 3), New York: Academic Press, 1980, 368–388.
Broderick, C. & Smith, J.: The general systems approach to the family. In W. R. Burr, R. Hill, F. I. Nye & I. L. Reiss, Contemporary theories about the family, New York: Free Press, 1979, 42–111.
Brooks-Gunn, J. & Furstenberg jr., F. F.: The children of adolescent mothers: Physical, academic, and psychological outcomes. Developmental Review, 1986, *6*, 224–251.
Broussard, E. & Hartner, M.: Maternal perception of the neonate as related to development. Child Psychiatry and Human Development, 1970, *1*, 16–25.
Brunner, O.: Vom »ganzen Haus« zur »Familie«. In H. Rosenbaum (Hrsg.), Seminar: Familie und Gesellschaftsstruktur. Frankfurt a. M.: Suhrkamp, 1978, 83–91.
Brudal, L. F.: »Paternity blues« and the father-child relationship. In J. D. Call. E. Galenson & R. L. Tyson (Hrsg.), Frontiers of infant psychiatry (Vol. II). New York: Basic Books, 1984, 381–384.
Brüderl, L.: Formen der Bewältigung des Übergangs zur Elternschaft. Gießen: Unveröff. Diplomarbeit, 1982.
Brüderl, L.: Die Bewältigung des Übergangs zur Elternschaft, Vortrag auf der 7. Tagung für Entwicklungspsychologie, Trier, 1985.
Bundesminister für Jugend, Familie und Gesundheit (Hrsg.): Nichteheliche Lebensgemeinschaften in der Bundesrepublik Deutschland. Schriftenreihe des Bundesministers für Jugend, Familie und Gesundheit. Bd. 170. Stuttgart: Kohlhammer, 1985.
Bushnell, L. F.: First trimester depression: a suggested treatment. Obstetrics and Gynecology, 1961, *18*, 281–282.
Call, J. D., Galenson, E. & Tyson, R. L. (Hrsg.): Frontiers of Infant Psychiatry (Vol. II). New York: Basic Books, 1984.
Callan, V. J.: The impact of the first birth. Married and single women preferring childlessness, one child, or two children. Journal of Marriage and the Family, 1986, *48*, 261–269.
Campos, J. J., Barret, K. C., Lamb, M. E., Goldsmith, H. H. & Stenberg, C.: Socioemotional development. In P. Mussen (Hrsg.), Handbook of child psychology (Vol. II, 4. Aufl.), Infancy and developmental psychology. New York: Wiley, 1983, 783–916.
Chasseguet-Smirgel (Hrsg.): Psychoanalyse der weiblichen Sexualität. Frankfurt: Suhrkamp, 1974.

Chertok, L., Mondzain, M. L. & Bonnard, M.: Vomiting and the wish to have a child. Psychosomatic Medicine 1963, *25*, 13-18.
Chodorow, N.: The reproduction of mothering. Berkeley: University of California Press, 1978.
Colman, A. D.: Psychological state during first pregnancy. American Journal of Orthopsychiatry, 1969, *39*, 788-797.
Colman, A. D. & Colman, L. L.: Pregnancy: The psychological experience. New York: Herder & Herder, 1971.
Conger, R. D., McCarthy, J. A., Yang, R. K., Lahey, B. B. & Burgess, R. L.: Mother's age as a predictor of observed maternal behavior in three independent samples of families. Journal of Marriage and the Family, 1984, *46*, 411-424.
Cook, T. D. & Campbell, D. T.: Quasi-experimentation: Design and analysis issues for field settings. Chicago: Rand McNally, 1974.
Cowan, C. P., Cowan, Ph. A., Coie, L. & Coie, J. D.: Becoming a family: The impact of a first child's birth on the couple's relationship. In W. B. Miller & C. F. Newman (Hrsg.), The first child and family formation. Carolina Population Center, the University of North Carolina, 1978.
Cowan, C. P., Cowan, Ph. A. Heming, G., Garrett, E., Coysh, W. S. Curtis-Boles, H. & Boles, A. J.: Transition to parenthood. His, Hers, an Theirs. Journal of Family Issues, 1985, *6*, 451-481.
Crawford, J. W.: Mother-infant interaction in premature and fullterm infants. Child Development, 1982, *53*, 957-962.
Crnic, K. A., Ragozin, A. S., Greenberg, M. T., Robinson, R. B. & Basham, R. B.: Social interaction and developmental competence of preterm and fullterm infants during the first year of life. Child Development, 1983, *54*, 1199-1210.
Crockenberg, S. & McClusky, K.: Change in maternal behavior during the baby's first year of life. Child Development, 1986, *57*, 746-753.
Cutrona, C. E.: Causal attribution and perinatal depression. Journal of Abnormal Psychology, 1983, *92*, 161-172.
Daele, W. van den: Mensch nach Maß. München: Beck, 1985.
Daniels, D., Plomin, R. & Greenhalgh, J.: Correlates of difficult temperament. Child Development, 1984, *55*, 1184-1194.
Daniels, P. & Weingarten, K.: Sooner or later: The timing of parenthood in adult lifes. New York: Norton, 1982.
Danish, St. J. & D'Augelli, A. R.: Kompetenzerhöhung als Ziel der Intervention in Entwicklungsverläufe über die Lebensspanne. In S. H. Filipp (Hrsg.), Kritische Lebensereignisse, München: Urban & Schwarzenberg, 1981, 156-173.
Darling, R. B.: The birth of a defective child and the crisis of parenthood: Redefining the situation. In E. J. Callahan & Cluskey, K. A. (Hrsg.), Life span developmental psychology. Nonnormative life events (Vol. 5), New York: Academic Press, 1983, 115-143.
Datan, N. & Ginsberg, L. H. (Hrsg.): Life-span developmental psychology: Normative life crisis. New York: Academic Press, 1976.
Datan, N., Antonowsky A. & Maroz, B.: Love, war and the life cycle of the family. In K. A. McCluskey & H. W. Reese (Hrsg.), Life-span developmental psychology. Historical and generational effects. New York: Academic Press, 1984, 143-159.
Davids, A. & Holden R. H.: Consistency of maternal attitudes and personality from pregnancy to eight months following child birth. Developmental Psychology, *2*, 364-366.
Davies-Osterkamp, S. & Beckmann, D.: Psychosoziale Aspekte von Schwangerschaft und Geburt. In D. Beckmann, S. Davies-Osterkamp & J. W. Scheer (Hrsg.), Medizinische Psychologie. Berlin, Heidelberg, New York: Springer, 1982, 493-515.
Degler, C. N.: At odds. Women and the family in America from the revolution to the present. New York: The Oxford University Press, 1980.
Delaisi de Parseval, G.: Was wird aus den Vätern? Weinheim: Beltz, 1985.
DeMause, L. (Hrsg.): Hört ihr die Kinder weinen? Frankfurt: Suhrkamp, 1980.
Deutsch, H.: The Psychology of Women (Vol. 1 und 2). New York: Grune & Stratton, 1945.
D-F-G: Deutsche Forschungsgemeinschaft. Schwangerschaftsverlauf und Kindesentwicklung. Boppard: H. Boldt Verlag KG, 1977.
Doering, S. G., Entwisle, D. R. & Quinlan, D.: Modeling the Quality of Woman's birth experience. Journal of Health and Social Behavior, 1980, *21*, 12-21.
Doerner, D.: Verhalten, Denken und Emotionen. In L. H. Eckensberger & D. Lantermann (Hrsg.), Emotion und Reflexivität. München: Urban & Schwarzenberg, 1985, 157-181.
Doherty, W. J. & Jacobson, N. S.: Marriage and the family. In B. Wolman (Hrsg.), Handbook of developmental psychology. Englewood Cliffs, N. J.: Prentice Hall, 1982, 652-660.
Donavan, W. L. & Leavitt, L. A.: Physiology and behavior. Parent's response to the infant cry. In

Lester, B. M. & Boukydis, C. F. Z. (Hrsg.), Infant crying. New York: Plenum Press, 1985, 241–261.
Doty, A. B.: Relationships among attitudes in pregnancy and other maternal characteristics. Journal of Genetic Psychology, 1967, *111*, 203–217.
Dunn, J.: Sibling studies and the developmental impact of critical incidents. In P. B. Baltes & D. Brim (Hrsg.), Life-span development and behavior (Vol. 6), New York: Academic Press, 1984, 335–353.
Duvall, E. M.: Marriage and family development. Philadelphia, PA: Lippincott, 1977.
Dyer, E. D.: Parenthood as crisis: A restudy. Marriage and Family Living, 1963, *25*, 196–201.
Eckensberger, L. H.: A metatheoretical evaluation of psychological theories from a cross-cultural perspective. In L. H. Eckensberger, W. J. Lonner & Y. H. Poortinga (Hrsg.), Cross-cultural contributions to psychology. Swets & Zeitlinger, 1979, 255–275.
Eichholz, A. & Offerman-Zuckerberg, J.: Later pregnancy. In B. L. Blum (Hrsg.), Psychological aspects of pregnancy. birthing, and bonding. New York: Human Sciences Press, 1980, 94–102.
Eichhorn, D. H., Clausen, J. A., Haan, N., Howrik, M. P. & Mussen, H. (Hrsg.): Present and past in middle life. New York: Academic Press, 1981.
Engert, J. & Quakernack, K. (Hrsg.): Pränatale Diagnostik. 2. Bochumer Symposium. Milupa AG, Friedrichsdorf, 1985.
Engfer, A.: Kindesmißhandlung. Stuttgart: Enke, 1986 a.
Engfer, A.: Antecedents of percieved behavior problems in children 4 and 18 months of age – a longitudinal study. In D. Kohnstamm (Hrsg.), Temperament and development in childhood. Amsterdam: Swets & Zeitlinger, 1986 b, 165–180.
Engfer, A. & Gavranidou, M.: Antecedents and consequences of maternal sensitivity. A longitudinal study. In H. Rauh & H. C. Steinhausen (Hrsg.), Psychobiology and early development. Amsterdam: North Holland, 1986, 71–99.
Entwisle, D. R. & Doering, S. G.: The first birth. A family turning point. Baltimore: The Johns Hopkins University Press, 1981.
Erickson, M. T.: Method for frequent assessment of symptomatology during pregnancy. Psychological Reports, 1967, *20*, 447–450.
Erikson, E. H.: Wachstum und Krisen der gesunden Persönlichkeit. In E. H. Erikson (Hrsg.), Identität und Lebenszyklus. Frankfurt: Suhrkamp, 1968, 55–122.
Eshleman, M. K.: Diet during pregnancy in the pregnancy in the sixteenth and seventeenth centuries. In V. C. Fox & M. H. Quitt (Hrsg.), Loving, parenting and dying. New York: Psychohistory Press, 1980, 225–237.
Ewy, D. & Ewy, R.: Die Lamaze Methode. München: Goldmann, 1976.
Fachinger, B.: Lebenssituation und Kinderwunsch. Eine Untersuchung bei Partnern im dritten und vierten Lebensjahrzehnt. Dissertation an der Philosophischen Fakultät der Universität Bonn, 1982.
Fachinger, B., Schlöer, C. & Lehr, U.: Psychologische Aspekte der Generativität. Erfassung von Motivation und Barrieren im generativen Verhalten. Projektbericht im Auftrag des Bundesministeriums für Jugend, Familie und Gesundheit, 1981.
Falek, A. & Britton, S.: Phases of coping: The hypothesis and its implications. Social Biology, 1974, *21*, 1–7.
Featherman, D. L.: Life-span perspectives in social science research. In P. B. Baltes & O. G. Brim (Hrsg.), Life-span development and behavior (Vol. 5), New York: Academic Press, 1983, 1–57.
Feldman, H. & Feldman, M.: The family life cycle. Some suggestions for recycling. Journal of Marriage and the Family, 1975, *37*, 277–284.
Field, T.: Early interactions and interaction coaching of high-risk infants and parents. In M. Perlmutter (Hrsg.), The Minnisota Symposia on child psychology (Vol. 16), Hillsdale, N. J.: Erlbaum 1983, 1–34.
Field, T. M. & Greenberg, R.: Temperament rating by parents and teachers of infants, toddlers and preschool children. Child Development, 1982, *53*, 160–163.
Field, T. M. & Widmayer, S. M.: Motherhood. In B. Wolman (Hrsg.), Handbook of developmental psychology. Englewood Cliffs: Prentice Hall, 1982, 682–701.
Field, T. M., Widmayer, S. M., Stringer, Sh. & Ignatov, E.: Teenage, lower-class, black mothers and their preterm infants: An intervention and developmental follow-up. Child Development, 1980, *51*, 426–436.
Filipp, S. H.: Ein allgemeines Modell für die Analyse kritischer Lebensereignisse. In S. H. Filipp (Hrsg.), Kritische Lebensereignisse. München: Urban & Schwarzenberg, 1981, 3–52.
Filipp, S. H.: Kritische Lebensereignisse als Brennpunkte einer angewandten Entwicklungspsychologie des mittleren und höheren Erwachsenenalters. In R. Oerter & L. Montada (Hrsg.), Entwicklungspsychologie. München: Urban & Schwarzenberg, 1982, 769–790.

Filipp, S. H. & Gräser, H.: Psychologische Prävention im Umfeld kritischer Lebensereignisse. In J. Brandtstädter & A. von Eye (Hrsg.), Psychologische Prävention. Bern: Huber, 1982, 155–195.
Fischer-Winkler, G. & Lichter, K.: Die psychologische Bedeutung der Amniozentese für die Verarbeitung der ersten Schwangerschaft durch die Frau. Unveröff. Diplomarbeit am Psychologischen Institut der Universität Heidelberg, 1988.
Flavell, J. H.: Cognitive changes in adulthood. In L. R. Goulet & P. B. Baltes (Hrsg.), Life span developmental psychology, Research and theory. New York: Academic Press, 1970, 247–253.
Fox, V. C. & Quitt, M. H. (Hrsg.): Loving, parenting and dying. The family cycle in England and America, past and present. New York: Psychohistory Press, 1980.
Füchsle, T.: Die Funktion der zukunftsgerichteten Zeitperspektive für familien- und berufsorientiertes Planen und Handeln bei jungverheirateten Frauen. Kölner Zeitschrift für Soziologie und Sozialpsychologie, 1985, *37*, 476–525.
Freud, S.: Die Traumdeutung. Gesammelte Werke, Bd. II/III, 4. Aufl., London: Imago Publ. Comp. Ltd., 1968 a.
Freud, S.: Werke aus den Jahren 1904–1905, Gesammelte Werke, Bd. V, London: Imago Publ. Comp. Ltd., 1968 b.
Freud, S.: Werke aus den Jahren 1925–1931, Gesammelte Werke Bd. XIV, London: Imago Publ. Comp. Ltd., 1940 a.
Freud, S.: Neue Folge der Vorlesung zur Einführung in die Psychoanalyse, Gesammelte Werke Bd. XV, London: Imago Publ. Comp. Ltd., 1940 b.
Friedman, S. L., Jacobs, B. S. & Werthmann jr., M. W.: Sensory processing in pre- and full-term infants in the neonatal period. In S. L. Friedman & M. Sigman (Hrsg.), Preterm birth and psychological development. New York: Academic Press, 1981, 159–178.
Friedman, S. L., Zahn-Waxler, C. & Radke-Yarrow, M.: Perceptions of cries of full-term and preterm infants. Infant Behavior and Development 1982, *5*, 161–173.
Frodi, A.: When empathy fails. Aversive infant crying and child abuse. In B. M. Lester & C. F. Z. Boukydis (Hrsg.), Infant crying. New York: Plenum Press, 1985, 263–277.
Frodi, A. & Thompson, R.: Infant's affective response in the strange situation: Effects of prematurity and of quality of attachment. Child Development, 1985, *56*, 1280–1290.
Fthenakis, W. E.: Väter: Zur Psychologie der Vater-Kind-Beziehung (Bd. 1). München: Urban & Schwarzenberg, 1985.
Fthenakis, W. E., Niesel, R. & Kunze, H. R.: Ehescheidung. München: Urban & Schwarzenberg, 1982.
Garbarino, J.: Changing hospital childbirth practics: A developmental perspective on prevention of child maltreatment. American Journal of Orthopsychiatry, 1980, *50*, 588–597.
Gélis, J., Laget, M. & Maret, M.-F.: Der Weg ins Leben. München: Kösel, 1980.
Gennep, A. van: The rites of passage. London: Routledge & Kegan, 1960.
Gergen, K. J.: The emerging crisis in life-span developmental theory. In P. B. Baltes & O. G. Brim (Hrsg.), Life-span development and behavior (Vol. 3), New York: Academic Press, 1980, 32–63.
Gilligan, C.: In a different voice. Cambridge, Mass.: Harvard University Press, 1982.
Glaser, B. G. & Strauss, A. L.: Status passage. London: Routledge & Kegan, 1971.
Glick, P. C.: Neue Entwicklungen im Lebenszyklus der Familie. In M. Kohli (Hrsg.), Soziologie des Lebenslaufes. Darmstadt: Lucherhand, 1978, 140–153.
Gloger-Tippelt, G.: A process model of the pregnancy course. Human development, 1983, *26*, 134–148.
Gloger-Tippelt, G.: Der Übergang zur Elternschaft. Eine entwicklungspsychologische Analyse. Zeitschrift für Entwicklungspsychologie und Pädagogische Psychologie, 1985, *17*, 1–40.
Gloger-Tippelt, G.: Beiträge einer Entwicklungspsychologie der Lebensspanne zur Erwachsenenbildung. In R. Arnold & J. Kaltschmid (Hrsg.), Frankfurt: Diesterweg Verlag, 1986, 73–96.
Gloger-Tippelt, G.: Die Entwicklung eines Konzepts „Eigenes Kind" im Verlaufe des Übergangs zur Elternschaft. In E. Brähler & A. Meyer (Hrsg.), Sexualität, Partnerschaft und Reproduktion. Heidelberg: Springer, im Druck.
Gloger-Tippelt, G., Schäfer, E. & Leskopf, W.: Intraiindividuelle Veränderungen während der ersten Schwangerschaft. Zur entwicklungspsychologischen Bedeutung empirischer Einzelfallstudien. In D. Albert (Hrsg.), Bericht über den 34. Kongreß der deutschen Gesellschaft für Psychologie in Wien, Bd. 1. Göttingen: Hogrefe, 1985, 432–435.
Goldberg, S.: Parent-infant Bonding: Another look. Child Development, 1983, *54*, 1355–1382.
Goldberg, S. & Di-Vitto, B. A.: Born too soon. Preterm birth and early development. San Francisco: Freeman, 1983.
Goldberg, S., Perrotta, M. & Minde, K.: Maternal behavior and attachement in low-birth-weight twins and singletons. Child Development, 1986, *57*, 34–46.
Goldberg, W. A., Michaels, S. Y. & Lamb, M. E.: Husbands' and Wives' Adjustment to Pregnancy and First Parenthood. Journal of Family Issues, 1985, *6*, 483–503.

Goldsmith, H. H., Buss, A. H., Plomin, R., Rothbart, M. K., Thomas, A. & Chess, St., Hinde, R. A. & McCall, R. B.: Roundtable: What is Temperament? Four approaches. Child Development, 1987, *58*, 505–529.

Gorski, P. A.: Experience following premature birth: Stresses and opportunities for infants, parents, and professionals. In J. D. Call, E. Galenson, R. T. Tyson (Hrsg.), Frontiers of infant psychiatry (Vol. II), New York: Basic Books, 1984, 145–151.

Grimm, E. R.: Psychological tension in pregnancy. Psychosomatic Medicine, 1961, *23*, 520–527.

Grimm, E. R. & Venet, W. R.: The relationship of emotional adjustment and attitudes to the course and outcome of pregnancy. Psychosomatic Medicine, *28*, 34–39.

Grossman, F. K., Eichler, L. S. & Winickoff, S. A.: Pregnancy, birth and parenthood. San Francisco: Jossey-Bass Publications, 1980.

Grossmann, K. E.: Skalen zur Erfassung mütterlichen Verhaltens von Mary D. S. Ainsworth: Feinfühligkeit versus Unempfindlichkeit gegenüber den Signalen des Babys. In K. E. Grossmann (Hrsg.), Entwicklung der Lernfähigkeit. München: Kindler, 1977, 96–107.

Grossmann, K., Grossmann, K. E., Spangler, G., Suess, G. & Unzner, L.: Maternal sensitivity and newborn's orientation responses as related to quality of attachment in northern Germany. In J. Bretherton & E. Waters (Hrsg.), Growing points of attachment. Monographs of the Society for research in Child Development, 1985, Vol. 50, 233–257.

Grossmann, K., Thane, K. & Grossmann, K. E.: Maternal tactual contacts of the newborn after various postpartum conditions of mother-infant contact. Development Psychology, 1981, *17*, 158–164.

Gurin, P. & Brim, O. G.: Change in Self in adulthood: The example of sense of control. In P. B. Baltes & O. G. Brim (Hrsg.), Life-span development and behavior (Vol. 6). New York: Academic Press, 1984, 282–334.

Gutman, D.: Parenthood: A key to the comparative study of the life cycle. In N. Datan & L. H. Ginsberg (Hrsg.): Normative life crisis. New York: Academic Press, 1975, 167–184.

Hagestad, G. O.: The aging society as a context for family life. Daedalus, 1986, *115*, 119–139.

Hagestad, G. O. & Neugarten, B. L.: Age and the life course. In R. H. Binstock & E. Shanas (Hrsg.), Handbook of aging and the social sciences (2. Aufl.). New York: Van Nostrand Reinhold Co., 1985, 35–61.

Hagestad, G. O. & Smyer, M. A.: Dissolving long-term relationships: Patterns of divorcing in middle age. In St. Duck (Hrsg.), Personal Relationships. Dissolving personal relationships. London: Academic Press, 1982, 155–188,

Hanford, J. M.: Pregnancy as a state of conflict. Psychological Reports, 1968, *22*, 1333–1342.

Hareven, T. K.: Family time and historical time. In M. Mitterauer & R. Sieder, Historische Familienforschung. Frankfurt: Suhrkamp, 1982 a, 64–85.

Hareven, T. K.: Family time and industrial time. Cambridge, Mass.: Cambridge University Press, 1982 b.

Hareven, T. K.: Themes in the historical development of the family. In R. D. Parke (Hrsg.), Review of Child Development Research (Vol. 7), The Family. Chicago: The University of Chicago Press, 1984, 137–178.

Harris, B.: »Give me a dozen healthy infants« ... John B. Watson's popular advice on childrearing women, and the family. In M. Lewin (Hrsg.), In the shadow of the past: Psychology portrays the sexes. New York: Columbia University Press, 1984, 126–154.

Hausen, K.: Die Polarisierung der »Geschlechtscharaktere« – Eine Spiegelung der Dissoziation von Erwerbs- und Familienleben. In H. Rosenbaum (Hrsg.), Seminar: Familie und Gesellschaftsstruktur. Frankfurt: Suhrkamp, 1978, 161–194.

Havighurst. R. J.: Developmental tasks and education. New York: David McKay Company, 3. Aufl. 1973.

Heinicke, C. M., Diskin, S. D., Ramsey-Klee, D. M. & Given, K.: Prebirth parent characteristics and family development in the first year of life. Child Development, 1983, *54*, 194–208.

Held, T.: Soziologie der ehelichen Machtverhältnisse. Darmstadt: Luchterhand, 1978.

Helper, M. M., Cohen, R. L., Beitenman, E. T. & Eaton, C. F.: Life-events and acceptance of pregnancy. Journal of psychosomatic Research, 1968, *12*, 183–188.

Hentig, H. von: Vorwort zur deutschen Ausgabe von Ariès, Ph.: Geschichte der Kindheit. München: Hanser, 1975, 7–44.

Hepp, H.: Schwangerschaftsabbruch aus kindlicher Indikation – anthropologisch-philosophische Aspekte des Arzt-Patient-Konfliktes. In Milupa AG (Hrsg.), Kindliche Indikation zum Schwangerschaftsabbruch, Friedrichsdorf: Milupa AG, 1982, 33–46.

Hertz, D. G. & Molinski, H.: Psychosomatik der Frau. Berlin: Springer, 1980.

Hetherington, M. & Camara, K. A.: Families in transition: The process of dissolution and reconstitution. In R. D. Parke (Hrsg.), Review of Child Development Research. Chicago: The University of Chicago Press, 1984, 398–440.

Hill, R.: Gegenwärtige Entwicklungen der Familientheorie und ihre konzeptionellen Probleme. In: Soziologie der Familie, Kölner Zeitschrift für Soziologie und Sozialpsychologie, Sonderheft 13, 1970, 68–93.
Hill, R. & Matessich, P.: Family development theory and life-span development In P. B. Balts & O. G. Brim (Hrsg.), Life-span development and behavior (Vol. 2), New York: Academic Press, 1979, 162–240.
Hinde, R. A.: Ethology and child development. In P. H. Mussen (Hrsg.), Handbook of child psychology (Vol II, 4. Aufl.), New York: Academic Press, 1979, 162–240.
Hobbs, D. F., jr.: Parenthood as crisis: a third study. Journal of Marriage and the Family, 1965, *27*, 367–372.
Hobbs, D. F., jr. & Cole, S. D.: Transition to parenthood: a decade replication. Journal of Marriage and the Family, 1976, *34*, 723–731.
Höhn, Ch.: Kinderzahl ausgewählter Bevölkerungsgruppen. Ergebnisse des Mikrozensus 1976. Wirtschaft und Statistik, 1978, Heft 5, 278–284.
Höhn, Ch.: Der Familienzyklus – Zur Notwendigkeit einer Konzeptionserweiterung. Boppard: Boldt, 1982.
Hoffman, L. W. & Manis. J. D.: Influences of children on marital interaction and parental satisfactions and dissatisfactions. In R. M. Lerner & G. B. Spanier (Hrsg.), Child influences on marital and family interaction. New York: Academic Press, 1978, 165–214.
Hogan, D. P. & Astone, N. M.: The transition to adulthood. Annual Review of Sociology, 1986, *12*, 109–130.
Holschneider, A. M., Baumgartner, M. & Mascott, Ch.: Konsequenzen der pränatalen Diagnostik für die Kinderchirurgie. In J. Engert & K. Quakernack (Hrsg.), Pränatale Diagnostik. 2. Bochumer Symposium. Friedrichsdorf: Milupa AG, 1985, 191–204.
Horowitz, M. J.: Psychological responses to serious life events. In V. Hamilton & D. M. Walburton (Hrsg.), Human stress and cognition. New York: Wiley 1979, 235–264.
Hubert, N. C. & Wachs, T. D.: Parental perceptions of the behavioral components of infant easiness/difficultness. Child Development, 1985, *56*, 1525–1537.
Hubert, N. C., Wachs, T. D., Peters-Martin, P. & Gandour, M. J.: The study of early temperament: Measurement and conceptual issues. Child Development, 1982, *53*, 571–600.
Imhof, A. E.: Die gewonnenen Jahre. München: Beck, 1981.
Innerhofer, P. & Warnke, A.: Elterntraining nach dem Münchner Trainingsmodell. In H. Lukesch, M. Perrez & K. A. Schneewind (Hrsg.), Familiäre Sozialisation und Intervention. Bern: Huber, 1980, 417–460.
Jäger, R.: Buchbesprechung: H. Lukesch & M. Lukesch: S-S-G. Ein Fragebogen zur Messung von Einstellung zu Schwangerschaft, Sexualität und Geburt. Zeitschrift für Klinische Psychologie, 1977, *6*, 304–305.
Jarka, M.: Zur Bedeutung des Körpererlebens für den weiblichen Kinderwunsch, Schwangerschaft, Geburt und die Zeit nach der Entbindung. In E. Brähler (Hrsg.), Körpererleben – ein subjektiver Ausdruck von Leib und Seele. Heidelberg: Springer, 1985, 161–180.
Jarrahi-Zadeh, A., Kane Jr., F. J., van de Castle, R. L., Lachenbruch, P. A. & Ewing, J. A.: Emotional and cognitive changes in pregnancy and early puerperium. International Journal of Psychiatry, 1969, *115*, 797-805.
Joas, H.: Georg Herbert Mead. In D. Käsler (Hrsg.), Klassiker des soziologischen Denkens (Bd. 2). München: Beck 1978, 7–39.
Johnson, H. M.: Strukturell-funktionale Theorie der Familien- und Verwandtschaftssysteme. In Soziologie der Familie, Sonderheft 14 der Kölner Zeitschrift für Soziologie und Sozialpsychologie, 1970, 32–48.
Jürgens, H. W. & Pohl, K.: Kinderzahl-Wunsch und Wirklichkeit. Stuttgart: Deutsche Verlagsanstalt, 1975.
Keller, H. & Meyer, H. J.: Psychologie der frühesten Kindheit. Stuttgart: Kohlhammer, 1982.
Keller, H. & Spiegel, H.: Stillen – Ja oder Nein? Darmstadt: Steinkopff, 1981.
Kennell, J. H. & Klaus, M. H.: Mother-infant-bonding: Weighing the evidence. Developmental Psychology, 1984, *4*, 275–282.
Kessler, S. (Hrsg.): Psychologische Aspekte der genetischen Beratung. Stuttgart: Enke, 1984.
Kiefner, A.: Chromosomendirektpräparation aus Zellen und Chorionzotten. Dissertation an der Medizinischen Hochschule Lübeck, 1985.
Kitzinger, Sh.: Natürliche Geburt. München: Kösel, 1980.
Klaus, M. H. & Kennell, J. H.: Maternal-infant bonding. Saint Louis: Mosley, 1976.
Klink, F., Froster-Iskenius, U., Grejszcyk, G., Schwinger, E. & Oberheuser, F.: Gynäkologische und zytogenetische Aspekte der Pränataldiagnostik im ersten Schwangerschaftstrimenon. Geburtshilfe und Frauenheilkunde, 1985, *46*, 73–78.
Klusman, E.: Reduction of pain in childbirth by the alleviation of anxiety during pregnancy. Journal of Consulting and clinical Psychology, 1975, *43*, 162–165.

Knörr, K.: Die pränatale Diagnostik genetisch bedingter Defekte und ihre Probleme. In Milupa AG (Hrsg.), Kindliche Indikation zum Schwangerschaftsabbruch. Bochumer Symposium 1981, Friedrichsdorf: Milupa AG, 1982, 49–52.
Knörr, K.: Schwangerenvorsorge. Prävention für Mutter und Kind. München, Urban & Schwarzenberg, 1983.
Knörr, K.: Indikationen, Risiken und Konsequenzen der pränatalen Diagnostik. In J. Engert & K. Quakernack, Pränatale Diagnostik. Friedrichsdorf: Milupa G, 1985, 13–24.
König, Ch. & Otmichi, Ch.: Die Bedeutung der Kindesbewegungen in der Schwangerschaft. Unveröff. Diplomarbeit am Psychologischen Institut Heidelberg, 1983.
Koester, L. S., Papousek, H & Papousek, M.: Psychobiological models of infant development: Influences of the concept of intuitive parenting. In H. Rauh & H. Ch. Steinhausen (Hrsg.), Psychobiology and Early Development. Amsterdam: North-Holland, 1987, 275–287.
Kohli, M.: Soziologie des Lebenslaufes. Darmstadt: Luchterhand, 1978.
Kohnstamm, D.: Some new results obtained with the Dutch translation of the ICQ (Bates). Paper presented at workshop: temperament and development in childhood. Leiden, 1985.
Konjetzki, K. & v. Westphalen, J. (Hrsg.): Die stillenden Väter. München: Bertelsmann, 1983.
Kopp, C. B.: Risk factors in development. In P. H. Mussen (Hrsg.), Handbook of Child Psychology (Vol. II, 4. Aufl.), Infancy and developmental psychology. New York: Wiley, 1983, 1081–1188.
Kraemer, H. C., Korner, A. F. & Hurwitz, Sh.: A model for assessing the development of preterm infants as a function of gestational, conceptional, or chronological age. Developmental Psychology, 1985, 21, 806–812.
Krampen, G.: Differentialpsychologie der Kontrollüberzeugungen. Göttingen: Hogrefe, 1982.
Kreppner, K., Paulsen, S. & Schütze, Y.: Infant and Family development: From Triads to Tetrads. Human Development, 1982, 25, 373–391.
Kreppner, K.: Family development and the growing child: The process of integrating a new child as a series of tasks. Paper presented at the 7th Biannial Meeting of the International Society for the Study of Behavioral Development. München, 1983.
Kübler-Ross, E.: On death and dying. New York: McMillan, 1969.
Kumar, R. & Robson, K.: Previous induced abortion and antenatal depression in primiparae. Psychological Medicine, 1978, 8, 711–715.
Kunze, G.: Chorionbiopsie – Alternative zur Amniozentese in der Frühschwangerschaft. In J. Engert & K. Quakernack (Hrsg.), Pränatale Diagnostik. 2. Bochumer Symposium, Friedrichsdorf: Milupa AG, 1985, 35–42.
Lamb, M. E.: Influence of the child on marital quality and family interaction during the prenatal, perinatal, and infancy periods. In R. M. Lerner & G. B. Spanier (Hrsg.), Child influence on marital and family interactions: A life-span perspective. New York: Academic Press, 1978, 137–164.
Lamb, M. E. & Easterbrooks, M. A.: Individual differences in parental sensibility: Origins, components and consequences. In M. E. Lamb & S. R. Sherrod (Hrsg.), Infant social cognition. Hillsdale, N. J.: Erlbaum 1981, 127–154.
Lamb, M. E., Thompson, R. A., Gardner, W. & Charnow, E. L. (Hrsg.): Infant-mother attachment. Hillsdale, N. J.: Erlbaum, 1985.
LaRossa, R. & LaRossa, M.M.: Transition to parenthood, Beverly Hills, Cal.: Sage Publications, 1981.
Lazarus, R. S.: Thoughts on the relations between emotion and cognition. In K. R. Scherer & P. Ekman (Hrsg.), Approaches to emotion. Hillsdale, N. J.: Erlbaum, 1984, 247–259.
Leboyer, F.: Birth without violence. New York: Knopf, 1975.
Lehr, U.: Zur Frage der Gliederung des menschlichen Lebenslaufs. Aktuelle Gerontologie, 1976, 6, 337–345.
Lehr, U.: Das mittlere Erwachsenenalter – ein vernachlässigtes Gebiet. In R. Oerter (Hrsg.), Entwicklung als lebenslanger Prozeß. Hamburg, Hoffmann & Campe, 1978, 147–177.
Leifer, M.: Psychological effects of motherhood. A study of first pregnancy. New York: Praeger, 1980.
Leifer, A. D., Leiderman, P. H., Barnett, C. R. & Williams, J. A.: Effects of mother-infant separation on maternal attachment behavior. Child Development 1972, 43, 1203–1218.
LeMasters, E. E.: Parenthood as crisis. Marriage and Family Living, 1957, 19, 352–355.
Lerner, R. M.: Individual and context in developmental psychology. Conceptual and theoretical issues. In J. R. Nesselroade & A. v. Eye (Hrsg.), Individual development and social change. New York: Academic Press, 1985, 155–187.

Lerner, R. M. & Busch-Rossnagel, N. A.: Individuals as propducers of their development: Conceptual and empirical bases. In R. M. Lerner & N. A. Busch-Rossnagel (Hrsg.), Individuals as producers of their development: A life-span perspective. New York: Academic Press, 1981, 1–36.
Lerner, R. M. & Kaufmann, M. B.: The concept of development in contextualism. Developmental Review, 1985, 5, 309–333.
Lerner, R. M. & Spanier, G. B.: A dynamic interactional view of child and family development. In R. M. Lerner & G. B. Spanier (Hrsg.), Child influences on marital and family interaction: A life-span Perspective. New York: Academic Press, 1978.
Le Roy Ladurie, E.: Montaillou. Ein Dorf vor dem Inquisitor. Frankfurt: Ullstein, 1980.
Lessing, E.: Eine E. H.-Erikson-orientierte Follow-up-Studie über Frauen im Alter zwischen 20 und 30 Jahren unter besonderer Berücksichtigung der biographischen Methode. Dissertation am Psychologischen Institut der Universität Bonn, 1982.
Lester, B. M., Abs, H. & Brazelton, T. B.: Regional obstetric anaesthesia and newborn behavior: A reanalysis toward synergistic effects. Child Development, 1982, 53, 687–692.
Lester, B. M., Hoffmann, J. & Brazelton, T. B.: The rhytmic structure of mother-infant interaction in term and preterm infants. Child Development, 1985, 56, 15–27.
Leventhal, H. & Scherer, K.: The relationship of emotion to cognition: A functional approach to a semantic controversy. Cognition and Emotion, 1987, 1.
Ley, K.: Von der Normal- zur Wahlbiographie. In M. Kohli & G. Robert (Hrsg.), Biographie und soziale Wirklichkeit. Tübingen: Metzlersche Verlagsbuchhandlung, 1984, 239–260.
Lidz, R. W.: Fruchtbarkeit und Selbstverwirklichung der Frauen. Familiendynamik, 1979 a, 4, 49–59.
Lidz, R. W.: Motivation und Konflikte bei der Empfängnisverhütung. Familiendynamik, 1979 b, 4, 4, 246–254.
Locke, H. J. & Wallace, K. M.: Short marital-adjustment and prediction tests: Their reliability and validity. Marriage and Family Living, 1959, 21, 251–255.
Loesch, J. G. & Greenberg, N. H.: Areas of conflict observed during pregnancy. American Journal of Orthopsychiatry, 1962, 32, 624–636.
Lohmöller, B. & Schmid-Tannwald, I.: Der legale Schwangerschaftsabbruch bei minderjährigen Mädchen in Bayern zwischen 1966 und 1976. Mitteilungen der Gesellschaft für praktische Sexualmedizin, 1981, 1, 13–14.
Lowenthal, M. F., Thurner, M. & Chiriboga, D.: Four stages of life: A comparative study of women and men facing transitions. San Francisco: Jossey-Bass, 1975.
Lubin, B., Gardener, H. & Roth, A.: Mood and somatic symptoms during pregnancy. Psychosomatic Medicine, 1975, 37, 136–146.
Lüscher, K.: Perspektiven einer Soziologie der Sozialisation – Die Entwicklung der Rolle des Kindes. Zeitschrift für Soziologie, 1975, 4, 359–379.
Lüscher, K., Gihler, W. & Stolz, W.: Elternbildung durch Elternbriefe. In K. Schneewind & H. Lukesch, (Hrsg.), Familiäre Sozialisation. Stuttgart: Klett-Cotta, 1979, 97–112.
Lüscher, K., Koebbel, I. & Fisch, R.: Elternbriefe und Elternbildung. Zeitschrift für Pädagogik, 1982, 28, 763–774.
Lüthi, R. & Vuile, J. C.: Präventives Elterntraining. In H. Lukesch, M. Perrez & K. A. Schneewind, (Hrsg.), Familiäre Sozialisation und Intervention. Bern: Huber, 1980, 397–415.
Lukas, H. G.: Die psychische Verarbeitung des Überganges zur Elternschaft bei werdenden Vätern und die Bedeutung der Amniozentese. Unveröffentlichte Diplomarbeit am Psychologischen Institut der Universität Heidelberg, 1987.
Lukesch, H.: Schwangerschafts- und Geburtsängste. Stuttgart: Enke, 1981.
Lukesch, H.: Geburtsangstgskala. Göttingen: Hogrefe, 1983.
Lukesch, H.: Psycho-soziale Aspekte der extrakorporalen Befruchtung und des Embryotransfers beim Menschen. In U. Jüdes (Hrsg.), In-vitro-Fertilisation und Embryotransfer (Retortenbaby). Stuttgart: Wissenschaftl. Verlagsgesellschaft, 1983, 199–222.
Lukesch, H. & Lukesch, M.: S-S-G. Ein Fragebogen zur Messung von Einstellungen zu Schwangerschaft, Sexualität und Geburt. Göttingen: Hogrefe, 1976.
Lukesch, M.: Elternbeziehung als Schwangerschaftsschicksal? Zeitschrift für Klinische Psychologie und Psychotherapie, 1978, 26, 348–365.
Mahler, M. S., Pine, F. & Bergman, A.: Die psychische Geburt des Menschen. Frankfurt: Fischer Taschenbuch, 1980.
Mandl, H. & Huber, G. H.: Theoretische Grundpositionen zum Verhältnis von Emotion und Kognition. In H. Mandl & G. L. Huber (Hrsg.), Emotion und Kognition. München: Urban & Schwarzenberg, 1983, 1–60.
Marini, M. M.: Effects of the timing of marriage and first birth on fertility. Journal of Marriage and the Family, 1981 a, 43, 27–45,

Marini, M. M.: Measuring the effects of the timing of marriage and first birth. Journal of Marriage and the Family, 1981 b, *43*, 19-26.
Marks, A.: Understanding adolescent pregnancy. In B. L. Blum (Hrsg.), Psychological aspects of pregnancy, birthing, and bonding. New York: Human Sciences Press, 1980, 84-93.
Martius, G. (Hrsg.): Lehrbuch der Geburtshilfe (11. Aufl.). Stuttgart: Thieme, 1985.
Marton, P., Minde, K. & Oglivie, J.: Mother-infant interactions in the premature nursery: A sequential analysis. In S. H. Friedman & M. Sigman (Hrsg.), Preterm birth and psychological development. New York: Academic Press, 1981, 179-206.
Matheny, A. P., jr., Wilson, R. S. & Nuss, S. M.: Toddler's temperament: Stability across settings and over ages. Child Development, 1984, *55*, 1200-1211.
Matthews, R. & Matthews, A. M.: Infertility and involuntary childlessness: The transition to nonparenthood. Journal of Marriage and the Family, 1986, *48*, 641-649.
Mayer-Eckert, D.: Veränderungen im Schwangerschaftserleben nach Auftreten der Kindesbewegungen. Unveröfentlichte Diplomarbeit am Psychologischen Institut der Universität Mannheim, 1984.
McCluskey, K. A., Killerney, J. & Papini, D. R.: Adolescent pregnancy and parenthood: Implications for development. In E. J. Callahan & K. A. McCluskey (Hrsg.), Life-span developmental psychology. Non-normative life events. New York: Academic Press, 1983, 69-114.
McCubbin, H. J. & Patterson, J. M.: The family stress process: The double ABCX model of adjustment and adaptation. Marriage and Family Review, 1983, 7-37.
McDonald, R. L.: The role of emotional factors in obstetric complications. A review. Psychosomatic Medicine, 1968, *30*, 222-237.
McDonald, R. L. & Christakos, A. C.: Relationship of emotional adjustment during pregnancy to obstetric complications. American Journal of Obstetrics and Gynecology, 1963, *86*, 341-348.
McDonald, R. L., Gynther, M. D. & Christakos, A. C.: Relationship between maternal anxiety and obstetric complications. Psychosomatic Medicine, 1963, *25*, 357-363.
McFarlane, A.: Die Geburt. Stuttgart: Klett-Cotta, 1978.
McHale, S. M. & Huston, T. L.: Men and women as parents: sex role orientations, employment, and parental roles with infants. Child Development, 1984, *55*, 1349-1361.
McHale, S. M. & Huston, T. L.: The effect of the transition to parenthood on the marriage relation ship. Journal of Family Issues 1985, 6, 409-433.
McLaughlin, St. D., & Micklin, M.: The timing of the first birth and changs in personal efficacy. Journal of Marriage and the Family 1983, *45*, 47-56.
Meier, F.: Mütterliche Einstellungen – Zur Bedeutungsstruktur des SSG. Diagnostica, 1982, *28*, 49-64.
Meier, F.: Fördert rooming-in die frühe Mutter-Kind-Beziehung wirklich? Medizin, Mensch und Gesellschaft, 1983, *8*, 138-145.
Melges, F. T.: Postpartum psychiatric syndroms. Psychosomatic Medicine, 1968, *30*, 95-108.
Melzack, R.: Das Rätsel des Schmerzes. Stuttgart: Hippokrates, 1978.
Merz, M.: Unerwünschte Schwangerschaft und Schwangerschaftsabbruch in der Adoleszenz. Eine psychoanalytische Untersuchung. Bern: Huber, 1979.
Métral, M. O.: Die Ehe. Frankfurt: Suhrkamp, 1981.
Miller, B. & Sollie, D.: Normal stresses during the transition to parenthood. Family Relations, *29*, 459-465.
Miller, R. S.: The social construction and reconstruction of physiological events: acquiring the pregnancy identity. In N. K. Denzin (Hrsg.), Studies in symbolic interaction (Vol. 1), Greenwich: Jai Press, 1978.
Milupa AG (Hrsg.): Kindliche Indikation zum Schwangerschaftsabbruch. 1. Bochumer Symposium, Friedrichsdorf: Milupa AG, 1982.
Minuchin, S.: Families and Individual Development: Provocations from the field of family therapy. Child Development, 1985, *56*, 289-302.
Mitchell, J.: Wir bekommen ein Baby. Reinbek: Rohwolt, 1971.
Mittag, O. & Jagenow, A.: Psychosoziale Aspekte der Empfängnisverhütung, Schwangerschaft und Sterilität: Eine Literaturstudie. Medizinische Psychologie, 1982, *8*, 85-99.
Mittag, O. & Jagenow, A.: Motive zu Schwangerschaft, Geburt und Elternschaft. Psychotherapie, medizinische Psychologie, 1984, *34*, 20-24.
Mitterauer, M.: Zur Problematik des Begriffs »Familie« im 17. Jahrhundert. In H. Rosenbaum (Hrsg.), Seminar: Familie und Gesellschaftsstruktur. Frankfurt: Suhrkamp, 1978, 73-82.
Mitterauer, M. & Sieder, R.: Historische Familienforschung. Frankfurt: Suhrkamp, 1982.
Moxley-Haegert, L. & Serbin, L. A.: Developmental education for parents of delayed infants: Effects on parental motivation and children's development. Child Development, 1983, *54*, 1324-1331.

Murray, A. D.: Aversiveness is in the mind of the beholder. In B. M. Lester & C. F. Z. Boukydis (Hrsg.), Infant crying. New York: Plenum Press, 1985, 217–239.
Myers, B. J.: Early intervention using Brazelton training with middle-class mothers and fathers of newborns. Child Development 1982, 53, 462–471.
Myers, B. J.: Mother-infant bonding: The status of this critical period hypothesis. Developmental Review, 1984 a, 4, 240–274.
Myers, B. J.: Mother-infant bonding. Rejoinder to Kennell and Klaus. Developmental Review, 1984 b, 4, 283–288.
Nave-Herz, R.: Familiale Veränderungen in der Bundesrepublik Deutschland seit 1950. Zeitschrift für Sozialisationsforschung und Erziehungssoziologie, 1984, 4, 45–63.
Neidhardt, F.: Die Familie in Deutschland. Opladen: Leske, 1975.
Nerdinger, F. W., Rosenstiel, L. v., Stengel, M. & Spieß, E.: Kinderwunsch und generatives Verhalten – Ausgewählte Ergebnisse einer Längsschnitstudie an jungen Ehepaaren. Zeitschrift für experimentelle und angewandte Psychologie, 1984, 31, 464–482.
Neugarten, B. L., Moore, J. & Lowe, J. v.: Altersnormen, Alterszwänge und Erwachsenensozialisation. In M. Kohli (Hrsg.), Soziologie des Lebenslaufes. Darmstadt: Luchterhand, 1978, 122–124.
Neugarten, B. L. & Datan, N.: Soziologische Betrachtungen des Lebenslaufs. In P. B. Baltes & L. H. Eckensberger (Hrsg.), Entwicklungspsychologie der Lebensspanne. Stuttgart: Klett-Cotta, 1979, 361–378.
Newberger, C.: The cognitive structure of parenthood: Designing a descriptive measure. J. R. Selman & R. Yando (Hrsg.), Clinical developmental psychology. San Francisco: Jossey Bass, 1980, 45–68.
Newman, B. M.: Mid-Life development. In B. B. Wolman (Hrsg.), Handbook of Developmental Psychology. Englewood Cliffs, N. J.: Prentice Hall, 1982, 617–635.
Nickel, H., Bartoszyk, J. & Wenzel, H.: Vorbereitung auf die Vaterschaft, Betreuungsverhalten von Vätern und die Entwicklung des Kindes im ersten Lebensjahr. Ergebnisse eines longitudinalen Pilotprojekts. Referat auf dem 35. Kongreß der deutschen Gesellschaft für Psychologie, 1986 in Heidelberg.
Nickel, H. & Köcher, E. M.: Väter von Säuglingen und Kleinkindern. Psychologie in Erziehung und Unterricht, 1986, 33, 171–184.
Niemelä, P.: Working through ambivalent feelings in woman's life transitions. Acta Psychologica Fennica, 1979, 99–107.
Niemelä, P.: Overemphasis of mother role and inflexibility of roles. In I. Gross, J. Downing & A. d'Heurle (Hrsg.), Sex role attitudes and cultural change. Dordtrecht, Holland: D. Reidel Publ. Co., 1982 a, 157–162.
Niemelä, P.: Idealized motherhood and the later reality. In H. J. Prill & M. Stauber (Hrsg.), Advances in psychosomatic obstetrics and gynecology. Berlin: Springer, 1982 b, 348–353.
Niggemann, H. (Hrsg.): Frauenemanzipation und Sozialdemokratie. Frankfurt: Fischer Taschenbuch, 1981.
Nilsson, L.: Ein Kind entsteht. München: Mosaik, 1978.
Nilsson, A., Uddenberg, M. & Almgren, D. E.: Parental relations and identification in women with special regard to para-natal emotional adjustment. Acta Psychiatrica Scandinavia, 1971, 47, 57–81.
Nock, St. L.: Family life-cycle transitions: Longitudinal effects on family members. Journal of Marriage and the Family, 1981, 43, 703–714.
Nock, St. L.: The life-cycle approach to family analysis. In B. B. Wolman (Hrsg.), Handbook of Developmental Psychology. Englewood Cliffs, N. J.: Prentice Hall, 1982, 636–651.
Norton, A. J.: Family Life Cycle: 1980. Journal of Marriage and the Family, 1983 a, 45, 267–275.
Norton, A. J.: Measuring marital quality: A critical look at the dependent variable. Journal of Marriage and the Family. 1983 b, 45, 141–151.
Nucholls, K. B., Cassel, J. & Kaplan, B. H.: Psychosocial assets, life crisis, and the prognosis of pregnancy. American Journal of Epidemiology, 1972, 95, 431–441.
Nurcombe, B., Rauh, V., Howell, D. C., Teti, D. M., Ruoff, P., Murphy, B. & Brennan, J.: An intervention program for mothers of low-birth-weight babies: Outcome six and twelve months. In J. D. Call, E. Galenson & R. L. Tyson, (Hrsg.), Frontiers of infant psychiatry, New York: Basic Books, 1984, 201–210.
Oakley, A.: Women confined. New York: Schocken Books, 1980.
Oerter, R.: Zur Dynamik von Entwicklungsaufgaben im menschlichen Lebenslauf. In R. Oerter (Hrsg.), Entwicklung als lebenslanger Prozeß. Hamburg: Hoffmann & Campe, 1978, 66–100.
Olbrich, E.: Normative Übergänge im menschlichen Lebenslauf: Entwicklungskrisen oder Herausforderungen. In S. H. Filipp (Hrsg.), Kritische Lebensereignisse. München: Urban & Schwarzenberg, 1981, 123–138.

Olbrich, E.: Erwachsenenalter und Alter. In R. Oerter & L. Montada (Hrsg.), Entwicklungspsychologie. München: Urban & Schwarzenberg, 1982, 314-374.
Olbrich, E. & Brüderl, L.: Frühes Erwachsenenalter: Partnerwahl, Partnerschaft und Übergang zur Elternschaft. Zeitschrift für Entwicklungspsychologie und Pädagogische Psychologie, 1986, *18*, 189-213.
Olson, D. H. & McCubbin, H. J.: Circumplex model of marital and family systems V.: Application to family stress and crisis intervention. In H. J. McCubbin, E. A. Cauble & J. M. Patterson (Hrsg.), Family stress, coping and social structure. Springfield, Ill.: Charles C. Thomas Publ., 1982, 26,-47.
Olson, D. H. & McCubbin, H. J.: Families. What makes them work. Beverly Hills, Cal.: Sage, 1983.
Osofsky, H. J. & Osofsky, J. P.: Normal adaptation to pregnancy and new parenthood. In P. M. Taylor (Hrsg.), Parent-Infant relationships. New York: Grune & Stratton, 1980, 25-49.
Osofsky, J. D. & Osofsky, H. J.: Psychological and developmental perspectives on expectant and new parenthood. In R. Parke (Hrsg.), Review of child developmental research (Vol. 7). Chicago: The University of Chicago Press, 1984, 372-398.
Palkovitz, R.: Fathers birth attendance, early contact, and extended contact with their newborns: A critical review. Child Development, 1985, *56*, 392-406.
Papousek, M.: Wurzeln der kindlichen Bindung an Personen und Dinge: Die Rolle der integrativen Prozesse. In Ch. Eggers (Hrsg.), Bindungen und Besitzdenken beim Kleinkind. München: Urban & Schwarzenberg, 1984, 155-184.
Papousek, H. & Papousek, M.: The evolution of parent-infant attachment: New psychobiological perspectives. In J. M. Call, E. Galenson & R. L. Tyson (Hrsg.), Frontiers of infant psychiatry (Vol. II). New York: Basic Book, 1984, 276-283.
Parsens, H.: Parenthood as a developmental phase. Panel Reports: Journal of the American Psychoanalytic Association, 1975, *23*, 154-165.
Parke, R. D. (Hrsg.): Review of Child development Research (Vol. 7), The family. Chicago: The University of Chicago Press, 1984,
Parke, R. D. & Tinsley, B. R.: Fatherhood: Historical and contemporary perspectives. In K. A. McCluskey & H. W. Reese (Hrsg.), Life-span Developmental Psychology. Historical and generational effects. New York: Academic Press, 1984, 203-248.
Peal, E.: »Normale« Geschlechtsrollen: Eine kritische Analyse. Familiendynamik, 1977, *2*, 11-34.
Pearlin, L. J.: Discontinuities in the study of ageing. In T. K. Hareven & K. J. Adams (Hrsg.), Ageing and life course transitions: An interdisciplinery perspective. London: Tavistock Publ., 1982, 55-74.
Pederson. D. R., Jenkins, S., Chance, G. W. & Fox, A. M.: Maternal responses to preterm birth: The importance of family support. Pediatrics, im Druck.
Pfeil, S. G. von: Das Kind als Objekt der Planung. Göttingen: O. Schwartz & Co., 1979.
Pfoffenberger, Sh., Pfoffenberger, T. & Landis, J. T.: Intent toward conception and the pregnancy experience. American Sociological Review, 1952, *17*, 616-620.
Pines, D.: Pregnancy and motherhood: interaction between fantasy and reality. British Journal of Medical Psychology, 1972, *45*, 333-348.
Pohl, K.: Wende- oder Einstellungswandel? Heiratsabsichten und Kinderwunsch 18-20jähriger deutscher Frauen 1978 und 1983. Zeitschrift für Bevölkerungswissenschaft, 1985, *11*, 89-110.
Pschyrembel, W. & Dudenhausen, J. W.: Praktische Geburtshilfe. Berlin: de Gruyter, 1985.
Ragozin, A. S., Basham, R. B., Crnic, K. A., Greenberg, M. T. & Robinson, N. M.: Effects of maternal age on parenting role. Developmental Psychology, 1982, *18*, 627-634.
Rauh, H.: Frühgeborene Kinder. In H. Ch. Steinhausen (Hrsg.), Risikokinder. Stuttgart: Kohlhammer, 1984, 11-35.
Rauh, H.: Diagnostik und Beratung in der frühkindlichen Entwicklung. In J. Brandtstädter & H. Gräser (Hrsg.) Entwicklungsberatung unter dem Aspekt der Lebensspanne. Göttingen: Hogrefe, 1985, 44-64.
Reading, H. & Amatea, E. S.: Role deviance or role diversification: Reassessing the psychological factors affecting parenthood choice of career-oriented women. Journal of Marriage and the Family, 1986, *48*, 255-260.
Reese, H. W. & Snyder, M. A.: The dimensionalization of life events. In E. J. Callahan & K. A. McCluskey (Hrsg.), Life-span developmental psychology. Nonormative life events. New York: Academic Press, 1983, 1-34.
Reilly, T. W., Entwisle, D. R. & Doering, S. G.: Socialisation into parenthood: A longitudinal study of the development of self-evaluations. Journal of Marriage and the Family, 1987, *49*, 295-308.
Reinke, B. J., Ellicott, A. M., Harris, R. L. & Hancock, E.: Timing of psychological changes in women's lives. Human Development, 1985 a, *28*, 259-280.

Reinke, B. J., Holmes, D. S. & Harris, R. L.: The timing of psychosocial changes in women's lives: The years 25 to 45. Journal of Personality and Social Psychology, 1985 b, *48*, 1353–1364.
Rerrich, M. S.: Veränderte Elternarbeit. Entwicklung in der familiären Arbeit mit Kindern seit 1950. Soziale Welt, 1983, *34*, 420–449.
Richebächer, S.: Uns fehlt nur eine Kleinigkeit. Deutsche proletarische Frauenbewegung 1890–1914. Frankfurt: Fischer, 1982.
Riegel, K. F.: Toward a dialectic theory of development. Human Development, 1975 a, *18*, 50–64.
Riegel, K. F.: Adult life crisis: A dialectic interpretation of development. In N. Datan & L. H. Ginsberg (Hrsg.), Life-span development psychology: Nonnormative life crisis. New York: Academic Press, 1975 b, 99–128.
Riley, M. W.: Women, men, and the lengthening life course. In A. Rossi (Hrsg.), Gender and the life course. New York: Aldous Publ. Comp., 1985, 333–347.
Roosa, M. W., Fitzgerald, H. E. & Carlson, N. A.: A Comparison of teenage and older mothers: A Systems analysis. Journal of Marriage and the Family, 1982, *44*, 367–377.
Rosenbaum, H.: Formen der Familie. Frankfurt: Suhrkamp, 1982 a.
Rosenbaum, H.: Die Bedeutung historischer Forschung für die Erkenntnis der Gegenwart – dargestellt am Beispiel der Familiensoziologie. In M. Mitterauer & R. Sieder (Hrsg.), Historische Familienforschung. Frankfurt: Suhrkamp, 1982 b.
Rogel, M. J. & Peterson, A. C.: Some adolescence experiences of motherhood. In R. S. Cohen, B. J. Cohler & S. H. Weissman (Hrsg.), Parenthood: A psychodynamic perspective. New York: Guilford Press, 1984, 85–102.
Rosenblatt, D. B. & Redshaw, M. E.: Factors influencing the psychobiological adjustment of mothers to the birth of a preterm infant. In J. D. Call, E. Galenson & R. T. Tyson (Hrsg.), Frontiers of infant psychiatry (Vol. II), New York: Basic Books, 1986, 238–245.
Rossi, A. S.: Aging and parenthood in the middle years. In P. B. Baltes & O. G. Brim Jr. (Hrsg.), Life-span development and behavior (Vol, 3). New York: Academic Press, 1980, 138–207.
Rothbart, M. K. & Derryberry, D.: Development of individual differences in temperament. In M. E. Lamb & A. L. Brown (Hrsg.), Advances in developmental psychology (Vol. 1). Hillsdale, N. J.: Erlbaum, 1981, 36–86.
Rothman, B. R.: The tentative pregnancy. Middlesex: Penguin, 1986.
Rubin, R.: Maternal identity and the maternal experience. New York: Springer, 1984.
Rudinger, G.: Tendenzen und Entwicklungen entwicklungspsychologischer Versuchsplanung – Sequenzanalysen. Psychologische Rundschau, 1981, *12*, 118–136.
Rudinger, G., Chaselon, F. Zimmermann, E. J. & Henning, H. J.: Qualitative Daten. München: Urban & Schwarzenberg, 1985.
Russel, C. S.: Transition to parenthood: Problems and gratifications. Journal of Marriage and the Family, 1974, *36*, 294–301.
Ryder, R. G.: Longitudinal data relating marriage satisfaction and having a child. Journal of Marriage and the Family, 1973, *35*, 604–607.
Sadow, L.: The psychological origins of parenthood. In R. S. Cohen, B. J. Cohler & S. H. Weissman (Hrsg.), Parenthood: A psychodynamic perspective. New York: Guilford Press, 1984, 285–296.
Sameroff, A. J.: Development and the dialectic: The need for a systems approach. In W. A. Collins (Hrsg.), The concept of development. The Minnesota Symposia on Child Development (Vol. 15). Hillsdale, N. J.: Erlbaum, 1982, 83–104.
Sameroff, A. J. & Chandler, M. J.: Reproductive risk and the continuum of caretaking casuality. In F. D. Horowitz (Hrsg.), Review of Child Development Research (Vol. 4), Chicago: University of Chicago Press, 1975, 187–244.
Sameroff, A. J. & Seifer, R.: Familial risk and child competence. Child Development, 1983, *54*, 1254–1268.
Schäfer, E.: Intraindividuelle Veränderungen im Schwangerschaftsverlauf. Unveröffentlichte Diplomarbeit am Psychologischen Institut der Universität Heidelberg, 1984.
Scherer, K. R.: Prolegomina zu einer Taxonomie affektiver Zustände: Ein Komponenten-Prozeß-Modell. In G. Lüer (Hrsg.), Bericht über den 33. Kongreß der deutschen Gesellschaft für Psychologie, Mainz 1982. Göttingen: Hogrefe, 1983, 415–423.
Scherer, K. R.: On the nature and function of emotion: A component process approach. In K. R. Scherer & P. Ekman (Hrsg.), Approaches to emotion. Hillsdale, N. J.: Erlbaum 1984, 295–318.
Schmid-Tannwald, I. & Urdze, A.: Sexualität und Kontrazeption bei jungen Mädchen. Schriftenreihe des Bundesministeriums für Jugend, Familie und Gesundheit, Bd. 132, Stuttgart: Kohlhammer, 1983.
Schmidt-Matthiesen, H.: Gynäkologie und Geburtshilfe (5. Aufl.). Stuttgart, New York: Schattauer, 1982.

Schneewind, K.: Familie. In R. K. Silbereisen & L. Montada (Hrsg.), Entwicklungspsychologie. Ein Handbuch in Schlüsselbegriffen. München: Urban & Schwarzenberg, 1983 a, 137–144.
Schneewind, K. A.: Konsequenzen der Erstelternschaft. Psychologie in Erziehung und Unterricht, 1983 b, *30*, 161–172.
Schneewind, K. A.: Familienpsychologie: Plädoyer für die »Geburtshilfe« einer überfälligen psychologischen Disziplin. Positionsreferat anläßlich des 35. Kongresses der deutschen Gesellschaft für Psychologie, Heidelberg, 1986.
Schnucker, R. V.: Maternal nursing and wet-nursing among english puritans. In V. C. Fox & M. H. Quitt (Hrsg.), Loving, parenting and dying: The family cycle in England and America, Past and Present. New York: Psychohistory Press, 1980, 260–267.
Schöfer, E.: Minderjährige Mütter – müssen es so viele sein? Pro Familia Informationen, 1980, Heft 2, 2–5.
Schroeder-Kurth, T.: Indikation zur pränatalen Diagnostik – Grundsätze und Konflikte. Zeitschrift für Evangelische Ethik, 1985, *29*, 30–49.
Schütze, Y.: Die gute Mutter. Zur Geschichte des normativen Musters »Mutterliebe«. Bielefeld: B. Kleine Verlag, 1986.
Schwägler, G.: Soziologie der Familie. Ursprung und Entwicklung. Tübingen: Mohr, 1970.
Scott-Palmer, J. & Skevington, S.M.: Pain during childbirth and menstruation: A study of locus of control. Journal of Psychosomatic Research, 1981, *25*, 151–155.
Seashore, M. J.: Mother-infant separation: Outcome assessment. In V. L. Smeriglio (Hrsg.), Newborns and parents. Hillsdale, N. J.: Erlbaum, 1981, 75–88.
Seashore, M. J., Leifer, A. D., Barnett, C. R. & Leiderman, P. H.: The effects of denial of early mother-infant-interaction on maternal confidence. Journal of Personality and Social Psychology, 1973, *26*, 369–378.
Selvini-Palazzoli, M., Boscolo, L., Checchin, G. & Prata, G.: Paradoxon und Gegenparadoxon. Stuttgart: Klett-Cotta, 1981 (3. Aufl.).
Shereshefsky, P. M. & Yarrow, L. J. (Hrsg.): Psychological aspects of a first pregnancy and early postnatal adaptation. New York: Raven Press, 1973.
Shorter, E.: Der weibliche Körper als Schicksal. München: Piper, 1984,
Silver, R. L. & Wortman, C. B.: Coping with undesirable life-events. In J. Garber & M. E. Seligman (Hrsg.), Human helplessness: Theory and application. New York: Basic Books, 1980, 279,–340.
Simon, F. & Stierlin, H.: Die Sprache der Familientherapie. Ein Vokabular. Stuttgart: Klett-Cotta, 1984.
Sluckin, W., Herbert, M. & Sluckin, H.: Maternal bonding. Oxford: Basil Blackwell, 1983.
Smeriglio, V. L. (Hrsg.): Parent-infant contact and newborn sensory stimulation. Hillsdale, N. J.: Erlbaum, 1981.
Smetana, J. G.: Concepts of self and morality. New York: Praeger, 1982.
Spanier, G. B.: Measuring dyadic adjustment: New scales for assessing the quality of marriage and similar dyads. Journal of Marriage and the Family, 1976, *38*, 15,–28.
Spanier, G. B., Lewis, R. A. & Cole, Ch. L.: Marital adjustment over the family life cycle: The issue of curvilinearity. Journal of Marriage and the Family, 1975, *37*, 263–275.
Spanier, G. B. & Lewis, R. A.: Marital quality: A review of the seventies. Journal of Marriage and the Family, 1980, *42*, 825–838.
Spieß, E., Rosenstiel, L.v., Stengel, M. & Nerdinger, F. W.: Wertewandel und generatives Verhalten – Ergebnisse einer Längsschnittstudie an jungen Ehepaaren. Zeitschrift für Bevölkerungswissenschaft, 1984, *10*, 153–168.
Statistisches Bundesamt Wiesbaden: Die Situation der Kinder in der Bundesrepublik Deutschland. Stuttgart: Kohlhammer, 1979.
Statistisches Bundesamt: Frauen in Familie, Beruf und Gesellschaft. Stuttgart: Kohlhammer, 1983.
Statistisches Bundesamt: Bevölkerung gestern, heute und morgen. Stuttgart: Kohlhammer, 1985.
Steffensmeier, R. H.: A Role model of the transition to parenthood. Journal of Marriage and the Family, 1982, *44*, 319–334.
Steinhausen, H. Ch.: Psychologische Aspekte der Neonatologie: Zur Entwicklung von Frühgeborenen. Monatsschrift für Kinderheilkunde, 1976, *124*, 570–576.
Stemp, P. S., Turner, R. J. & Noh, S.: Psychological distress in the postpartum period: The significance of social support. Journal of Marriage and the Family, 1986, *48*, 271–277.
Stern, M. & Hildebrandt, K. A.: Prematurity stereotyping: Effects on mother-infant interaction. Child Development, 1986, *57*, 308–325.
Stewart, A. J.: The course of individual adaptation to life changes. Journal of Personality and Social psychology, 1982, *42*, 1100–1113.
Stewart, A. J., Sokol, M., Healy, J. M. jr., Chester, N. L. & Weinstock-Savoy, D.: Adaption to life

changes in children and adults: Cross sectional studies. Journal of Personality and Social Psychology, 1982, *42*, 1270–1281.
Stone, L. J., Smith, H. T. & Murphy, L. B. (Hrsg.): The competent infant. New York: Basis Books, 1973.
Stryker, S.: Die Theorie des symbolischen Interaktionismus: Eine Darstellung und einige Vorschläge für die vergleichende Familienforschung. In Soziologie und Familie, Sonderheft 14 der Kölner Zeitschrift für Soziologie und Sozialpsychologie, 1970, 44–67.
Teachman, J. D. & Polonko, K. A.: Timing of the transition to parenthood: A multidimensional birth-interval approach. Journal of Marriage and the Family, 1985, *47*, 867–879.
Thomae, H.: Entwicklungsbegriff und Entwicklungstheorie. In Handbuch der Psychologie, Bd. 3: H. Thomae (Hrsg.), Entwicklungspsychologie, Göttingen: Hogrefe, 1959, 3–20.
Thomae, H.: Zur Problematik des Entwicklungsbegriffs im mittleren und höheren Alter. In R. Oerter (Hrsg.), Entwicklung als lebenslanger Prozeß. Hamburg: Hoffman & Campe, 1978, 22–32.
Thomas, A. & Chess, St.: Temperament und Entwicklung. Über die Entstehung des Individuellen. Stuttgart: Enke, 1980.
Thomas, A., Chess, St. & Korn, S. J.: The reality of difficult temperament. Merril-Palmer Quarterly, 1982, *28*, 1–40.
Tobin, S. M.: Emotional depression during pregnancy. Obstetrics and Gynecology, 1957, *10*, 677–681.
Trause, M. A.: Extra postpartum contact: An assessment of the intervention and its effect. In V. L. Smeriglio (Hrsg.), Newborns and parents. Hillsdale, N. J.: Erlbaum, 1981, 65–74.
Trommsdorf, G.: Future orientation and socialisation. International Journal of Psychology, 1983, *18*, 381–406.
Trommsdorf, G.: Planungsverhalten junger Frauen. In R. Eckert & A. Hahn (Hrsg.), Ehe als Prozeß. Stuttgart: Enke, in Druck.
Trommsdorf, G., Burger, Ch. & Füchsle, T.: Geschlechtsdifferenzen in der Zukunftsorientierung. Zeitschrift für Soziologie, 1980, *9*, 366–377.
Trowell, J.: Effects of obstetric management on the mother-child relationship. In C. M. Parkes & Y. Stevenson-Hinde (Hrsg.), The place of attachment in human behavior. New York: Basic Books, 1982, 79–94.
Tucker, M. J.: Das Kind als Anfang und Ende: Kindheit in England im fünfzehnten und sechzehnten Jahrhundert. In L. De Mause (Hrsg.), Hört ihr die Kinder weinen? Frankfurt: Suhrkamp, 1980, 326–363.
Tyrell, H.: Die Familie als Gruppe. In Gruppensoziologie. Perspektiven und Materialien, Sonderheft 25 der Kölner Zeitschrift für Soziologie und Sozialpsychologie, 1983, 362–390.
Urdze, A. & Rerrich, M. S.: Frauenalltag und Kinderwunsch. Frankfurt: Campus, 1981.
Urdze, A. & Schmid-Tannwald, I.: Das Kontrazeptionsverhalten von Jugendlichen in der Bundesrepublik Deutschland. Mitteilungen der Gesellschaft für praktische Sexualmedizin, 1982, *2*, 27–29.
Voigt, K. D. & Schmidt, H.: Sexualhormone. Reinbek bei Hamburg: Rohwoldt, 1968.
Waldron, H. & Routh, K.: The effects of the first child on the marital relationship. Journal of Marriage and the Family, 1981, *43*, 785–788.
Weisz, J. R. & Stipek, D. J.: Competence, Contingency and the Development of perceived control., Human Development, 1982, *25*, 250–281.
Wenderlein, J.M.: Die Schwangerschaft bei Jugendlichen. Pro Familia Informationen, 1978, Heft 3, 13–17.
Wente, A. S. & Crockenberg, S. B.: Transition to fatherhood: Lamaze preparation, adjustment difficulty and the husband-wife relationship. The Family Coordinator, 1976, *24*, 351–357.
Wetterer, A. & Walterspiel, G.: Der weite Weg von den Rabenmüttern zu den Wunschkindern. In M. Häussler, C. Helferich, G. Walterspiel & A. Wetterer: Bauchlandungen. München: Frauenbuch Verlag, 1983, 15–57.
Whitbourne, S. K. & Weinstock, C. S.: Die mittlere Lebensspanne. München: Urban & Schwarzenberg, 1982.
Wiesenfeld, A. R. & Malatesta, C. Z.: Asessing caregiver sensitivity to infants. In L. A. Rosenblum & H. Moltz (Hrsg.), Symbiosis in parent-offspring interactions. New York: Plenum Press, 173–188.
Wilkie, J. R.: The trend toward delayed parenthood. Journal of Marriage and the Family, 1981, *43*, 583–591.
Wilkie, C. F. & Ames, E. W.: The relationship of infant crying to parental stress in the transition to parenthood. Journal of Marriage and the Family, 1986, *48*, 545–550.
Winch, R.: Theoretische Ansätze in der Untersuchung der Familie. In Soziologie der Familie, Sonderheft 14 der Kölner Zeitschrift für Soziologie und Sozialpsychologie, 1970, 20–31.

Wohlwill, J. F.: Strategien entwicklungspsychologischer Forschung. Stuttgart: Klett-Cotta, 1977.
Wolkind, S. & Zajicek, E. (Hrsg.): Pregnancy: a psychological and social study. London: Academic Press, 1981.
Wolman, B. B. (Hrsg.): Handbook of Developmental Psychology, Englewood Cliffs, N. J.: Prentice Halls, 1982.
Woroby, J.: Convergence among assessments of temperament in the first month. Child Development, 1986, 57, 47–55.
Worobey, J. & Belsky, J.: Employing the Brazelton Scale to influence mothering: An experimental comparison of three strategies. Developmental Psychology, 1982, 18, 736–743.
Yang, R. K.: Maternal attitudes during pregnancy and medication during labor and delivery: Methodological considerations. In V. L. Smeriglio (Hrsg.), Newborns and parents. Hillsdale, N. J.· Erlbaum, 1981, 105–116.
Yang, R. K., Zweig, A. R., Dout, T. C. & Federman, E. J.: Successive relationships between maternal attitudes during pregnancy, analytic medication during labor and delivery and newborn behavior. Developmental Psychology, 1976, 12, 6–14.
Yogman, M. W.: Parent-infant-bondings: Nature of intervention and inferences from data. In V. L. Smeriglio (Hrsg.), Newborns and parents. Nillsdale, N. J.: Erlbaum, 19891, 89–96.
Yogman, M. W.: The father's role with preterm and fullterm infants. In J. D. Call, E. Galenson & R. L. Tyson (Hrsg.), Frontiers of infant psychiatry (Vol. II), New York: Basic Books, 1985, 363–374.
Zahlmann-Willenbacher, B.: Kritik des funktionalistischen Konzepts geschlechtstypischer Arbeitsteilung. In R. Eckert (Hrsg.), Geschlechtsrollen und Arbeitsteilung. München, Beck: 1979, 60–77.
Zeits, C. R. & Prince, R. M.: Child effects on parents. In B. B.: Wolman (Hrsg.): Handbook of developmental, Psychology, Englewood Cliffs, N. J.: Prentice Halls, 1982, 751–770.
Zelditch, M.: Role differentiation in the nuclear family: A comparative study. In T. Parsons & R. F. Bales (Hrsg.), Family, socialisation and interaction process. New York: The Free Press, 1955, 307–352.
Zeskind, P. S.: Cross-cultural differences in maternal perceptions of cries of low- and high-risk infants. Child Development, 1983, 54, 1119–1128.
Zeskind, P. S. & Iacino, R.: Effects of maternal visitation to preterm infants in the neonatal intensive care unit. Child Development, 1984, 55, 1887–1893.
Zuckerman, M., Nurnberger, J., Gardiner, S. H., Vandiveer, J. M., Barre, B. H. & Den Breejen, A.: Psychological correlates of somatic complaints in pregnancy and childbirth. Journal of Consulting Psychology, 1963, 27, 324–329.

Kohlhammer

Inge Seiffge-Krenke

Psychoanalytische Therapie Jugendlicher

1986. 206 Seiten. Kart. DM 34,–

ISBN 3-17-009024-0

„Das äußerlich klein und unscheinbar erscheinende Buch enthält eine Fülle von Konzeptionen zur psychoanalytischen Therapie Jugendlicher, angefangen von psychoanalytischen Konzeptionen des Jugendalters über den Weg in die Therapie, über Störungsformen im Jugendalter mit differenzierten Darstellungen einzelner Krankheitsbilder und, im Hauptteil, eine Darstellung psychoanalytischer Behandlungsmöglichkeiten von Jugendlichen. Dabei werden die klassischen „essentials" der Psychoanalyse ebenso behandelt wie praxisorientierte, aus der eigenen klinischen Erfahrung der Autorin stammende Neuerungsmöglichkeiten. Ein Abschlußkapitel ist der Frage von Behandlungserfolg und Behandlungsabbruch gewidmet. Das Buch füllt sicherlich eine Lücke, trotz vorhandener, möglicherweise sogar breiter angelegter Lehrbuchdarstellungen, und ist für alle, die in diesem Bereich arbeiten oder direkt oder indirekt damit in Berührung kommen, sehr zu empfehlen."

Zentralblatt Neurologie-Psychiatrie

Kohlhammer

O. Berndt Scholz
Ehe- und Partnerschafts-störungen
1987. 172 Seiten. Kart. DM 39,80
ISBN 3-17-009243-X
Reihe: Verhaltensmodifikation:
Diagnostik – Beratung – Therapie

H. Berger/A. Legnaro
K.-H. Reuband (Hrsg.)
Frauenalkoholismus
Entstehung – Abhängigkeit –
Therapie
1983. 140 Seiten, 5 Abb., 17 Tab.
Kart. DM 28,–
ISBN 3-17-007750-3
Wissenschaft + Soziale Praxis

Franz Buggle
**Die Entwicklungspsychologie
Jean Piagets**
1985. DM 20,–
ISBN 3-17-008788-6
Urban-Taschenbücher, Bd. 368

Otto Ewert
**Entwicklungspsychologie des
Jugendalters**
1983. 176 Seiten. Kart. DM 39,80
ISBN 3-17-004941-0
Kohlhammer Standards
Psychologie, Basisbuch

H. Keller/H. J. Meyer
**Psychologie der frühesten
Kindheit**
1982. 198 Seiten, 4 Abb., 12 Tab.
Kart. DM 38,–
ISBN 3-17-005631-X
Kohlhammer Standards
Psychologie, Studientext

K. A. Schneewind/M. Beckmann
A. Engfer
Eltern und Kinder
Umwelteinflüsse auf das familiäre
Verhalten
1983. 232 Seiten mit 59 Grafiken
und 17 Tabellen. Kart. DM 48,–
ISBN 3-17-007744-9

Ralf Schwarzer
Stress, Angst und Hilflosigkeit
Die Bedeutung von Kognition und
Emotion bei der Regulation von
Belastungssituationen
2. erw. Auflage 1987.
244 Seiten. Kart. DM 39,80
ISBN 3-17-009682-6

**Bitte fordern Sie unser Gesamt-
verzeichnis „Psychologie" an.**